HANS-DIETER GROSSER

Direktiven der Unternehmensthesaurierung bei der Auseinandersetzung von Personengesellschaften nach deutschem und österreichischem Recht

Schriften zum Wirtschaftsrecht

Band 73

Direktiven der Unternehmensthesaurierung bei der Auseinandersetzung von Personengesellschaften nach deutschem und österreichischem Recht

Eine rechtsvergleichende Studie zum Problemkreis rechtsnormativer Bewertungsvorgaben nebst Möglichkeiten dispositiver Gestaltung vor dem Hintergrund der §§ 738 - 740 BGB, Art. 7 Nr. 15 u. 16 4. EVHGB

Von

Univ. Prof. Dr. jur. et Dr. rer. oec. Hans-Dieter Grosser

Duncker & Humblot · Berlin

Die Deutsche Bibliothek – CIP-Einheitsaufnahme

Grosser, Hans-Dieter:
Direktiven der Unternehmensthesaurierung bei der Auseinandersetzung von Personengesellschaften nach deutschem und österreichischem Recht : eine rechtsvergleichende Studie zum Problemkreis rechtsnormativer Bewertungsvorgaben nebst Möglichkeiten dispositiver Gestaltung vor dem Hintergrund der §§ 738 - 740 BGB, Art. 7 Nr. 15 u. 16 4. EVHGB / von Hans-Dieter Grosser. – Berlin : Duncker und Humblot, 1992
(Schriften zum Wirtschaftsrecht ; Bd. 73)
Zugl.: Passau, Univ., Diss., 1991
ISBN 3-428-07443-2
NE: GT

Satz: Klaus-Dieter Voigt, Berlin 21
Druck: Berliner Buchdruckerei Union GmbH, Berlin 61
Printed in Germany

ISSN 0582-026X
ISBN 3-428-07443-2

Vorwort

Aufgabe der vorliegenden Studie ist es, den rechtswissenschaftlich weithin unterbilanzierten Problembereich der Unternehmensbewertung speziell bei der Auseinandersetzung von Personengesellschaften vom Blickwinkel positiver wie überpositiver rechtlicher Topoi aus komparativ in der alten BRD und in der Republik Österreich aufzuzeigen. Ungeachtet der beiden in ihrer sozialen und soziologischen Struktur annähernd gleichen Staaten identischen dogmatischen Wurzel personengesellschaftsrechtlicher Fragen zeigt sich bei umfassender Bestandsaufnahme eine auffällige Diskrepanz zwischen Jurisdiktion, welche sowohl allein den Substanzwert als auch aus Substanz- und Ertragswert kombinierte Mischtypen ebenso wie den Ertragswert als zulässigen Unternehmenswert zugrundegelegt hat, bzw. führenden Vertretern der wissenschaftlichen Lehre, die im Ertragswert schlechthin den einzig wahren Wert des Unternehmens erkennen, sowie der wirtschaftlichen Praxis, welche wiederum die substanzwertorientierten Verfahren in gleicher Weise wie die gemischten Methoden präferenziert. Dabei ist die Wahl der Methode rechtlich keinesfalls indeterminiert. Denn je nachdem, ob ein sachwertintensives oder substanzschwaches Unternehmen bei Gesellschafterwechsel zur Wertermittlung für das Auseinandersetzungsguthaben ansteht, ist der Schwerpunkt innerhalb der extremen Pole vom reinen Substanz- und klassischem Ertragswert so zu verlagern, daß dem wahren Wert nächstmöglich Genüge getan werden kann, jeweils unter Beachtung des Liquidationswertes als Untergrenze einer angemessenen Abfindung.

Nachdem im einzelnen nicht auszumachen ist, was der vom Gesetz verlangte wahre Wert darstellt, erkennt die gegenständliche Abhandlung ein Anliegen auch darin, die Möglichkeiten und Grenzen vertraglicher Abfindungsvereinbarungen im Rahmen der legislatorisch sanktionierten Disponibilität auszuleuchten, bspw. soweit eine Substanzwertauseinandersetzung des ausscheidenden Gesellschafters auf Basis von Buchwerten oder – um vorzeitige Abschreibungen bzw. unversteuerte Rücklagen – korrigierten Buchwerten gewählt wird, zumal damit der Schutz des fortzuführenden Unternehmens offenbar dem Interesse des Ausscheidenden am Erhalt einer Abfindung zum wahren Wert vorgezogen wird. Obgleich Auseinandersetzungsregelungen zum Gründungszeitpunkt, wo die Gesellschaft ins Leben gerufen wird, Mißtrauen erwecken und deshalb deplaziert erscheinen mögen, gehören gerade sie zu den wichtigsten Teilen jedes Gesellschaftsvertrages.

Unternehmensthesaurierung ist ein Musterbeispiel für verantwortungsvolles Zusammenarbeiten von Wirtschaftsjuristen, Wirtschaftspraktikern und Wirtschaftswissenschaftlern. Letztendlich werden die schwierigen auch in Zukunft anstehenden Bewertungsfragen nur interdisziplinär gelöst werden können. Aufgabe des gesetzlichen Richters bleibt es, auf Grund der rechtlichen Bewertungsgrundsätze und der jeweiligen spezifischen Unternehmenslage dem Bewerter Vorgaben zu machen, etwa in Bezug auf die Methode der Wertermittlung, auf die Höhe bzw. Berechnungsart des Kapitalisierungszinsfußes bzw. Modus der Berücksichtigung von schwebenden Geschäften, und resümierend die getroffene Bewertung auf diese Kriterien hin zu überprüfen.

Die in dieser Arbeit aufgeworfene und behandelte Thematik war, soweit sie den deutschen Rechtskreis berührt, u.a. im SS 1990 und 1991 Gegenstand meiner seit Jahren durchgeführten Übung im Wirtschaftsrecht für Studenten der Wirtschaftswissenschaften im Hauptstudium an der Universität Bamberg. Rechtsprechung und Literatur spiegeln daher den Meinungsstand bis Jahresmitte 1991 wider.

Ich widme diese Abhandlung meinem verehrten Freund und Lehrer, Herrn Universitätsprofessor, Dipl.-Kfm. und Dipl.-Volkswirt Dr. Ferdinand O. Kopp, und setze damit ein kleines, unvollkommenes Zeichen meines aufrichtigen, tiefempfundenen Dankes und meiner hohen Wertschätzung gegenüber einem großen Wissenschaftler und Menschen in gleicher Weise von außerordentlichem Rang. Er hat mich seit den Tagen meiner wirtschaftsverwaltungsrechtlichen Promotion an der Universität Passau (vgl. hierzu das Vorwort S. 8 in den Schriften zum Öffentlichen Recht, Bd. 453) bis heute im wissenschaftlichen Bereich nachhaltig unterstützt und gefördert. Ohne sein tatkräftiges Wirken wäre auch dieses Werk nicht zur Vollendung gelangt. Für die fruchtbare Begegnung im Rahmen meiner Wiener Studien mit Herrn o. Universitätsprofessor, Dipl.-Kfm. Dr. Dr. h.c. Erich Loitlsberger, Vorstand des Instituts für Betriebswirtschaftslehre der Universität Wien, der diese Monographie freundlicherweise durchgesehen hat, möchte ich ebenfalls herzlich danken. Nicht zuletzt gilt mein besonderer Dank auch meiner Gattin Gabriele-Karolina für ihr stets gezeigtes Verständnis.

München, im November 1991 *Hans-Dieter Grosser*

Inhaltsverzeichnis

Einleitung: Ausgangspunkt, Problemlage und Methode der Untersuchung

Thesaurierung von Unternehmen bzw. deren Anteile im Fall des Ausscheidens von Gesellschaftern aus einer Personalunion läßt sich nach heutiger Erkenntnis wohl am treffendsten als multifaktorelles Phänomen charakterisieren, dessen wissenschaftlicher Standort im Spannungsfeld der Betriebswirtschaftslehre zur Jurisprudenz angesiedelt ist. War diese Materie noch vor über zwei Jahrzehnten ausschließlich Gegenstand betriebswirtschaftlicher Betrachtungen und Diskussionen unter Anerkennung derselben als Domäne der Spezialisten unter den Wirtschaftsprüfern[1], so haben die Juristen sich nunmehr ihrer langen Tradition gerade bei der Durchleuchtung von Bewertungsfragen wiederbesonnen[2] und hierin ein grundlegendes Rechtsproblem erkannt[3].

Die Ursachen dieser Verwurzelung ausschließlich im Bereich der Wirtschaftswissenschaften sind geschichtlichen Ursprungs: Während die Väter des Entwurfs eines Allgemeinen Handelsgesetzbuches für Deutschland (1848/49) in den Art. 45 - 60 betreffend den Vierten Abschnitt „Auflösung, Liquidation und Auseinandersetzung der Gesellschaft" aufbauend auf überliefertem preußischen, württembergischen, französischen und österreichischen Gedankengut davon ausgegangen

---

[1] So hält u.a. insb. Dörner, Grundsätze zur Durchführung von Unternehmensbewertungen, WPg 1983, S. 549, dafür, daß es sich bei der Unternehmensbewertung um ein rein betriebswirtschaftliches Gebiet handelt. Demgegenüber betonen etwa Moxter, in: GEBERA, Bd. 1, Moderne Unternehmensbewertung und Grundsätze ihrer ordnungsmäßigen Durchführung, 1977, S. 265, 268, bzw. Meilicke, Rechtsgrundsätze zur Unternehmensbewertung, DB 1980, S. 2121 ff., 2123, es sei Aufgabe der Juristen, sprich der unparteiischen Gerichte, Grundsätze ordnungsgemäßer Unternehmensbewertung zu etablieren und deren Anerkennung durchzusetzen.

[2] Vgl. bei Meincke, Das Recht der Nachlaßbewertung im BGB, S. 11 f.

[3] Allen voran sollen hier in der BRD neben den bedeutsamen Schriften der BWL, u.a. von Münstermann, Sieben, Moxter bzw. den Mitgliedern der UEC-Kommission wie Dörner, Viel, Bredt und Renard, die verdienstvollen Arbeiten von Großfeld hervorgehoben werden, der dieses Institut maßgeblich in juristisches Gewand gekleidet hatte, wie folgende Studien zu diesem Problemkreis zeigen: Unternehmensbewertung als Rechtsproblem, JZ 1981, S. 641 ff.; Bewertung von Anteilen an Unternehmen, JZ 1981, S. 769 ff.; Die Abfindung bei der Ausschließung aus einer Personengesellschaft, ZGR 1982, S. 141 ff.; Unternehmensbewertung im Gesellschaftsrecht, 1983; Internationales Unternehmensrecht, 1986; Unternehmens- u. Anteilsbewertung im Gesellschaftsrecht, 2. Aufl. 1988; Zweckmäßige Abfindungsklauseln, AG 1988, S. 217 ff.; in Österreich haben zu diesem Komplex bahnbrechendes geleistet, u.a. insbesondere Egger, Jud, Lechner, Wünsch, Tichy, Loitlsberger und Koppensteiner, jeweils passim in dieser Studie.

waren, daß „durch den Austritt oder die (diesem gleichgestellte) Ausschließung eines Gesellschafters die Gesellschaft aufgelöst werde, und daß, wenn die übrigen Gesellschafter eine neue Gesellschaft unter den früheren Bedingungen schließen, was genau gesprochen, immer eine neue Gesellschaft ist“, „für die schließliche Vertheilung des Vermögens unter den Gesellschaftern kein Erfordernis bzw. Interesse des Handels an besonderen Bestimmungen erforderlich sei[4]“, war der historische Gesetzgeber später in den Art. 127 ff. ADHGB des Jahres 1861[5] ebenso wie zur Entstehungszeit des BGB noch dem reinen Substanzwertverfahren verbunden, wonach die Vermögenslage der Gesellschaft durch die Zusammenfassung der Werte der einzelnen Unternehmensgegenstände auf der alleinigen Grundlage einer Bilanz für den betreffenden Zeitpunkt ermittelt werden sollte[6]. Für juristische Konnexe war vor diesem Hintergrund keine Basis geschaffen.

Noch im Jahre 1978 erkannte der Bundesgerichtshof (BGH) in der BRD ebenso wie im Jahre 1980 der Oberste Gerichtshof (OGH) von Österreich als jeweils höchste Zivilgerichtsinstanzen beider Staaten in der Unternehmensbewertung kein spezifisches Rechtsproblem[7]. Ihrer entscheidenden Grundaussage, daß es eine allgemein anerkannte oder rechtlich vorgeschriebene Methode der Bewertung von (Handels-)Unternehmen nicht gebe, es vielmehr dem pflichtgemäßen Urteil der mit der Bewertung befaßten Fachleute unterliegen würde, unter den in der Betriebswirtschaftslehre vertretenen Verfahren das im Einzelfall geeignet erscheinende auszuwählen, wobei das von ihnen gefundene Ergebnis dann vom Tatrichter frei zu würdigen sei, hielt Großfeld[8] zutreffend die These entgegen, daß hier vorab jeweils auch immer wichtige Rechtsfragen zur Lösung anstünden, wenn die Gesellschafter beim Ausscheiden eines ihrer Mitglieder aus dem Personenverband bezüglich der Abfindung zu keiner einvernehmlichen Lösung fähig sind. Hier zeige sich ganz besonders, daß der zur Entscheidung berufene Richter im Klageverfahren in der Lage sein müsse, die Bewertungsvoraussetzungen auf ihre Haltbarkeit und die Bewertungsmethoden auf ihre Schlüssigkeit hin zu überprüfen.

Im Spektrum der Reichweite von betriebswirtschaftswissenschaftlicher Lehre und Rechtswissenschaft ist die Position der Unternehmensbewertung jeweils entsprechend ihren Anlässen und Funktionen unterschiedlich akzentuiert. Soll die Wertermittlung lediglich der Vorbereitung einer individuellen Investitionsent-

---

[4] Vgl. hierzu Text und Materialien zum EntwADHGB (1848/49), hrsg. u. mit einer Einf. v. Theodor Baums, S. 111 ff., 143 ff., 147 f.

[5] Vgl. die Nachweise diesbezüglich in den Protokollen der Kommission zur „Berathung eines Allgemeinen Deutschen Handelsgesetz-Buches“, Nürnberg 1857/Würzburg 1858 - 1861, hrsg. v. Johann von Lutz.

[6] Zutr. R. Förtsch, Komm. zum ADHGB, 1. Bd., Anm. 2, 6 zu Art. 130, Leipzig 1893.

[7] BGH v. 13.3.1978, WPg 1978, S. 302 ff., 304; OGH v. 16.12.1980, GRZ 1981, S. 44 ff. = SZ 53/172 = HS 10.120.

[8] Großfeld, JZ 1981, S. 641 ff., 642.

scheidung dienen, d.h. lediglich eine Entscheidungsgrundlage für einen eventuellen Kauf oder Verkauf von Unternehmen oder dessen wesentlichen Teilen – wie bspw. unter der Voraussetzung des § 25 HGB – schaffen, ist damit keine Rechtsfrage aufgeworfen. Hier steht im Vordergrund die Festlegung eines konkreten Entscheidungswertes als subjektiven Unternehmenswertes auf der Basis der betriebswirtschaftlichen Wertermittlungslehre, wobei – wie Ruhnke in DB 1991, S. 1889ff. anhand von Beispielen und Statistiken hinreichend deutlich gemacht hat – aus Gründen vorwiegend strategisch begründeter Akquisitionsanlässe oftmals zu beobachten ist, daß die tatsächlich gezahlten Kaufpreise häufig erheblich über den im Bewertungsgutachten festgestellten Unternehmenswerten liegen. Der Standort von ehedem ist bei diesen Konstellationen nach wie vor legitim. Anders verhält es sich jedoch bei Festlegung einer angemessenen Abfindung in allen Fällen des Ausscheidens eines Gesellschafters (mit Ausnahme der rechtsgeschäftlichen Übertragung der Mitgliedschaft[9]), wobei etwa die für die Pflichtteilsberechnung vorzunehmende Schätzung des Wertes eines (Handels-)Unternehmens[10] nach ganz anderen Kriterien verlaufen kann als beim Ausscheiden aus demselben unter Lebenden, oder bei Fixierung von Steuerbemessungsgrundlagen bspw. gem. § 6 EStG bzw. §§ 19ff. oder 95ff. BewG. Letzteren Konstellationen ist jeweils gemein die Wertfestsetzung innerhalb einer rechtlichen Sonderbeziehung zwecks Ermittlung eines sog. parteibezogenen Einigungs-/Arbitriumswertes. Hier sind die Juristen auf den Plan gerufen.

Rückt man nun den Untersuchungsgegenstand originär betriebswirtschaftswissenschaftlicher Provenienz notwendigerweise auf die Problemebene interdisziplinärer Betrachtung, so stellt sich für den Juristen zunächst die Frage des methodischen Ansatzes für die konkrete Wertermittlung. Wenig gewonnen ist hierbei zunächst mit der Aussage von Großfeld[11], daß die Bewertung vom Zweck der gesetzlichen Regelung her zu bestimmen sei, zumal die wenigen einschlägigen legislatorisch präskribierten Entscheidungen selbst keine grundsätzlich dezidierten Aussagen für den zu untersuchenden Problemkreis weder unmittelbar noch explizit leisten. Es bedarf daher der Suche und Interpretation bezüglich weiterer Vorgaben bzw. Aussagen der geltenden Rechtsordnung selbst im Lichte der juristischen Dogmatik unter Zuhilfenahme althergebrachter Grundsätze der Betriebswirtschaft, etwa entsprechend ihrer anerkannten Funktionenlehre[12] der

---

[9] BGH v. 20.10.1980, NJW 1981, S. 1095f.

[10] Vgl. hierzu BGH v. 17.1.1973, WM 1973, S. 306f.

[11] Großfeld JZ 1981, S.769.

[12] Gemäß der betriebswirtschaftswissenschaftlichen Funktionenlehre der Unternehmensbewertung sind Bewertungen nur dann aufgabenadäquat, d.h. der jeweiligen Funktion, dem konkreten Zweck angemessen, wenn die das Rechtsverhältnis prägenden Wertvorstellungen beachtet werden, vgl. hierzu Sieben/Schildbach, Zum Stand der Entwicklung der Lehre von der Bewertung ganzer Unternehmungen, DStR 1979, S. 455ff. bzw. Schildbach, Der Wirtschaftsprüfer als Gutachter in Fragen der Unternehmensbewertung, WPg 1981, S. 193ff.

Unternehmensbewertung. Danach sind zunächst die Ziele zu ermitteln, die das Gesetz mit einer Bewertung, mit einer Abfindung verfolgt. Sodann bedarf es der Prüfung der vorgeschlagenen Methoden auf ihre Eignung zur Erreichung dieses Zieles unter besonderer Beachtung der das Personengesellschaftsrechtsverhältnis prägenden Wertvorstellungen (z.B. Treuepflicht, Gleichbehandlungsgrundsatz etc.). Nur dann können Bewertungen auch in Einklang mit der Betriebswirtschaftslehre als aufgabenadäquat angesehen werden.

Bei der Suche nach derartigen positiven wie überpositiven rechtlichen Topoi stößt man auf schlagwortartige Begriffe wie „Wahrer Wert des Unternehmens", „Angemessenheit der Abfindung", „Aufgabenorientierungs-/Gesamtbewertungs-/Stichtagsmaxime", „Going-concern-Prinzip" etc., welche alle ihrerseits nach h.M. unter dem Oberbegriff „Grundsätze ordnungsgemäßer Unternehmensbewertung" zusammengefaßt werden[13]. Wie es scheint, determinieren diese jedem Personengesellschaftsverhältnis sog. immanente Schranken die für jede Wertfeststellung anzuwendenden Regeln aus der konkreten Zwecksetzung der Sonderbeziehung per se.

Jede rechtliche Unternehmensbewertung muß auf die Methoden der Betriebswirtschaftslehre zurückgreifen, die für sich rechtlich nicht bindend sind. Wie also die Bewertung selbst zu erfolgen hat, ist vom gesetzlichen Richter vorzugeben. Er muß die genannten Ziele ermitteln, die mit einer Unternehmensbewertung intendiert werden und die verschiedenen Methoden der Unternehmensbewertung darauf prüfen, ob sie diesen Zielen gerecht werden. Darüber hinaus hat er die entscheidenden Bewertungselemente, die sich aus der verwendeten Methode ergeben, zu fixieren[14]. Es handelt sich demnach um normativ zu entscheidende und dem Sachverständigen vorzugebende Rechtsfragen. Lediglich die tatsächlichen ökonomischen Bewertungsfragen sind Tatfragen, die dem Gutachter auf Grund seiner Sachkenntnis zur Beurteilung vorbehalten bleiben können[15].

Ungeachtet dessen, daß rechtsvergleichende Arbeiten üblicherweise eigenen Methoden, bevorzugt der Theorie der funktionalen Komparation, folgen, geht es der vorliegenden Untersuchung darum, die zu analysierenden Fragen vom Blickwinkel der deutschen und österreichischen Literatur und Rechtsprechung ad hoc gleichermaßen zu beleuchten, zumal die beiden Staaten gemeinsame dogmatische Wurzel personengesellschaftsrechtlicher Fragen das Deutsche Handelsgesetzbuch vom 10.5.1897[16] darstellt, welches in Österreich in Kraft gesetzt und ergänzt

---

[13] Vgl. OGH v. 16.12.1980, GRZ 1981, S. 44ff.

[14] Vgl. Großfeld, Unternehmens- und Anteilsbewertung im Gesellschaftsrecht, S. 11f.

[15] Zutr. Ränsch, Die Bewertung von Unternehmen als Problem der Rechtswissenschaften, AG 1984, S. 202ff., 203. Dennoch sollten alternative Bewertungsgutachten in ein und derselben Sache bei gleichen Zielvorgaben zu möglichst geringen Abweichungen gelangen (Kongruenzaspekt), damit unnötige Streitereien vor Gericht vermieden werden können.

[16] DRGBl. 219/BGBl. III 4100-1.

wurde durch die Vierte Verordnung zur Einführung handelsrechtlicher Vorschriften im Lande Österreich vom 24. 12. 1938[17] (4. EVHGB), nebst dem Deutschen Bürgerlichen Gesetzbuch vom 18. 8. 1896[18]. Sedes materiae der gegenständlichen Betrachtung selbst sind daher einerseits die Bestimmungen der §§ 161 Abs. 2, 138, 142 Abs. 3, 105 Abs. 2 HGB i.V.m. §§ 738 - 740 BGB sowie Art. 7 Nr. 15 u. 16 4. EVHGB, welche den §§ 738 - 740 BGB inhaltlich entsprechen. Es steht daher zu erwarten, daß sich der Meinungsstand zu den einzelnen Problemen für beide in ihrer soziologischen Struktur annähernd gleichen Staaten als wechselseitig ergänzend und befruchtend sowie beiderseits richtungsweisend darstellt.

---

[17] DRGBl. I 1999.

[18] DRGBl. I 195.

Erstes Kapitel

Rechtliche Determiniertheit

Wertermittlung eines Unternehmens ist nicht allein davon abhängig, welcher der angewandten Theorien man zuneigt. Es sind vielmehr diverse rechtliche Vorgaben innerhalb der Rechtsordnung relevant, welche durch Anwendung und Interpretation positiver wie überpositiver Normen bzw. des Vertrages ausfindig zu machen sind.

1. Ermittlung des Wertes des werbenden Unternehmens („going-concern"-Prinzip)

Die den Abfindungsanspruch des aus einem Personenverband ausscheidenden Gesellschafters gewährenden Bestimmungen in § 738 Abs. 1 S. 2 BGB, Art. 7 Nr. 15 Abs. 3 4. EVHGB normieren, daß dem ausscheidenden Gesellschafter in Geld auszuzahlen ist, was er bei der Auseinandersetzung erhalten würde, falls die Gesellschaft zur Zeit seines Ausscheidens aufgelöst worden wäre. Der Inhalt dieser Regelung könnte darauf hindeuten, daß für die Ermittlung des Abfindungsguthabens des ausscheidenden Gesellschafters der Liquidationswert anzusetzen wäre.

In der BRD und in Österreich besteht nach den Erkenntnissen in Rechtsprechung und Lehre volle Übereinstimmung, daß hierfür aus wirtschaftlichen Gründen nicht der Liquidationswert im technischen Sinn, sondern allein der Wert des lebenden Unternehmens zugrundezulegen ist[19]. Anstelle der Veräußerung der einzelnen Unternehmensgegenstände tritt grundsätzlich fiktiv die Veräußerung des Unternehmens in toto.

Braitinger[20] hat diesbezüglich deutlich gemacht, daß dem Gesetzgeber bei Abfassung von § 738 Abs. 1 BGB ein redaktionelles Versehen unterlaufen sei. Aus dem Zweck dieser Bestimmung ergäbe sich vielmehr, daß bei der Bewertung von

---

[19] Z.B. BGH v. 21.4.1955, NJW 1955, S. 1025ff. bzw. v. 30.9.1981, DB 1982, S. 106ff.; OGH v. 27.5.1970, HS 7150 bzw. v. 10.11.1970, EvBl. 1971, S. 149; Kastner, Grundriß des österreichischen Gesellschaftsrechts, S. 108; Reinicke/Tiedtke, DB 1984, S. 703ff.; Koppensteiner, in Straube: Komm. zum 4. EVHGB, Anm. 9 zu Art. 7 Nr. 15, 16; Karsten Schmidt, Handelsrecht, S. 65; Großfeld, Unternehmens- u. Anteilsbewertung im Gesellschaftsrecht, S. 3.

[20] Braitinger, Abfindungs- und Bewertungsprobleme beim Ausscheiden eines Gesellschafters aus einer OHG von Todes wegen, Diss. Tübingen 1973.

der Fortsetzung des Unternehmens auszugehen wäre. Diese Erkenntnis erscheint nicht unbedingt zwingend. Sie wird nur dann einleuchten, wenn man konstatiert, daß sich der Gesetzgeber selbst an mehreren Stellen (vgl. etwa § 142 Abs. 1 HGB „ohne Liquidation", dessen Abs. 3 wiederum auf die §§ 738 - 740 BGB verweist) für das going-concern-Prinzip definitiv entschieden hat.

Mangels tatsächlicher Liquidation ist entsprechend § 738 Abs. 2 BGB, Art. 7 Nr. 15 Abs. 3 S. 2 4. EVHGB der Wert des Gesellschaftsvermögens, soweit erforderlich, im Wege der Schätzung zu ermitteln. Grundlage der Schätzung ist somit einmal, daß das Unternehmen als werbendes von den übrigen Gesellschaftern fortgeführt wird und schließlich, daß das Unternehmen im Sinne von Oskar Pisko[21] als organisierte Erwerbsgelegenheit betrachtet wird, die als wesentliches Merkmal neben den körperlichen Sachen und anerkannten Immaterialgütern auch den organisierten Betrieb, d.h. ein lebendes Moment, enthält. Darüber hinaus ist bei der Ermittlung des Wertes des lebenden Unternehmens auch dessen Ertragskraft durch Ansetzen eines Firmenwertes zu berücksichtigen[22].

Auch das in § 738 Abs. 1 S. 1 BGB bzw. Art. 7 Nr. 15 Abs. 1 4. EVHGB positivierte Korrelat zur Abfindung, die Anwachsung, zeigt die Notwendigkeit eines Wertansatzes, der das werbende Unternehmen repräsentiert. Den verbleibenden Gesellschaftern wächst nicht nur der Anteil des ausgeschiedenen Gesellschafters am bilanzmäßig ausgewiesenen Vermögen zu, sondern vielmehr dessen Anteil am Gesamtunternehmen, mithin auch an dessen Organisation und Ertragskraft (Firmenwert).

Es zeigt sich schon hier eine deutliche rechtliche Determination, die im Falle, als die gesetzliche Dispositivregelung zum Zuge käme, eine reine Substanzwertberechnung ausschließt.

2. Angemessenheit der Abfindung bzw. wahrer Unternehmenswert

Das Postulat der angemessenen Abfindung zu Gunsten des ausscheidenden Gesellschafters, welches bislang noch nie Gegenstand grundlegender Erörterungen innerhalb der österreichischen Literatur und Jurisdiktion war, ist in der BRD seit jeher in Rechtsanalogie zum deutschen Aktienrecht (vgl. §§ 305 Abs. 1 u. 3, 320 Abs. 5 AktG) als übergreifender Rechtsgrundsatz des gesamten Gesellschaftsrechts anerkannt. Als unbestimmter Rechtsbegriff, dessen Ausfüllung daher Rechtsfrage darstellt, ist die Angemessenheit durch übergeordnete Gesichtspunkte des Verfassungs- und/oder Zivilrechts (z.B. gesellschaftsrechtlicher Treue- bzw. Gleichbehandlungsgrundsatz, Eigentumsgarantie etc.) zu bestimmen[23]. Die Frage nach Art und Umfang der Angemessenheit läßt sich insbesondere nicht beantwor-

---

21 Oskar Pisko, Das Unternehmen als Gegenstand des Rechtsverkehrs, S. 19.

22 Jud, Der Firmenwertausschluß in Auseinandersetzungsregelungen, GRZ 1980, S. 56ff.

23 Großfeld, JZ 1981, S. 641ff., 642.

ten ohne Prüfung, wie das Gesetz die Stellung des Gesellschafters zum Unternehmen sieht bzw. welche Präferenz im Verhältnis der Unternehmensinteressen gegenüber dem Interesse des Gesellschafters besteht. Bereits an dieser Stelle sei darauf hingewiesen, daß die Initiatoren des ADHGB bei der „Auskehrung" in Art. 127, 128, 132 eine klare Priorität zu Gunsten des gesicherten Fortbestandes der Gesellschaft gesetzt hatten[24].

Ausgehend von einer frühen Entscheidung des 1. Senats des Bundesverfassungsgerichts[25], wonach vor dem Hintergrund der „angemessenen Barabfindung" entsprechend § 320 Abs. 5 S. 3 AktG eine volle Abfindung des ausscheidenden Aktionärs erfolgen müsse, welche ihrerseits in dem bestünde, was seine gesellschaftliche Beteiligung an dem arbeitenden Unternehmen wert sei, hat der BGH in mehreren Urteilen[26] die Problematik der Angemessenheit von Abfindungsklauseln wie folgt präzisiert:

> „Den Gesellschaftern wird bei der vertraglichen Gestaltung möglicherweise dann ein größerer Spielraum einzuräumen sein, wenn die Art des Anteilserwerbs oder die besondere Situation der Gesellschafter eine stärkere Beschränkung des Abfindungsanspruchs rechtfertigen, wenn bspw. die zur Ausschließung ohne wichtigen Grund berechtigten Gesellschafter wegen besonderer Fähigkeiten und Begabungen das Gesellschaftsunternehmen tragen mit der Folge, daß dessen Bedeutung und Geltung und der innere Wert entscheidend von der Tätigkeit und dem Einsatz dieser Gesellschafter abhängen. Liegen keine besonderen Umstände vor, so wird eine Abfindungsklausel grundsätzlich nur dann als angemessen angesehen werden können, wenn die Abfindungsregelung so gestaltet ist, daß sie im Kern der gesetzlichen Regelung entspricht und im wesentlichen zur Abgeltung des vollen Wertes des Gesellschaftsanteils führt[27]."

Dem haben sich Ulmer[28] und Hirtz[29] uneingeschränkt angeschlossen. Aus alledem folgt, daß nur eine volle Abfindung einer angemessenen Abfindung entspricht und auch den wahren Wert repräsentiert ungeachtet des jeder Bewertung immanenten Gebots der Abwägung und des Interessenausgleichs unter Beachtung der Forderung nach Gerechtigkeit. Bei der Ermittlung der Unternehmenswerte sind daher in jedem Fall Gerechtigkeitswerte in Ansatz zu bringen. Das verlangt sowohl die normative Vorgabe, die wahre und angemessene Unternehmenswerte vorschreibt, als auch die nachfolgende Kontrolle des Bewertungsvorganges durch die Gerichte.

---

[24] Vgl. R. Förtsch, Komm. zum ADHGB, 1. Bd., Anm. 2 zu Art. 130, Leipzig 1893.

[25] BVerfG v. 7.8.1962, E 14, S. 263ff., 284.

[26] Z.B. BGH v. 29.5.1978, WM 1978, S. 1044ff. bzw. v. 24.9.1984, DB 1985, S. 167f.; vgl. zum Verfahren hinsichtlich der Bestimmung einer angemessenen Abfindung i.S. von §§ 305, 320 AktG die Beschlüsse des OLG Düsseldorf v. 11.4.1988 (AG 1988, S. 275ff.), v. 11.1.1990 (AG 1990, S. 397ff.), v. 7.6.1990 (AG 1990, S. 490ff.) bzw. v. 16.10.1990 (AG 1991, S. 106ff.).

[27] BGH v. 29.5.1978, WM 1978, S. 1044ff., 1045.

[28] Ulmer, NJW 1979, S. 81ff.

[29] Hirtz, BB 1981, S. 761ff.

3. Aufgabenorientierungs- / Gesamtbewertungs- / Stichtagsmaxime

Das Aufgabenorientierungsprinzip ist Stützpfeiler der Grundsätze ordnungsmäßiger Unternehmensbewertung schlechthin. Bevor Entscheidungen über die anzuwendende Bewertungsmethode gefällt werden, bedarf es einer sorgfältigen Aufgabenanalyse[30]. Das vom jeweiligen Bewerter angewandte Bewertungssystem muß in jedem Fall der vom Gericht gestellten Aufgabe adäquat sein[31].

Aufgabenorientierung beschränkt sich nicht nur darauf, bezüglich der Bewertungsmethode danach zu selektieren, ob eine Bewertung aus steuerrechtlichen Gründen, aus Gründen eines potentiellen Unternehmenskaufs / -verkaufs oder zum Zweck der Ermittlung des Abfindungsguthabens zu erfolgen hat. Der Aufgabenanalyse ist daher in jedem Fall eine Interpretation der Eigenheiten des konkreten Unternehmens vorauszuschicken, um die jeweilige spezielle Situation in der Wahl der Bewertungsmethode vorzuprogrammieren.

In enger Verbindung mit dem going-concern-Prinzip steht der Grundsatz der Gesamtbewertung. Diese Maxime berücksichtigt die schon von Aristoteles getroffene Erkenntnis, daß das Ganze mehr wert sei als die Summe seiner Teile. Das Zusammenwirken der einzelnen Teile bewirkt eine Wertsteigerung, die sich bei der Bewertung zwangsläufig niederschlagen muß. Lediglich bei der Einzelbewertung wird der Wert des Unternehmens dergestalt ermittelt, daß die Werte der vorhandenen Vermögensobjekte addiert werden[32].

Im Ergebnis läuft das Prinzip der Gesamtbewertung ebenfalls auf eine Ablehnung der Substanzwertmethode hinaus, zumal die Einbeziehung des Ertragswertes in die Ermittlung des Unternehmenswertes postuliert wird[33]. Eine Ausnahme wird nur beim Sonderfall der Feststellung des Liquidationswertes eines sterbenden Unternehmens anerkannt[34].

Die Abfindungshöhe orientiert sich nach der sog. indirekten Methode[35]. Danach ist zuerst der Wert des gesamten Unternehmens festzustellen. Anschließend wird die Höhe der Abfindung entsprechend dem Anteil des Ausscheidenden am Unternehmen berechnet. Die direkte Methode, bei welcher der Anteil direkt durch den Vergleich mit dem Preis anderer Anteile ermittelt wird, erweist sich als zu

---

30 Vgl. Moxter, Die Bedeutung der Grundsätze ordnungsmäßiger Unternehmensbewertung, ZfbF 1980, S. 456ff.

31 So OGH v. 16. 12. 1980, GRZ 1981, S. 44ff., 48.

32 Vgl. Moxter, Grundsätze ordnungsmäßiger Unternehmensbewertung, 2. Aufl. 1983, S. 35.

33 Vgl. Welf Müller, Der Wert der Unternehmung, JuS 1973, S. 603ff., 606; Moxter (Fn. 32), S. 33ff.

34 Vgl. Welf Müller, JuS 1973, S. 606; Großfeld, Unternehmens- und Anteilsbewertung im Gesellschaftsrecht, S. 49.

35 Siehe Koppensteiner, in Straube: Komm. zum 4. EVHGB, Anm. 9 zu Art. 7 Nr. 15, 16; Großfeld, Unternehmens- und Anteilsbewertung im Gesellschaftsrecht, S. 26f.

unsicher, da Vergleichsobjekte in der Regel fehlen. Sie entspricht zudem nicht dem Gesetzestext[36].

Die Verpflichtung, die Bewertung an einen Stichtag zu binden, ergibt sich aus dem Wortlaut von § 738 Abs. 1 S. 2 BGB, Art. 7 Nr. 15 Abs. 3 S. 1 4. EVHGB. Man trägt damit der Tatsache Rechnung, daß sich der Wert eines Unternehmens im Laufe der Zeit verändert. Zwecks Vermeidung von Willkür in der Bewertung ist folglich ein exakter Bewertungszeitpunkt zu fixieren[37].

4. Inhalt und Wesen der gesellschaftsrechtlichen Sonderbeziehung

Dringt man tiefer in den Komplex rechtlicher Determination der Unternehmensbewertung ein, stößt man weiter auf rechtliche Vorgaben, die aus dem besonderen Rechtsverhältnis, wie es einerseits zwischen den Gesellschaftern untereinander, andererseits zwischen den Gesellschaftern und der Gesellschaft besteht, resultieren. Sowohl die anzuwendende Methode der Bewertung als auch die wertbildenden Faktoren selbst ergeben sich zwangsläufig aus dem zugrundeliegenden Rechtsverhältnis. Auch der jeweilige Zweck der Bewertung ist durch diese rechtliche Verknüpfung vorgezeichnet. Jede Auswahl der Bewertungsmethode muß demnach einhergehen mit einer grundlegenden juristischen Abschätzung der spezifischen Sonderbeziehung, welche auf Grund der zulässigen Abdingbarkeit des positiven Rechts im Gesellschaftsvertrag sehr unterschiedliche normative Vorgaben für die Bewertung beinhalten kann[38]. Dieses Verfahren steht vollinhaltlich in Einklang mit der juristischen Handhabung in ähnlich gelagerten Fällen. So definiert sich etwa die „wesentliche Eigenschaft“ im Sinne des § 119 Abs. 2 BGB, der in Österreich dem § 932 ABGB entspricht, allein aus dem jeweiligen Rechtsverhältnis[39]. Unter dem Terminus Wert ist somit ein relativer Begriff zu verstehen, der – abhängig vom Bewertungszweck – rechtlich je nach den bestehenden Rechtsverhältnissen präjudiziert ist. Treffend erkannt haben dies Welf Müller[40] und Ränsch[41], die ausführen, daß jede Wertfeststellung einen bestimmten Zweck verfolge; die dafür anzuwendenden Regeln seien aus der jeweiligen rechtlichen Zwecksetzung abzuleiten.

Tragende Säulen aller Gesellschaftsformen sind schließlich die Gleichheit der Rechte und Pflichten aller Gesellschafter im Sinne von Gleichbehandlung ebenso

---

36 Vgl. Großfeld, Unternehmens- und Anteilsbewertung im Gesellschaftsrecht, S. 27.

37 Zutr. Biedenkopf/Koppensteiner, in Kölner Kommentar zum AktG, Anm. 16 zu § 305.

38 Großfeld, JZ 1981, S. 641ff., 643.

39 Vgl. Koziol/Welser, Grundriß des Bürgerlichen Rechts I, S. 233f. sowie Palandt, BGB-Komm., Anm. 6b zu § 119.

40 Welf Müller, JuS 1973, S. 603.

41 Ränsch, AG 1984, S. 202ff., 204.

wie die Treuepflicht als der Rechtsordnung vorgegebene und dauernde Grundwerte bzw. Inhaltsnormen einer gesellschaftsrechtlichen Ordnung. Sie prägen auch die Höhe der Abfindung. Der Grundsatz der Gleichbehandlung versteht sich nicht als Gebot einer schematischen Gleichstellung aller Gesellschafter, sondern als Verbot ihrer willkürlichen Ungleichbehandlung. Für die Unternehmensbewertung bedeutet dieser Grundsatz konkret, daß nur solche individuellen Wertfaktoren von Relevanz sein können, die alle Gesellschafter typischerweise gemeinsam haben, und die zudem nach außen erkennbar und überprüfbar sind. Die Zahl der Kinder bzw. das Interesse an ihrer Versorgung im Unternehmen vermögen durchaus den Entscheidungswert zu bestimmen, grundsätzlich aber nicht die Werte im Verhältnis der Gesellschafter zueinander, d.h. den Einigungswert[42].

Darüber hinaus verpflichtet das Gebot zur gesellschaftlichen Treue, das auch bei Auseinandersetzung und Liquidation fortbesteht, in jedem Fall zur Wahrnehmung der Gesellschaftsinteressen[43]. Danach ist die Abfindung so zu bemessen, daß die Fortführung des Unternehmens nicht gefährdet erscheint[44]. Die Regelung in § 738 BGB, Art. 7 Nr. 15 Abs. 3 4. EVHGB will ja gerade die Auflösung der Gesellschaft verhindern: Der Ausscheidende erhält eine Abfindung, die übrigen Gesellschafter sollen das Unternehmen fortführen. Es ist denkbar, daß eine zu hoch bemessene Abfindung das Unternehmen in finanzielle Schwierigkeiten treibt und dies in der Folge zur Auflösung der Gesellschaft führt. Der Perpetuierung der lebenden Gesellschaft muß daher in jedem Fall ein höherer Stellenwert zugemessen werden als den Grundsätzen der Gleichbehandlung der Gesellschafter und der angemessenen Abfindung zum wahren Wert. Die Treuepflicht endet allein vor dem *berechtigten* eigenen Interesse[45]. Nur bei Treuwidrigkeit wird die Geltendmachung des Abfindungsanspruchs als unzulässiger Rechtsmißbrauch zurückzuweisen sein, ohne daß im einzelnen nachgewiesen werden muß, wieweit ein Schaden entstanden ist[46].

Bereits in diesem Stadium der Untersuchung läßt sich resümierend konstatieren, daß Wertermittlungen nicht ausschließlich oder überwiegend auf Rechenoperationen oder Bewertungstheorien basieren, sondern primär auf rechtlichen Zielvorgaben und Wertvorstellungen. Die oftmals zu beobachtenden erheblichen Abweichungen der Sachverständigen bei der Unternehmensbewertung sind größtenteils auf unterschiedliche Beurteilung und Berücksichtigung von Rechtsfragen zurückzuführen[47].

---

42 Großfeld, Unternehmens- und Anteilsbewertung im Gesellschaftsrecht, S. 25f.

43 Vgl. Baumbach/Duden/Hopt, HGB-Komm., Anm. 5 A, D zu § 109 bzw. 3 C zu § 138 sowie Palandt, BGB-Komm., Anm. 1 zu § 738.

44 R. Förtsch, Komm. zum ADHGB, 1. Bd., Anm. 2 zu Art. 130, Leipzig 1893.

45 Baumbach/Duden/Hopt, HGB-Komm., Anm. 5 A zu § 109.

46 BGH v. 11.2.1960, NJW 1960, S. 718ff.

47 Großfeld, Unternehmens- und Anteilsbewertung im Gesellschaftsrecht, S. 8, beschreibt exemplarisch den in der Praxis immer wieder vorkommenden Fall, daß ein

Zweites Kapitel

Legislatorische sedes materiae: §§ 738 - 740 BGB, Art. 7 Nr. 15 u. 16 4. EVHGB

1. Gesetzliche Ausgangssituation

De lege lata ist die gesellschaftsrechtliche Auseinandersetzung in der BRD in §§ 738 - 740 BGB statuiert, welche in Österreich vollinhaltlich den Art. 7 Nr. 15 u. 16 4. EVHGB gleichkommen. Unter der Thematik „Auseinandersetzung mit dem ausscheidenden Gesellschafter“ und „Beteiligung des Ausscheidenden an schwebenden Geschäften“ finden sich dort die gesellschaftsrechtlichen und vermögensrechtlichen Folgen, welche das Ausscheiden eines Gesellschafters aus einer Personengesellschaft nach sich ziehen.

Der Anwendungsbereich der §§ 738 - 740 BGB, Art. 7 Nr. 15 u. 16 4. EVHGB ist nicht auf die Variante reduziert, wo der Gesellschaftsvertrag im Sinne des § 138 HGB eine Fortführung der Gesellschaft durch die verbleibenden Gesellschafter bestimmt (Kündigung oder Tod eines Gesellschafters bzw. Eröffnung des Konkurses über sein Vermögen), sondern erstreckt sich auf die Ausschließung eines Gesellschafters gem. § 140 HGB und den Fall der Privatgläubigerkündigung mit nachfolgendem Fortsetzungsbeschluß durch die übrigen Gesellschafter gem. §§ 135, 141 HGB. Bei der Konkurseröffnung über das Vermögen eines Gesellschafters gilt dasselbe auch durch Fortsetzungsbeschluß gem. § 141 Abs. 2 HGB, wofür die Abgabe einer entsprechenden Erklärung durch die Gesellschafter direkt an den Konkursverwalter notwendig ist. Nicht einschlägig sind die gegenständlich diskutierten Rechtsnormen bei rechtsgeschäftlicher Übertragung der Mitgliedschaft[48].

Eine grundlegende gesellschaftsrechtliche Konsequenz beim Ausscheiden eines Gesellschafters enthält § 738 Abs. 1 S. 1 BGB ebenso wie Art. 7 Nr. 15 Abs. 1 4. EVHGB dergestalt, daß der Anteil des ausscheidenden Gesellschafters am Gesellschaftsvermögen den übrigen mit der Maßgabe zuwächst, daß der Anteil

Gutachter zu einem über hundertmal so hohen Wert kam wie der andere Sachverständige, bedingt durch die unterschiedlichen Zielvorgaben. Hinzu kommt schließlich die Subjektivität der Unternehmensbewertung per se, an der insbesondere auch eine Orientierung am Markt nur wenig ändert, vgl. Aigner/Holzer, DB 1990, S. 2229 ff. als zutreffende Antwort auf Barthel, DB 1990, S. 1145 ff.

48 BGH v. 20. 10. 1980, NJW 1981, S. 1095 f.

des ausgeschiedenen Gesellschafters am unter gesamthänderischer Mitberechtigung stehenden Gesellschaftsvermögen ipso iure auf die übrigen Gesellschafter übergeht. Für eine separate Übertragung der einzelnen Gegenstände des Gesellschaftsvermögens bleibt somit kein Raum[49]. Diese an das Ausscheiden eines Gesellschafters geknüpfte Rechtsfolge ist Ausdruck eines strukturellen Grundprinzips des Gesellschaftsrechts. Sie muß als eine dem Wesen der Gesamthandschaft eigene Form der Rechtszuständigkeit im Sinne einer Erweiterung der gesamthänderischen Berechtigung der verbleibenden Gesellschafter, welche gleichermaßen den Gewinn-/Verlustanteil des Ausscheidenden und zwar – mangels anderweitiger Vereinbarung – im Verhältnis ihrer bisherigen Anteile erfaßt[50], interpretiert werden. Die Kapitalanteile entsprechend § 120 Abs. 2 HGB der bleibenden Gesellschafter sind neu zu bestimmen; sie ändern sich nicht, wenn sich das Abfindungsguthaben des Ausgeschiedenen mit seinem Kapitalanteil deckt, also in der Bilanz dem Eigenkapital gerade das abgeht, was den Mitgesellschaftern „zuwachsen" könnte[51].

Ungeachtet der gesetzlich gewollten Akkreszenz, die wegen ihrer essentiellen Bedeutung für die Gesamthand und ihrer dinglichen Wirkung zwingend ist[52], kann im übrigen gesellschaftsvertraglich durchaus disponiert werden, wem bspw. anwachsen soll. Vor allem bei Familienpersonengesellschaften finden sich nicht selten Anordnungen, welche einem bestimmten Gesellschafter ein Aufgriffsrecht bezüglich des Gesellschaftsanteils des Ausgeschiedenen einräumen[53]. Hintergrund solcher Spezifizierungen kann der Ausschluß einzelner Erben bzw. die Gewährleistung einer gleichbleibenden Stärke von Gesellschafterstämmen sein. Der Abfindungsanspruch des ausscheidenden Gesellschafters richtet sich in Fällen dieser Art dann nicht mehr gegen die Gesellschaft, sondern ist an den bzw. die verbleibenden Gesellschafter zu adressieren.

Mit dem Ausscheiden eines Gesellschafters aus einer Zwei-Mann-Gesellschaft befaßt sich § 142 HGB. Verwirklicht ein Gesellschafter einen wichtigen Grund im Sinne des § 133 HGB oder kommt es zur Kündigung durch den Privatgläubiger eines Gesellschafters entsprechend § 135 HGB, kann der verbleibende Gesellschafter nach erhobener Übernahmeklage durch rechtskräftiges Gerichtsurteil zur Übernahme des gesamten Unternehmens ohne Liquidation mit Aktiven und Passiven für berechtigt erklärt werden, § 142 HGB. Das bisherige Gesamthandsvermögen wird dabei in Alleineigentum des verbleibenden Unternehmers transformiert[54], was genau der Anwachsung bei Ausscheiden eines von mehr als zwei

---

[49] Vgl. Koppensteiner, in Straube: Komm. zum 4. EVHGB, Anm. 5 zu Art. 7 Nr. 15 u. 16.

[50] Kastner (Fn. 19), S. 106.

[51] Baumbach/Duden/Hopt, HGB-Komm., Anm. 4 A zu § 138.

[52] Palandt, BGB-Komm., Anm. 1 zu § 738 mit Nachw.

[53] Bauerreiss, Das Ausscheiden eines Gesellschafters bei der OHG, GRZ 1973, S. 90 ff., 96; Jud, Gesellschaftsvertragliche Abfindungsvereinbarungen – insb. der Firmenwertausschluß – in Familienpersonengesellschaften, ÖZW 1978, S. 102 ff., 103.

Gesellschaftern entspricht. Wegen der damit verbundenen Gesamtrechtsnachfolge gehen hierbei mit den Aktiven auch sämtliche Schulden auf den Erwerber über. Die Übernahme durch Erklärung ist gemäß § 142 Abs. 2 HGB neben dem bereits erwähnten Fall der Kündigung durch einen Privatgläubiger auch bei Konkurseröffnung über das Vermögen eines Gesellschafters möglich. Darüber hinaus findet sich in Gesellschaftsverträgen zulässiger- und sinnvollerweise oftmals die Klausel, daß § 142 HGB in allen Fällen des Ausscheidens eines Gesellschafters analog zur Anwendung kommen soll[55]. Ist der letzte Gesellschafter eine juristische Person, z.B. eine AG oder GmbH, kommt die Übernahme einer kapitalgesellschaftlichen Verschmelzung gleich[56].

2. Der Abfindungsanspruch

Der aus einer Personalunion Ausgeschiedene ist auf schuldrechtliche Ansprüche gegen die verbleibenden Gesellschafter als Gesamtschuldner bzw. unter der Voraussetzung des § 142 HGB gegen den Geschäftsübernehmer beschränkt, welche sowohl mit ihrem Gesellschaftsvermögen als auch nach h.M.[57] mit ihrer persönlichen Habe haften. Die Auseinandersetzung geht dabei nicht auf Aufteilung des Gesellschaftsvermögens, sondern lediglich auf Abrechnung bzw. Abfindung, d.h. auf Herausgabe des Geldwertes hinsichtlich des Anteils am Gesellschaftsvermögen[58].

Das Hauptdilemma einer exakten Bewertung des Unternehmenswertes liegt nun darin, daß einerseits die gesetzliche Regelung in der BRD wie in Österreich, die zudem irreführend den Liquidationswert im Auge zu haben scheint, viel zu vage ist, andererseits die meisten Gesellschaftsverträge keine dezidierten Klauseln für den Fall der Auseinandersetzung enthalten, zumal den Gesellschaftern im Zeitpunkt des Eingehens eines vertraglichen Zusammenschlusses – wie bei einer Ehe – derartige Kautelen deplaziert erscheinen. Dabei würden klare vertragliche Aufzeichnungen, welche die Rechte des Ausscheidenden unmißverständlich klarstellen, oftmals eine erhöhte Bereitschaft zum Zusammenbleiben bedeuten. Kostspielige Streitigkeiten, die sich angesichts des Wegfalls der gesellschaftlichen

---

[54] Vgl. OGH v. 1.3.1966, SZ 39, S. 107ff.; OGH v. 6.3.1973, ÖBl. 1973, S. 65ff.; Kastner (Fn. 19), S. 106; Baumbach/Duden/Hopt, HGB-Komm., Anm. 3 A zu § 142.

[55] Baumbach/Duden/Hopt, HGB-Komm., Anm. 1 A zu § 142; OGH v. 3.2.1977, JBL 1978, S. 40f.; OGH v. 8.7.1975, HS 9182. Der BGH hat im Urteil v. 8.1.1990, WM 1990, S. 435ff., hierzu zutreffend klargestellt, daß der Rechtsgedanke des § 142 HGB auch auf eine zwischen zwei Gesellschaftern einer Gesellschaft des bürgerlichen Rechts getroffene Übernahmevereinbarung Anwendung findet.

[56] OGH v. 8.11.1966, HS 5149.

[57] Palandt, BGB-Komm., Anm. 2 zu § 738; vgl. hierzu auch BGH v. 11.10.1971, WM 1971, S. 1451f.

[58] Kastner (Fn.19), S. 106.

Bindung um so leichter entwickeln, ließen sich so am besten vermeiden. Aber auch im Fall der Existenz vertraglicher Abfindungsregelungen herrscht sowohl über deren Inhalt und Reichweite als auch über deren rechtliche Zulässigkeit häufig Unklarheit.

Das Gesellschaftsvermögen ist nach dem Willen des Gesetzgebers durch Schätzung zu ermitteln, § 738 Abs. 2 BGB, Art. 7 Nr. 15 Abs. 3 S. 2 4. EVHGB. Zu dieser Aufgabe haben sich schon früh die Betriebswirtschaftswissenschaftler durch die Entwicklung diverser Bewertungstheorien berufen gefühlt und dabei ein Bündel von Möglichkeiten der Unternehmenswertfeststellung hervorgebracht. Neben der in ihrer reinen Form heute nur mehr sehr selten praktizierten *Substanzwertmethode* und der – den Wert des Gesellschaftsvermögens aus den kapitalisierten Zukunftserträgen eines Unternehmens errechnenden – *Ertragswertmethode* kennt die geltende Praxis der Unternehmensbewertung eine Reihe weiterer Verfahren, welche sich als Fortführungen oder Mischformen der beiden genannten Hauptmodalitäten darstellen. An sich ist im Regelfall jeweils ein Kompromiß erforderlich, welcher die einfache und sichere Ermittlung des Substanzwertes mit möglichst nachvollziehbarer und beweisbarer rechnerischer Berücksichtigung der künftigen Ertragsentwicklung, die sich besonders im Firmenwert („good will") des Unternehmens ausdrückt, zu einem realitätsbezogenen Gesamtwert des lebenden Unternehmens vereint[59]. Entscheidend für den unternehmerischen Wertansatz sind neben den betriebswirtschaftlichen Methoden insbesondere die bereits beschriebenen rechtlichen Vorgaben für die Unternehmensbewertung sowie die vertraglich ausbedungenen Bewertungsvorschriften.

Ob letztlich dem ausscheidenden Gesellschafter überhaupt ein Abfindungsanspruch zukommt, steht erst mit Vorliegen der regelmäßig zu errichtenden Abschichtungsbilanz und der damit verbundenen Feststellung des Abfindungsguthabens fest. Reicht der ermittelte Wert des Gesellschaftsvermögens zur Deckung der gemeinschaftlichen Schulden nicht aus, hat der Ausscheidende den übrigen Gesellschaftern für den Fehlbetrag nach dem Verhältnisse seines Anteils am Verlust aufzukommen, § 739 BGB, Art. 7 Nr. 15 Abs. 5 4. EVHGB.

Der Anspruch auf Abfindung entsteht mit dem Ausscheiden, d.h. dem Tag der eintretenden Auflösung, §§ 138, 141 Abs. 2 HGB. Abstimmung eines anderen Fixpunktes ist zulässig, wobei sich analog § 141 Abs. 1 S. 2 HGB natürlich das Ende des Geschäftsjahres förmlich anbietet[60]. Die Fälligkeit des Abfindungsanspruches selbst orientiert sich nach überwiegender Meinung[61] entsprechend dem Zeitpunkt der Feststellung der Abschichtungsbilanz. Gemäß einer beachtenswerten, praxisnahen Rechtsauffassung[62] werde er zwar im Zweifel mit seinem Entste-

---

[59] OGH v. 10. 11. 1970, EvBl. 1971, S. 149 = HS 7151.

[60] Zutr. Roolf/Vahl, DB 1983, S. 1964ff., 1966; Bellinger, WPg 1980, S. 575ff.

[61] Vgl. OGH v. 27. 5. 1970, HS 7150/39; Koppensteiner, in Straube: Komm. zum 4. EVHGB, Anm. 17 zu Art. 7 Nr. 15, 16 mit umfassenden Nachweisen.

hen fällig, lediglich „aus den Umständen" könne sich eine Hinausschiebung ergeben, indem die Flüssigmachung Zeit benötige[63]. Diese vor allem auf § 271 BGB, § 904 ABGB gestützte Ansicht erkennt zutreffend, daß die insbesondere über den Ausscheidezeitpunkt hinausgehende postgesellschaftliche Treuepflicht[64] bei kurzfristigen Liquiditätsengpässen oder unternehmerisch nicht beeinflußbaren Hindernissen eine aus „Natur und Zweck der Leistung" resultierende Aufschiebung der Fälligkeit geradezu gebietet[65]. Ulmer[66] hält daher dafür, die Fälligkeit erst nach Ablauf einer üblicherweise zur Errichtung der Abschichtungsbilanz benötigten Zeitspanne eintreten zu lassen. Als grundsätzlich zulässig wird man auch eine Abfindung in langjährigen Raten ansehen müssen, wobei hier häufig wegen der zunehmenden Geldentwertung ein Ausgleichsanspruch aus § 242 BGB gegeben sein dürfte[67]. Im Gegensatz zur üblichen Verzinsung des Abfindungsanspruches mit lediglich 5% gem. § 352 HGB ab Eintritt der Fälligkeit[68] ist schließlich bei dieser Variante ein wesentlich höherer Zinssatz anzusetzen.

3. Die Auseinandersetzungs-/Abschichtungsbilanz

Das Abfindungsguthaben als Wertanspruch auf Geldabfindung gemäß der Auseinandersetzungs-/Abschichtungsbilanz, das an die Stelle der Forderung auf Einlagenrückerstattung (§ 733 BGB) und Überschußzahlung (§ 734 BGB) tritt, ohne daß eine Aufteilung stattfindet, ist nach § 738 Abs. 1 S. 2 (Fall 3), Abs. 2 BGB, Art. 7 Nr. 15 Abs. 3 S. 1 u. 2 4. EVHGB an dem Niveau auszurichten, was der Ausscheidende bei der Auflösung der Gesellschaft erhalten würde, wobei der Wert des Unternehmens, soweit erforderlich, auf der Basis geschätzter Bilanzsätze zu ermitteln ist. Kontra Gesetzeswortlaut handelt es sich dabei nicht um eine Liquidationsbilanz entsprechend dem Wertansatz, der sich bei einer Veräußerung der einzelnen Vermögensgegenstände des Betriebs nach Tilgung der Schulden

---

62 Allen voran Ulmer, in Münchner Kommentar, Anm. 15 zu § 738 BGB; Bauerreiss, GRZ 1973, S. 90ff., 96; Hannak, in Demelius-Festschrift 1973, S. 343.

63 Baumbach/Duden/Hopt, HGB-Komm., Anm. 5 G zu § 138. Zur Frage, unter welchen Voraussetzungen der aus einer BGB-Gesellschaft ausgeschiedene Gesellschafter im Hinblick auf seinen Abfindungsanspruch ein Zurückbehaltungsrecht gemäß § 273 Abs. 1 BGB an dem Anspruch auf Berichtigung des Grundbuches im Sinne von § 894 BGB ausüben kann, den der verbleibende Gesellschafter bezüglich des Grundstückes geltendmacht, das zum Gesellschaftsvermögen gehört hat, erscheint von besonderem Interesse die Entscheidung des 2. Senats des BGH v. 8.1.1990, WM 1990, S. 435ff.

64 Vgl. Palandt, BGB-Komm., Anm. 7 zu § 705 bzw. Anm. 2 zu § 738.

65 Baumbach/Duden/Hopt, HGB-Komm., Anm. 5 zu § 109.

66 Ulmer, in Münchner Kommentar, Anm. 15 zu § 738 BGB.

67 Vgl. hierzu im einzelnen Baumbach/Duden/Hopt, HGB-Komm., Anm. 5G zu § 138 mit weiteren Nachweisen.

68 Vgl. Koppensteiner, in Straube: Komm. zum 4. EVHGB, Anm. 17 zu Art. 7 Nr. 15, 16.

ergeben würde, oder etwa um die übliche Jahresbilanz, sondern um eine Vermögensbilanz gemäß eines „lebenden Geschäftswertes“, d.h. des Wertes, den die Gegenstände im Rahmen des fortzuführenden Unternehmens darstellen[69]. Das Gesellschaftsvermögen ist hierbei im einzelnen seinem wahren Wert gemäß zu bilanzieren, so daß ein Ansatz zu Buchwerten außer Betracht zu bleiben hat[70]. Zusätzlich ist schließlich auch der Firmenwert (good will) zu aktivieren, wenn dieser vertraglich nicht ausgeschlossen wurde[71].

Entgegen der geltenden Rechtspraxis in Österreich, die trotz der Entscheidung des OGH v. 16. 12. 1980[72] nach wie vor an der Errichtung einer Auseinandersetzungsbilanz festhält, ist dies in der BRD seit dem Urteil des BGH v. 24. 9. 1984[73] nicht mehr obligat. Sie erscheint vor allem dann entbehrlich, wenn das Abschichtungsguthaben allein auf der Grundlage der in der ordentlichen Abschlußbilanz zum Stichtag angesetzten Buchwerte ausgewiesen werden kann.

Für den Fall der Existenz von Abfindungsvereinbarungen, die den Abfindungsbetrag auf den Buchwert beschränken, bietet sich zwecks Vermeidung von Streitigkeiten über die Höhe der Abfindung als vertragliche Orientierungshilfe eine bereits zurückliegende, genehmigte Bilanz an. Dabei sollte unbedingt im Rahmen derartiger Klauseln der Modus der Verwendung von Zwischengewinnen, insbesondere des Gewinns des laufenden Jahres bis zum Zeitpunkt des tatsächlichen Ausscheidens klargestellt sein, zumal der abzufindende Gesellschafter andernfalls an solchen Gewinnen bzw. Verlusten nicht teilhat.

Stichtag für die Auseinandersetzungsbilanz ist gem. § 738 Abs. 1 S. 2 aE BGB, Art. 7 Nr. 15 Abs. 3 S. 1 aE 4. EVHGB der Tag des Ausscheidens des Gesellschafters. Bei Fortsetzung des Unternehmens nach initiierter Ausschließungsklage i. S. von § 140 HGB ist das Einreichdatum der Ausschließungsklage relevant, §§ 140 Abs. 2 HGB, 270 Abs. 3 ZPO. Vertragliche Fixierung eines anderen Stichtages, vor allem dessen Identifikation mit dem Abschlußstichtag des Geschäftsjahres ist legitim[74].

Die Feststellung der Abschichtungsbilanz ist prinzipiell gemeinsame Aufgabe der ausgeschiedenen und verbleibenden Gesellschafter[75]. Auch in Österreich wird entsprechend der gängigen Praxis eine Bilanzerstellungspflicht für alle Gesell-

[69] Vgl. OGH v. 20.2.1952, SZ 25/47; OGH v. 27.5.1970, HS 7150/39; OGH v. 10.11.1970, EvBl. 1971, S. 149.

[70] OGH v. 27.5.1970, HS 7150/39.

[71] OGH v. 27.5.1970, HS 7150/39 u. OGH v. 10.11.1970, EvBl. 1971, S. 149.

[72] OGH v. 16.12.1980, GRZ 1981, S. 44ff.

[73] BGH v. 24.9.1984, NJW 1985, S. 192f. mit Bespr. von Schulze-Osterloh, ZGR 1986, S. 545ff.

[74] BGH v. 25.3.1965, WM 1965, S. 746ff., 748 bzw. v. 17.11.1980, WM 1981, S. 452ff.

[75] Vgl. Palandt, BGB-Komm., Anm. 2 c aa zu § 738.

schafter angenommen[76]. Am zweckmäßigsten dürfte – wie auch sonst – der Auffassung der Vorzug zu geben sein, die diese Aufgabe den Gesellschaftern zuweist, die hierzu am ehesten in der Lage sind, was im Regelfall die geschäftsführenden Gesellschafter sein werden[77]. Dem ausgeschiedenen Gesellschafter verbleibt allemal die Rechtsposition, die aufgestellte Bilanz durch Büchereinsicht von sich aus oder mittels Sachverständiger einer Überprüfung zuzuführen[78]. Nur so könne er jederzeit im einzelnen geltendmachen, welche Ansätze er für unrichtig hält bzw. ob ein erhebliches Mißverhältnis zum wirklichen Wert seiner Beteiligung besteht[79].

Dem ausgeschiedenen Kommanditisten stehen zwar die Kontrollrechte nach § 166 HGB nicht mehr zu; er hat jedoch auf der Grundlage der §§ 810, 242 BGB bei Vorliegen eines rechtlichen Interesses Anspruch darauf, die Bücher und Papiere aus der Zeit seiner Zugehörigkeit zur Gesellschaft einzusehen, insbesondere diejenigen, die für die Berechnung seines Abfindungsguthabens von Bedeutung sind. Das gleiche muß gelten, wenn der ausgeschiedene Gesellschafter zwar das von der Gesellschaft auf der Grundlage des Gesellschaftsvertrages errechnete Abfindungsguthaben als solches nicht in Zweifel zieht, sich jedoch Gewißheit darüber verschaffen möchte, ob ein erhebliches Mißverhältnis zum wahren Wert seiner Beteiligung besteht. Das setzt freilich voraus, daß konkrete Anhaltspunkte dafür vorhanden sind, daß ein erhebliches Mißverhältnis zwischen dem sich aus der Abfindungsvereinbarung ergebenden Guthaben und dem tatsächlichen Beteiligungswert bestehen könnte; anderenfalls fehlt es an dem erforderlichen rechtlichen Interesse an der Einsichtnahme. Dabei können jedoch keine besonders hohen Anforderungen gestellt werden. Die Geschäftsunterlagen sollen es dem ausgeschiedenen Gesellschafter gerade erst ermöglichen, genauere Erkenntnisse über die Wertverhältnisse zu gewinnen. Nur wenn nichts auf die Möglichkeit eines erheblichen Auseinanderfallens der Werte hindeutet, wäre das Einsichtsverlangen unzulässige Ausforschung[80].

Maßgeblich wird die Abschichtungsbilanz erst mit ihrer Feststellung, die als Gesellschafterbeschluß der Zustimmung[81] aller Gesellschafter bedarf, § 119 HGB.

---

[76] Vgl. z.B. Koppensteiner, in Straube: Komm. zum 4. EVHGB, Anm. 18 zu Art. 7 Nr. 15, 16 mit ausf. Nachweisen.

[77] Baumbach/Duden/Hopt, HGB-Komm., Anm. 5 C zu § 138.

[78] OGH v. 13. 7. 1956, SZ 29/51.

[79] BGH v. 31. 5. 1965, DB 1965, S. 1438; BGH v. 17. 4. 1989, WM 1989, S. 878 ff., 879.

[80] BGH v. 16. 2. 1959, WM 1959, S. 595 ff., 598; BGH v. 23. 10. 1961, WM 1961, S. 1329 ff.; BGH v. 16. 4. 1962, WM 1962, S. 706 ff.; BGH v. 10. 6. 1963, WM 1963, S. 989 ff., 990; BGH v. 11. 7. 1968, WM 1968, S. 1245 ff.; BGH v. 31. 3. 1971, WM 1971, S. 565 ff.; BGH v. 8. 4. 1976, WM 1976, S. 1027 ff., 1030; BGH v. 28. 4. 1977, WM 1977, S. 781 ff., 782; BGH v. 11. 7. 1988, WM 1988, S. 1447 ff., 1448; BGH v. 17. 4. 1989, WM 1989, S. 878 ff., 879.

[81] H. A. Eine hiervon abweichende Auffassung vertritt Sudhoff, Der Gesellschaftsvertrag der Personengesellschaften, S. 369, der analog zur fehlenden Feststellungspflicht für

Ermangelt es hieran, ist dem Ausscheidenden die Klagemöglichkeit auf Leistung der Abfindung eröffnet[82]. Das Verfahren wird oftmals auf Leistung des zu wenig Angebotenen oder auf Feststellung gerichtet sein, daß in der Abschichtungsbilanz noch bestimmte Positionen aufzunehmen oder außer Ansatz zu lassen seien[83].

4. Kumulative Anspruchsgrundlagen neben dem Recht auf Abfindung

a) §§ 738 Abs. 1 S. 2 (1. Fall), 732 BGB, Art. 7 Nr. 15 Abs. 2 4. EVHGB

Auf der Basis dieser Rechtsquellen kann der Ausgeschiedene Rückgabe von Gegenständen verlangen, die er der Gesellschaft oder Mitgesellschaftern zur Benutzung überlassen hat, wobei er keinen Ersatz verlangen kann für durch Zufall verursachte Wertminderungen bzw. gänzliche Zerstörungen[84]. Aus einer von Fall zu Fall zu prüfenden, über den Ausscheidetag hinaus nachwirkenden Treuepflicht heraus kann ihm allerdings zugemutet werden, den in notwendiger gesellschaftlicher Nutzung stehenden Gegenstand für eine angemessene Übergangszeit in der Gesellschaft zu belassen[85]. Auch ist die Gesellschaft befugt, bis zur Feststellung eines noch wahrscheinlich bestehenden Ausgleichsanspruches gegen den Gesellschafter in der Abschichtungsbilanz ein Zurückbehaltungsrecht geltendzumachen[86]. Der ratio legis der §§ 738 Abs. 1 S. 2 (1. Fall), 732 BGB, Art. 7 Nr. 15 Abs. 2 4. EVHGB entsprechend ist umgekehrt der Ausgeschiedene verpflichtet, Gegenstände zurückzugeben, die ihm auf Grund des Gesellschaftsverhältnisses von der Gesellschaft oder von Mitgesellschaftern zur Benutzung überlassen wurden, wie dies die §§ 667, 713 BGB für den deutschen Rechtskreis klarstellen.

Liquidationsbilanzen (vgl. hierzu BGH v. 17. 10. 1955, GmbH Rdsch. 1957, S. 28) nur eine Anerkennung der Richtigkeit durch alle Gesellschafter postuliert.

[82] OGH v. 27. 5. 1970, HS 7150/39; Koppensteiner, in Straube: Komm. zum 4. EVHGB, Anm. 19 zu Art. 7 Nr. 15, 16.

[83] Vgl. Baumbach/Duden/Hopt, HGB-Komm., Anm. 5 D zu § 138 sowie BGH v. 20. 9. 1971, WM 1971, S. 1450f. bzw. v. 13. 7. 1987, WM 1987, S. 1280ff.

[84] Das ADHGB des Jahres 1861 versagte in Art. 131 jegliche Rückgabe eingebrachter Sachen an den Ausscheidenden bei Fortbestand der Gesellschaft (going concern) und verwies den Petenten aus Gründen des Bestandschutzes lediglich auf eine Entschädigung in Geld. Anders verhielt es sich bezüglich des usus und ususfructus bei der Liquidation, weil dort die Gesellschaft aufgelöst wird, vgl. zum Ganzen R. Förtsch, Komm. zum ADHGB, 1. Bd., Anm. 2 zu Art. 131.

[85] Koppensteiner, in Straube: Komm. zum 4. EVHGB, Anm. 26 zu Art. 7 Nr. 15, 16; OGH v. 13. 7. 1956, HS 1369; Baumbach/Duden/Hopt, HGB-Komm., Anm. 5 zu § 109.

[86] BGH v. 29. 6. 1981, DB 1981, S. 1975.

b) § 738 Abs. 1 S. 2 (2. Fall) BGB, Art. 7 Nr. 15 Abs. 4 4. EVHGB

Bereits im Rahmen der Auseinandersetzungsbilanz führen Verbindlichkeiten der Gesellschaft zur entsprechenden Minderung des Abfindungsguthabens, wobei diese damit als rechnungsmäßig für erledigt zu betrachten sind. Wegen der im Außenverhältnis noch fortdauernden gesamtschuldnerischen Haftung nach §§ 718 BGB, 159 HGB wurde als Ausgleich der Befreiungsanspruch gem. § 738 Abs. 1 S. 2 (2. Fall) BGB, Art. 7 Nr. 15 Abs. 4 4. EVHGB gesetzlich statuiert, welcher der Inanspruchnahme für Gesellschaftsschulden, die bei der Bestimmung seines Abfindungsguthabens bereits berücksichtigt wurden, entgegenwirkt. Hat der ausgeschiedene Gesellschafter aus seinem Privatvermögen Sicherheiten für Gesellschaftsschulden geleistet, kann er deren Freistellung fordern (z.B. Anspruch auf Aufhebung von Grundpfandrechten oder Anspruch auf Befreiung einer übernommenen Bürgschaft für Gesellschaftsschulden). Gegenüber diesem Befreiungsanspruch haben die übrigen Gesellschafter die Zug-um-Zug Einrede, wenn der Anspruchsprätendent seinerseits Schuldner des Anspruchs aus § 739 BGB, Art. 7 Nr. 15 Abs. 5 4. EVHGB ist[87].

Problematisch ist, ob bei Handelsgesellschaften der Befreiungsanspruch auch dann Platz greift, wenn ein Komplementär zum Kommanditisten wird. Mayer-Maly[88] hatte dies in einem Diskussionsbeitrag für den Fall der Auseinandersetzung mit letzterem befürwortet. Der OGH[89] ist dem gefolgt. Die österreichische Literatur[90] geht zudem davon aus, daß bei jeder Form eines Gesellschafterwechsels eine Auseinandersetzung zu erfolgen habe, was sicher zutreffend ist, zumal keine Notwendigkeit besteht, den Kommanditisten über die in § 171 Abs. 1 HGB normierte Haftung hinaus weiter zu belasten.

Der Anspruch auf Befreiung geht nach dem Gesetz auf sofortige Freistellung entweder durch Erfüllung oder Schuldentlassungserklärungen der Gläubiger, unabhängig ob die Schuld fällig ist oder lediglich Inanspruchnahme des Ausgeschiedenen zu befürchten ist. Letzterenfalls genügt statt sofortiger Befreiung Sicherheitsleistung der Gesellschaft, wobei Modus und Qualität der Sicherheit nach den §§ 232ff. BGB, 1373f. ABGB auszurichten sind. Bei Inanspruchnahme des ausgeschiedenen Gesellschafters durch einen Gesellschaftsgläubiger sind Regreßansprüche aus § 738 Abs. 1 S. 2 (2. Fall) BGB, Art. 7 Nr. 15 Abs. 4 4. EVHGB herzuleiten[91].

---

[87] Vgl. OGH v. 16. 11. 1966, JBL 1967, S. 523f.; BGH v. 14. 2. 1974, BB 1974, S. 811f.; Baumbach/Duden/Hopt, HGB–Komm., Anm. 4C zu § 138 mit ausf. Nachweisen.

[88] Mayer-Maly, JBL 1972, S. 535ff.

[89] OGH v. 24. 6. 1971, SZ 44/99.

[90] Z.B. Bauerreiss, in Demelius-Festschrift 1973, S. 296f. und Koppensteiner, in Straube: Komm. zum 4. EVHGB, Anm. 29 zu Art. 7 Nr. 15, 16.

[91] Vgl. Koppensteiner, in Straube: Komm. zum 4. EVHGB, Anm. 30 zu Art. 7 Nr. 15, 16.

Aus vordergründigen Gesichtspunkten einer Perpetuierung der Gesellschaft anerkennen Rechtsprechung und Lehre Befreiungsansprüche in den abgeschwächten Formen vereinbarter Freistellungen bzw. Freihaltungen[92], d.h. einer Befreiung unter der aufschiebenden Bedingung der Inanspruchnahme durch die Gesellschaftsgläubiger, wobei derartige Absprachen selbstverständlich dem Ausscheidenden nicht den geschuldeten Ausgleich seines negativen Kapitalanteils erlassen[93].

c) § 740 Abs. 1 u. 2 BGB, Art. 7 Nr. 16 Abs. 1 u. 2 4. EVHGB

Der legislatorische Zweck der Rechtsnormen des § 740 BGB, Art. 7 Nr. 16 4. EVHGB, wonach der ausgeschiedene Gesellschafter an dem Gewinn und Verlust der zur Zeit seines Ausscheidens schwebenden Geschäften teilnimmt, liegt klar in der Entlastung der Abschichtungsbilanz von Positionen, deren Ermittlung mit besonderen Unsicherheiten und Unabwägbarkeiten behaftet wäre[94]. Nach der Judikatur des OGH[95] wie des BGH[96] beinhaltet ein schwebendes Geschäft begrifflich eine zum Zeitpunkt des Ausscheidens des Gesellschafters schon rechtlich begründete, aber noch nicht vollständig abgewickelte Rechtsbeziehung. Demzufolge fallen Verhandlungen über abzuschließende Verträge nicht unter diese Rubrik. Aber auch Dauerrechtsverhältnisse, wie etwa Miet-/Pacht-/Bodenausbeutungsverträge lassen sich nicht unter die schwebenden Geschäfte subsumieren[97], da dies einer Perpetuierung der Gesellschaftszugehörigkeit entspräche[98].

Die verbleibenden Gesellschafter können diese Geschäfte nach pflichtgemäßem Ermessen unter Beachtung der gebotenen diligentia quam in suis abwikkeln, § 708 BGB, Art. 7 Nr. 3 4. EVHGB. Zum Schuß jedes Geschäftsjahres vermag der Ausgeschiedene nach § 740 Abs. 2 BGB, Art. 7 Nr. 16 Abs. 2 4.EVHGB Rechenschaft über die inzwischen beendeten Geschäfte, Auszahlung des ihm gebührenden Betrages und Auskunft über den Stand der noch schweben-

---

92 Die wiss. Lehre in Österreich nennt hier die vertragliche Verpflichtung zur Schad- und Klagloshaltung, vgl. Bauerreiss, GRZ 1973, S. 90ff., 98.

93 BGH v. 20.12.1956, E 23, S. 17ff., 29; Baumbach/Duden/Hopt, HGB-Komm., Anm. 4C zu § 138.

94 Vgl. Koppensteiner, in Straube: Komm. zum 4. EVHGB, Anm. 32 zu Art. 7 Nr. 15, 16 bzw. Ulmer, in Münchner Kommentar, Anm. 1 zu § 740 BGB.

95 OGH v. 16.3.1966, HS 5153.

96 Der BGH definiert im Einklang mit der h. L. (z.B. Hueck, Recht der OHG, S. 461 bzw. Roolf/Vahl, DB 1983, S. 1964ff. sowie K. Schmidt, DB 1983, S. 2401ff.) die schwebenden Geschäfte als (unternehmensbezogene) Umsatzgeschäfte, an die im Zeitpunkt des Ausscheidens eines Gesellschafters die Gesellschaft schon gebunden war, die aber beide Vertragspartner bis dahin noch nicht voll erfüllt hatten, BGH v. 29.4.1985, WM 1985, S. 1166ff.

97 BGH v. 9.6.1986, WM 1986, S. 967f.

98 Baumbach/Duden/Hopt, HGB-Komm., Anm. 6 zu § 138.

den Geschäfte verlangen. Ein weitergehendes Recht auf Einsicht in die Geschäftsbücher bzw. Papiere der Gesellschaft entfällt[99]. Ob der ausgeschiedene Gesellschafter letztlich einen Anspruch hat oder seinerseits nachschießen muß, steht mit vollständiger Abwicklung des Geschäfts zugleich endgültig fest.

Weil Ansprüche nach § 740 BGB, Art. 7 Nr. 16 4. EVHGB selbständig sind und nicht lediglich Rechnungsposten für die Ermittlung des Abfindungsguthabens darstellen, können sie daher, wenn sie früher als der Abfindungsanspruch geklärt sind, auch vor diesem geltendgemacht werden[100]. Aus Gründen der Einfachheit bietet die gegenständliche gesetzliche Dispositivnorm für Unternehmen, in denen Massenverträge an der Tagesordnung sind, auch hier die Möglichkeit pauschalierter Vergleichsregelungen. Im Rahmen derartiger Absprachen wäre durchaus als vernünftige und interessengerechte Lösung in Erwägung zu ziehen, den Ausscheidenden vollständig von der Beteiligung an schwebenden Geschäften zu lösen, da für diesen damit zugleich jegliches Risiko entfällt[101].

Nur soweit der Unternehmenswert entsprechend dem Ertragswertverfahren aus dem Barwert der künfigen Erträge festgestellt wird, sind die schwebenden Geschäfte mit ihren Gewinnen und Verlusten im anteiligen Abfindungsanspruch bereits erfaßt. Gesonderte Ansprüche nach § 740 BGB, Art. 7 Nr. 16 4. EVHGB entfallen unter diesen Voraussetzungen [102]. Schulze-Osterloh[103] erklärt die genannten Bestimmungen bei Zugrundelegung dieser Bewertungsmethode daher zu Recht für obsolet.

d) §§ 143 Abs. 2 u. 1, 14 S. 1 HGB

Aus §§ 143 Abs. 2 in Verbindung mit Abs. 1, 14 S. 1 HGB resultiert wegen der negativen Publizitätswirkung des § 15 Abs. 1 HGB eine Anmeldepflicht sämtlicher Gesellschafter zur Löschung des Ausgeschiedenen im Handelsregister, wobei dieser an der von allen Gesellschaftern vorzunehmenden Eintragung mitwirken muß. Lediglich unter den Voraussetzungen der §§ 133, 140, 142 Abs. 1 HGB ersetzt das rechtskräftige Gerichtsurteil die Anmeldung des Ausgeschiedenen. Anstelle des wegen Konkurses ausscheidenden Gesellschafters hat der Konkursverwalter in Rechtsanalogie zu § 146 Abs. 3 HGB mitanzumelden[104].

---

99 BGH v. 8. 12. 1960, WM 1961, S. 173 f., im übrigen Nachw. unter Fn. 80.

100 BGH v. 16. 1. 1969, BB 1969, S. 773 f.

101 So Jud, ÖZW 1978, S. 102 ff., 104. Zu denken wäre hier wohl sachgerechter an eine pauschalierte Abstandszahlung zu Gunsten des Ausgeschiedenen.

102 Roolf/Vahl, DB 1983, S. 1965 ff., 1966; Großfeld, Unternehmens- und Anteilsbewertung im Gesellschaftsrecht, S. 49.

103 Schulze-Osterloh, ZGR 1986, S. 545 ff.

104 BGH v. 24. 11. 1980, NJW 1981, S. 822 f.

Drittes Kapitel

Methoden der Unternehmensbewertung (Bewertungstheorien)

Vor dem Hintergrund der Erkenntnis und Einsicht, daß der wahre Wert eines Unternehmens nicht durch das Endresultat der Einzelbeträge bestimmt werde, die zu seiner Errichtung erforderlich waren, daß vielmehr entsprechend den gesetzlichen Vorgaben in § 738 Abs. 1 S. 2, Abs. 2 BGB, Art. 7 Nr. 15 Abs. 3 S. 1 u. 2 4. EVHGB das werbende Unternehmen als organisierte Kombination von materiellen und immateriellen Faktoren in seiner Funktion insgesamt bewertet werden müsse, bei dessen Ermittlung nicht nur alle Vermögensgegenstände einschließlich Rücklagen und stille Reserven, sondern ebenso auch der Firmenwert mehr oder weniger eine wichtige Rolle zu spielen haben[105], hat die betriebswirtschaftswissenschaftliche Lehre Näherungsverfahren hervorgebracht, die prinzipiell im Kern der gesetzlichen Regelung entsprechen und im wesentlichen zur Abgeltung des vollen Wertes eines Geschäftsanteils geeignet erscheinen. Diese Entwicklung, die historisch von der reinen Substanzwertberechnung ihren Ausgang genommen hatte bis hin zur Barwertermittlung der zukünftigen Überschüsse der Einnahmen über die Ausgaben als theoretisch richtigen Wert eines Unternehmens[106], zeigt heute innerhalb von Rechtspraxis, Jurisdiktion bzw. Literatur in Österreich eine andere Akzentuierung der Unternehmenswertfeststellung als in der BRD. Trotz der bipolaren Ausgangssituation einer teils an der Gegenwart orientierten bzw. teils auf die Zukunft gerichteten, prognostizierten Unternehmensthesaurierung besteht zwischen den Theorien dann keine Antinomie, wenn die einzelnen – diesen immanenten – wertkomplettierenden Bestandteile unter Vernachlässigung ihrer Prämisse unterschiedlich ausgefüllt werden. So kann zwischen dem Substanzwertverfahren und der Ertragswertfeststellung ungeachtet ihrer unterschiedlichen Zielrichtung kein Unterschied mehr ausgemacht werden, wenn man ersteres beispielsweise mit dem Vollreproduktionswert identifiziert.

Während der Substanzwert als Summe der bilanzierten Aktiven eines Unternehmens allein eine auf die Gegenwart ausgerichtete Position im Sinne eines

---

[105] So zutr. Jud, ÖZW 1978, S. 102ff., 110; Schilling, ZGR 1979, S. 419ff.; Ulmer, NJW 1979, S. 81ff.

[106] Vgl. hierzu das Kap. „Grundprobleme der Unternehmensbewertung", in: HFA 2/1983, S. 173ff., 175 (Grundsätze zur Durchführung von Unternehmensbewertungen, hrsg. vom Institut der Wirtschaftsprüfer in der BRD – IdW), *s. Anhang*!

ausschließlichen Verkehrswertes aller materiellen und immateriellen Vermögensfaktoren desselben realisiert, repräsentiert der Ertragswert eine zukunftsbezogene Wertgröße, welche den Barwert der künftigen Erträge widerspiegelt. Gemäß übereinstimmender Auffassung im Schrifttum[107] hat man unter dem Ertragswert die abgezinste Differenz der zukünftig zu erwartenden Einnahmen und Ausgaben zu begreifen, so daß er insgesamt dem Problemkreis der betriebswirtschaftlichen Investitionsrechnung zuzuordnen ist. Dennoch präferenziert die Praxis, sofern sie spezifisch den Ertragswert zugrundelegt, den leichter festzustellenden Barwert der Überschüsse der Erträge über die Aufwendungen, zumal diesbezüglich auf die Ergebnisse der Gewinn- und Verlustrechnungen vorausgegangener Jahre zurückgegriffen werden kann.

Problematisch verhält es sich mit der exakten Fixierung des prognostizierten Firmenwertes als Bestandteil des „zusammengesetzten Gebildes" jeden Unternehmens[108], der als nicht bilanzierungsfähiger Mehrwert neben den aktivierten Wirtschaftsgütern abzüglich der Schulden Teil des Unternehmensgesamtwertes ist, um den dieser vom Substanzwert der einzelnen zum Gesellschaftsvermögen gehörenden Güter abweicht. Der Geschäftswert (good will), zusammenfassend als Chancen oder tatsächliche Beziehungen bezeichnet, komplettiert sich im einzelnen aus Faktoren wie (guter) Name, Ruf, Standort, Alter und Einführung des Betriebs, Qualität der Arbeitnehmer ebenso wie der Geschäftsleitung bzw. des Managements, Unternehmensorganisation, Arbeitsmethoden, Geschäftserfahrungen/-verbindungen, Kundenstamm, Bezugsquellen und Absatzgelegenheiten etc., welche ihrerseits ein einheitliches Gesamtwirtschaftsgut ergeben[109]. Da dieses in Verein mit der Wertsumme der Bestandteile des Gesellschaftsvermögens im Regelfall den wahren Unternehmenswert ergibt, kommt man entweder zur Gleichstellung des Firmenwertes mit dem Ertragswert als Barwert zukünftiger Gewinne[110] oder in Einklang mit der juristischen Lehrmeinung[111] zur Formulierung des Firmenwertes als Differenz von Ertragswert ./. Sachwert, was natürlich eine positive wie negative Firmenwertermittlung gleichermaßen zur Folge haben kann. Letzteres tritt jeweils dann zu Tage, wenn diese Differenz zu einem negativen Wert führt bzw. sich die Substanz nicht mit dem angenommenen kalkulatorischen Zinssatz bei direkter Ermittlung verzinst. All dies steht vollinhaltlich in Einklang mit § 738 Abs. 1 S. 2 aE BGB, Art. 7 Nr. 15 Abs. 3 S. 1 4. EVHGB, wonach ein positiver Firmenwert als angenommener Mehrwert sich immer in der Abschich-

---

[107] U.a. Mellerowicz, Der Wert der Unternehmung als Ganzes, S. 63; Moxter, Grundsätze ordnungsmäßiger Unternehmensbewertung, 1. Aufl. 1976, S. 127; Lechner, in: Egger/Jud/Lechner/Wünsch, Unternehmensbewertung, S. 35.

[108] Capelle/Canaris, HGB, S. 110.

[109] Auer, ÖJZ 1974, S. 118 ff.; Werndl, ÖJZ 1979, S. 649 ff.; Jud, ÖZW 1978, S. 102 ff.

[110] So Loitlsberger, GRZ 1973, S. 100 ff.

[111] Sudhoff, ZGR 1972, S. 157 ff., 164 f.; Loitlsberger, GRZ 1979, S. 146 ff.; Jud, ÖZW 1978, S. 102 ff., 110 f.; ders., GRZ 1980, S. 56 ff.

tungsbilanz niederschlagen muß, zumal diese Wertgröße auch bei der Liquidation des Unternehmens als Ganzes erlöst werden würde. Der Ansatz eines negativen Geschäftswertes (bad will) bedarf hingegen einer Korrektur, nachdem entsprechend der gesetzlichen Intention der ausscheidende Gesellschafter weder schlechter noch besser gestellt werden darf als der Teilnehmer an einer fiktiven Liquidation. Daher ist ein negativer Firmenwert auszuklammern, wenn er den Unternehmensgesamtwert unter die Summe der Einzelveräußerungswerte drückt, nachdem die bei der Liquidation erlösbare Summe derselben in jedem Fall die Untergrenze des Unternehmensgesamtwertes darstellt. Kommt der Gesamtwert des Unternehmens durch Ansatz des bad will nicht unter die Summe der Einzelveräußerungswerte zu liegen, errechnet sich der für die Auseinandersetzung maßgebliche Unternehmenswert aus dem Substanzwert abzüglich der Differenz zum Ertragswert[112]. Bleibt hingegen der Ertragswert hinter dem Substanzwert zurück, orientiert sich der Unternehmenswert allein nach dem Ertragswert[113]. Während also der good will jeweils voll anzusetzen ist, erfährt die Berücksichtigung des bad will eine absolute Grenze im Liquidationswert des Unternehmens[114], d.h. in der Summe der Einzelveräußerungswerte.

Die nachfolgende Darstellung will nun die in Praxis und Theorie am meisten diskutierten Bewertungsmodi beleuchten.

1. Substanzwertverfahren

Grundgedanke dieser den Unternehmenswert dem Nettosubstanzwert im Sinne der Summe der bilanzmäßig erfaßbaren Aktiven abzüglich der Schulden gleichsetzende Theorie ist die These, daß der Wert eines Unternehmens allein dem zu entsprechen hat, was zur Errichtung desselben Geschäfts aufgewendet werden muß. Obgleich in dieser lediglich mit kommerziellen Vermögensgegenständen materieller wie immaterieller Art ausgefüllten Summierung unmißverständlich deutlichgemacht ist, daß insbesondere die nicht selbständig veräußerungs-/bilanzierungsfähigen – den good will beinhaltenden – Immaterialwerte fehlen, herrscht dennoch Unklarheit zunächst über das Wesen der Substanz wegen der in Rechtsprechung und Wissenschaft nicht einheitlich getroffenen Berücksichtigung von Wirtschaftsgütern bzw. deren Ansatz.

Begreift man nun den Substanzwert im geschilderten Sinn als Rekonstruktions- bzw. Reproduktionswert, liegen die ersten Schwierigkeiten in der Abklärung, ob

---

[112] Vgl. Jud, GRZ 1980, S. 56ff., 59; ders., in Egger/Jud/Lechner/Wünsch, Unternehmensbewertung, S. 173.

[113] Lechner, Treuhandwesen, S. 956; Jud, GRZ 1980, S. 56ff., 58; Koppensteiner, in Straube: Komm. zum 4. EVHGB, Anm. 12 zu Art. 7 Nr. 15, 16.

[114] Jud, ÖZW 1978, S. 112ff.; HFA 2/1983, S. 173ff., 201f.; Baumbach/Duden/Hopt, HGB-Komm., Einl. II, 1 B v. § 1.

dieser als Voll- oder Teilreproduktionswert begriffen werden muß. Beide Auffassungen werden vertreten[115].

Unter Teilreproduktions/-rekonstruktionswert sind grundsätzlich alle selbständig veräußerungsfähigen – einen Vermögenswert repräsentierenden – Gegenstände des Unternehmens, wie Immobilien, bewegliche Sachen, ebenso auch Rechte (z.B. Lizenzen, Patente etc.) zu subsumieren, gleich ob man hierin entgeltmäßig den Betrag sieht, der bei der gegenwärtigen Veräußerung der Aktiven in die Kasse fließen würde (Verkehrswertkonzept) oder den man ausgeben müßte, um das Unternehmen von seinen Einzelwirtschaftsgütern her wiederzubeschaffen (Beschaffungsseitekonzept)[116]. Der good will bleibt als nicht selbständig veräußerbares Wirtschaftsgut außer Ansatz. Hingegen hat man den Vollreproduktions/-rekonstruktionswert als Aufwandsgröße zum Aufbau eines Unternehmens mit gleicher Ertragskraft bzw. zur Reproduktion eines bereits vorhandenen aufzufassen[117]. Inkludiert ist hier naturgemäß auch der Geschäftswert als Erfolgsaussicht des Unternehmens, soweit sie die marktübliche Verzinsung des eingesetzten Kapitals übersteigt[118].

Dem Vorzug einer Berechnung des Substanzwertes unter Ausrichtung beider Werte auf die zukünftige Unternehmensentwicklung im letzteren Fall stehen gewichtige dogmatische Bedenken entgegen wegen der Notwendigkeit der Betrachtung des Substanzwertes als einen auf die Gegenwart bezogenen Faktors. Darüber hinaus ist, wie Schulze-Osterloh[119] zu Recht aufmerksam gemacht hat, mit Unterstellung und Ausfüllung des Substanzwertes als Vollreproduktionsgröße die Grenze zum Ertragswert erreicht, zumal dieser gerade aus den beiden Wertfaktoren Teilreproduktionswert und good will gebildet ist.

Die weitaus überwiegende Lehrmeinung[120] betrachtet daher ihrer dogmatischen Wurzel gemäß den Substanzwert allein im Sinne eines Teilreproduktionswertes. Die geltende Praxis schätzt das substanzwertorientierte Verfahren spezifisch auf dieser Basis, zumal sich in der Tat der Substanzwert anhand der Geschäftsunterlagen wesentlich einfacher ermitteln läßt als der zukunftsbezogene, weitgehend auf Annahmen und Schätzungen beruhende Ertragswert. Der Einwand von Großfeld[121], daß sich dies häufig als Trugschluß erweise, nachdem für gebrauchte

---

[115] Vgl. Mandl, Betriebswirtschaftslehre für Juristen und Wirtschaftstreuhänder, S. 297ff.

[116] Sigloch, Jura 1987, S. 587ff.

[117] Engeleiter, Unternehmensbewertung, S. 22ff.

[118] Vgl. Schulze-Osterloh, ZGR 1986, S. 545ff., 553; Viel/Bredt/Renard, Die Bewertung von Unternehmungen und Unternehmungsanteilen, 5. Aufl. 1975, S. 42f.

[119] Schulze-Osterloh, ZGR 1986, S. 545ff., 552f.

[120] Hämmerle/Wünsch, Handelsrecht I, S. 158ff.; Egger, in: Egger/Jud/Lechner/Wünsch, S. 11; Loitlsberger, GRZ 1979, S. 146ff., 148.

[121] Großfeld, Unternehmens- und Anteilsbewertung im Gesellschaftsrecht, S. 29.

Anlagen häufig kein Markt existiere und deshalb unsichere Preisschätzungen vorzunehmen wären, geht sicher fehl, da gerade die Bewertung gebrauchter Sachgüter die Experten unter den Wirtschaftsprüfern vor die geringsten Probleme stellt[122].

Für den österreichischen Rechtskreis hat Loitlsberger[123] federführend zwecks Ermittlung des Substanzwertes folgendes 3-Phasen-Modell zur Anwendung empfohlen: Zunächst sind die sächlichen und immateriellen, betriebsnotwendigen Wirtschaftsfaktoren zum Zeitwert gemäß dem Wiederbeschaffungswert gleich alter bzw. ebenso leistungsfähiger Wirtschaftsgüter – ausgehend vom Wiederbeschaffungsneuwert abzüglich entsprechender Abschläge für Abnutzung und technische Überholung – anzusetzen. Die bilanziellen Wertansätze haben als untaugliche Bewertungsgrundlagen außer Betracht zu bleiben, da sie nicht den wirklichen Wert zum Bewertungsstichtag ausdrücken, sondern allein Ergebnisse einer gewissen Bilanzpolitik seien[124]. Anschließend muß der Liquidationswert der nicht betriebsnotwendigen Wirtschaftsgüter ausfindig gemacht werden, wobei zum Schluß die Schulden vom Wert der Substanz abzuziehen sind.

Die Differenzierung in der Behandlung von betriebsnotwendigen und nicht betriebsnotwendigen Wirtschaftsgütern hat ihren tieferen Grund darin, daß letztere nicht zur Ausübung der Geschäftstätigkeit und damit zur Erwirtschaftung der betrieblichen Erträge erforderlich sind[125], sondern ein Überschußvermögen darstellen[126], bei dessen Wegfall sich der Ertrag des Unternehmens nicht verändern würde.

Nach Welf Müller[127] und Viel/Bredt/Renard[128] rekrutiert sich der Substanzwert allein aus dem betriebsnotwendigen Vermögen. Die Hinzurechnung des nicht betriebsnotwendigen Vermögens führt letztendlich erst zum Unternehmenswert.

2. Ertragswertverfahren

Ausgangspunkt dieser von der betriebswirtschaftswissenschaftlichen Lehre als einzig theoretisch richtige Methode zur Unternehmenswertfeststellung ins Felde

---

[122] Nach Auskunft der Direktion der Bayer. Vereinsbank München bzw. der Universal Revisions- und Treuhand GmbH München (Geschäftsführender Gesellschafter: Rechtsanwalt, Wirtschaftsprüfer und Steuerberater Wilhelm Schwarzmayr) gibt es praktisch kein gebrauchtes Wirtschaftsgut, das nicht annähernd exakt ausgewiesen werden könnte. Hierunter fällt auch das von Großfeld a.a.O., S. 29, angeführte Beispiel einer gebrauchten Braupfanne.

[123] Loitlsberger, GRZ 1979, S. 146ff., 147.

[124] Vgl. hierzu auch Dielmann/König, AG 1984, S. 57ff., 62.

[125] Viel/Bredt/Renard (Fn. 118), S. 32.

[126] Loitlsberger, GRZ 1979, S. 146ff., 148.

[127] Müller, JuS 1974, S. 558ff.

[128] Viel/Bredt/Renard (Fn. 118), S. 32.

geführte Theorie ist die Idee, daß nur die auf dem Erfolg des Geschäfts aufbauenden kapitalisierten Zukunftserträge, die der Substanz ihren Wert verleihen, den wahren Wert eines Unternehmens manifestieren, wobei die in der Substanz begründeten Größen als untergeordnet beiseite geschoben werden können[129]. Maßgebend für diese Überlegungen ist hierbei, daß das Potential an erforderlichen Aufwendungen zur Errichtung desselben Geschäfts weniger in den substanziellen Wiederbeschaffungswerten begründet ist. Entscheidend sei vielmehr die Investition in das organisatorische know how, d.h. den good will schlechthin. Der Unternehmenswert spiegelt damit den Wert des fortgeführten Unternehmens, bezogen auf eine Alternativinvestition am Kapitalmarkt, wider[130], wobei der auf den Bewertungszeitpunkt diskontierte Wert den Barwert der zukünftigen Überschüsse der Einnahmen über die Ausgaben ausdrückt[131]. Bei der Bewertung des gesamten Unternehmens zum Ertragswert müssen die nicht betriebsnotwendigen Vermögensgegenstände (einschließlich der Schulden) einer gesonderten Bewertung unterworfen und der resultierende Wert dem Ertragswert hinzugefügt werden[132]. Schließlich ist auch ein unter dem Substanzwert liegender Ertragswert auszuweisen, sofern dieser nicht die Summe der Einzelveräußerungswerte unterschreitet.

Zwecks Feststellung des zukünftigen Ertrags greift die Ertragswertmethode in ihrer klassischen Ausprägung zunächst auf die in den Erfolgsbilanzen der Vergangenheit ausgewiesenen Gewinne zurück und schließt von diesen auf die in Zukunft einzubringenden Durchschnittsgewinne. Als Rückblicksphase wird im allgemeinen ein Zeitraum von drei bis sieben Jahren zugrundegelegt[133]. Wenngleich dieser Modus heute theoretisch als überholt angesehen wird, hat er sich in der Praxis einfachheitshalber durchgesetzt und bewährt.

Nunmehr sind die Erfolge des Unternehmens mit den Überschüssen einer entsprechenden alternativen Investition am Maßstab eines geeigneten Kapitalisierungszinsfußes für die Barwertermittlung zu vergleichen[134]. Die exakte Fixierung desselben ist deshalb von so entscheidender Bedeutung, als je nach Schwankung der ermittelte Ertrag höher oder niedriger ausfällt. Das überwiegende Schrifttum[135]

---

129 Vgl. Egger, in: Egger/Jud/Lechner/Wünsch, Unternehmensbewertung, S. 11.

130 Baumbach/Duden/Hopt, HGB-Komm., Einl. II, 1 B v. § 1.

131 Vgl. HFA 2/1983, S. 173ff., 175.

132 HFA 2/1983, S. 173ff., 188 mit ausf. Begründung.

133 Vgl. Egger bzw. Lechner, in: Egger/Jud/Lechner/Wünsch, Unternehmensbewertung, S. 4 bzw. 35. Der BGH, Urt. v. 10.7.1975, BB 1975, S. 1083f., hält bei der Pflichtteilsberechnung im allgemeinen einen Zeitraum von fünf Jahren für angemessen.

134 Vgl. HFA 2/1983, S. 173ff., 181ff.: Kap. „Bemessung des Kapitalisierungszinssatzes" (Schwierigkeitskomplex III).

135 Müller, JuS 1974 S. 424ff., 427; Gansweid, AG 1977, S. 334ff., 335; Dielmann/König, AG 1984 S. 57ff., 60; Piltz/Wissmann, NJW 1985, S. 2673; Großfeld, Unternehmens- und Anteilsbewertung im Gesellschaftsrecht, S. 82.

stellt daher bezüglich des hierfür erforderlichen Zinssatzes auf die landesübliche Verzinsung entsprechend der Rendite festverzinslicher Wertpapiere ab, abstrahiert hiervon einen Inflationsabschlag und stockt das Ergebnis um einen Zuschlag für das Unternehmensrisiko auf[136].

3. Kombinierte Wertermittlungsansätze

Das Dilemma der wirtschaftlichen Grundsätzen ganz und gar widersprechenden Außerachtlassung einer zukunftsorientierten Ertragsentwicklung im Substanzwertfeststellungsverfahren sowie die jeder Prognostik anhaftenden Unsicherheiten und Unabwägbarkeiten in der Veränderung (welt-)wirtschaftlicher Parameter bei Fixierung des Ertragswertes sind die eigentlichen Ursachen für die Ausprägung von Mischverfahren. Methodisch nehmen alle diese Sonderformen (Mischtypen) einer Unternehmenswertfeststellung ihren Ausgang von der Substanzwerttheorie unter mehr oder weniger starken Annäherung an den bei Fortführung des Betriebs ermittelten höheren Ertragswert.

a) Übergewinnverfahren

Die Union Européenne des Experts Comptables Economiques et Financiers (UEC-Kommission für Fachfragen und Forschung, kurz KFF genannt) hatte in ihren Richtlinien des Jahres 1961[137], die im gesamten europäischen Bereich Geltung erlangten, eine Empfehlung zur Vorgehensweise von Wirtschaftsprüfern bei der Bewertung von Unternehmungen und Unternehmungsanteilen vorgelegt, in welcher ein sowohl aus Substanzwert als auch aus dem Ertrag in Form eines Übergewinns zusammengesetztes Modell der Unternehmensbewertung vorgestellt wurde. Für Österreich hat diesen kombinierten Bewertungstyp der Fachsenat für Betriebswirtschaft und Organisation des Instituts für Betriebswirtschaft, Steuerrecht und Organisation der österreichischen Kammer der Wirtschaftstreuhänder mit (noch heute gültigem) Fachgutachten Nr. 45[138] vom 14. 12. 1971 als Richtschnur an die Hand gegeben. Zum endgültigen Durchbruch hat dieser Theorie erst die im Jahre 1975 bereits in fünfter Auflage erschienene grundlegende Monogra-

---

[136] Lechner, ÖSWK 1975, Heft 17, S. 4; Moxter, Grundsätze ordnungsmäßiger Unternehmensbewertung (Fn. 107), S. 112.

[137] Veröffentlichungen der UEC. Die Bewertung von Unternehmungen und Unternehmungsanteilen, Richtlinien, Düsseldorf, 1961. Diese Empfehlungen sind heute überholt. Von aktueller Geltung ist derzeit die Empfehlung zur Vorgehensweise von Wirtschaftsprüfern bei der Bewertung ganzer Unternehmen, Veröffentlichung der Kommission für Fachfragen und Forschung, TRC 1, München, 1980, welcher im Jahre 1977 der entsprechende Entwurf einer Empfehlung (Nr. 11), WPg 1977, S. 679ff. vorausgegangen war. Vergleiche hierzu die Besprechungen von Dörner, WPg 1977, S. 657ff. und Krag, WPg 1981, S. 285ff.

[138] Fachgutachten Nr. 45, abgedruckt in: Egger/Jud/Lechner/Wünsch, Unternehmensbewertung, S. 209ff., s. *Anhang!*

phie von Viel/Bredt/Renard zur Bewertung von Unternehmungen und Unternehmungsanteilen verholfen.

Substrat dieser Bewertungsüberlegung ist, daß die für jedes Geschäft erforderliche Substanz in Gestalt diverser Sachapparaturen, wie Gebäude, Maschinen, Vorräte etc. erst die Voraussetzungen zur Gewinnerzielung darstellt, also ihrerseits eine Kapitalanlage verkörpert, die denselben Ertrag erwirtschaften soll, den eine andere sichere Anlageform nach sich zieht. Um nun zur Wertermittlung im Sinn des Übergewinnverfahrens zu gelangen, muß neben dem Ansatz der Sachwerte eine vom künftigen Erfolg abgeleitete Wertgröße in die Bewertung miteinfließen[139]. Dieses Ziel wird durch Addition von Teilreproduktionswert zuzüglich good will erreicht, wobei letzterer dem kapitalisierten Mehrwert gegenüber dem Normalgewinn entspricht.

Zwecks Ermittlung des Übergewinns gemäß dieser Theorie ist zunächst die Normalverzinsung, d.h. der Normalertrag des Nettosubstanzwertes anhand des Kapitalmarktzinses festzustellen. Die hierbei zu Tage tretende Wertgröße, die zugleich die Mindestverzinsung der Substanz ausweist, ist grundsätzlich unbegrenzt zu erwarten[140]. Abstrahiert man diese Position vom prognostizierten Zukunftserfolg, bleibt als Ergebnis der Übergewinn, der im Gegensatz zur sicheren Anlage nur für eine bestimmte Periode (normalerweise drei bis sieben Jahre) zu kalkulieren ist. Die unterschiedliche Nachhaltigkeit resultiert im wesentlichen aus der andersartig verteilten Konkurrenzgefahr, die beim Normalertrag gering ist, jedoch in Bereichen, wo Übergewinne erzielt werden, die Regel darstellt, was beim Übergewinn leicht zum Ende der Übergewinnphase führen kann[141].

Verfechter der reinen Ertragswertlehre bemängeln an der Übergewinntheorie vor allem deren Einbeziehung bzw. zu starke Akzentuierung des Substanzwertes[142]. Diese Kritik erscheint jedoch unberechtigt, hat doch der Substanzwert im gegenständlichen Verfahren primär die Funktion der Trennung des Zukunftsgewinnes in den für unbegrenzte Zeit anfallenden Normalertrag und den beschränkt nachhaltigen Übergewinn. Während das Ertragswertverfahren in seiner klassischen Form das Risiko des Zukunftsertrages durch Abschläge vom erwarteten Gewinn bei angenommener ewiger Nachhaltigkeit würdigt, beschränkt das Übergewinnverfahren das Risiko des Zukunftsertrages durch den Ansatz der begrenzten Nachhaltigkeit des Übergewinnes[143].

---

[139] Vgl. Fn. 138, S. 211 ff.

[140] Vgl. Tichy, Kritische Anmerkungen zur Anwendung der Übergewinnmethode und der Geldstromtheorie für die Bewertung von Unternehmen, in: Süd-Ost Treuhand AG „Aktuelle Beiträge aus Beratung und Prüfung von Unternehmungen", S. 510.

[141] Vgl. dazu Egger, in: Egger/Jud/Lechner/Wünsch, Unternehmensbewertung, S. 15; Tichy (vgl. Fn. 140), S. 512.

[142] Dörner, WPg 1977, S. 657 ff.; Großfeld, Unternehmens- und Anteilsbewertung im Gesellschaftsrecht, S. 34 ff.

Tichy[144] kommt der Sache wohl insgesamt am nächsten, wenn er die Unternehmenswertermittlung gemäß der Übergewinnfeststellung als Summe aus dem nach der Formel der ewigen Rente kapitalisierten Normalertrag zuzüglich des auf eine begrenzte Periode kapitalisierten Übergewinnes definiert. Nach seiner zutreffenden Auffassung gilt der Vorwurf der Übergewichtung der Substanz nur bezüglich der Darstellung, nicht aber hinsichtlich des tatsächlichen Gehalts der Übergewinnmethode.

b) *Mittelwertverfahren*

Bei diesem in der Praxis auch heute noch häufig angewandten und daher auch „Praktikermethode“ genannten Verfahren errechnet sich der Geschäftswert schematisch aus dem arithmetischen Mittel von Substanz- und Ertragswert. Begründet wird diese Vorgehensweise insbesondere damit, daß hohe Ertragserwartungen bei relativ geringer Substanz eine besondere Konkurrenzgefahr durch den wahrscheinlichen Markteintritt von newcomers bedingen[145]. Varianten dieses Unternehmenswertfeststellungsverfahrens verlagern den Schwerpunkt je nach dem mehr auf den Substanz- oder den Ertragswert durch stärkere Gewichtung eines von beiden entsprechend den Erfordernissen in concreto[146].

Die betriebswirtschaftliche Lehre lehnt diese Theorie vor allem deshalb ab[147], als hier zwei unterschiedliche Größen relativ willkürlich kombiniert werden, was jeweils dann völlig unangemessen erscheint, wenn etwa der Substanzwert relativ klein ist, weil das zur wesentlichen Herabsetzung des Unternehmenswertes führt. Eine solche Methode kann in der Tat wirtschaftswissenschaftlichen Maßstäben nicht gerecht werden, zumal hier gerade der jedem lebenden Unternehmen immanente individualisierende Faktor völlig ausgeschaltet ist. Übergeht man daher die fragwürdige Begründung der Ertragswertherabsetzung bzw. good will-Abschreibung mit der Konkurrenzgefahr, liegt der entscheidende Nachteil der Mittelwertfeststellung darin, daß sie den Besonderheiten des Einzelfalls nicht Rechnung trägt, sondern generell einen pauschalen Abzug vornimmt, also nicht individuell die Kapitalverzinsung und die Nachhaltigkeit des zu vergütenden good will in Ansatz bringt[148].

---

143 Zutr. Egger, in: Egger/Jud/Lechner/Wünsch, Unternehmensbewertung, S. 17.

144 Vgl. Tichy (Fn. 140), S. 513.

145 Vgl. OGH v. 5.12.1951, SZ 24/333; OGH v. 13.7.1956, SZ 29/51; OGH v. 21.10.1959, HS 559; OGH v. 12.6.1968, HS 6154; OGH v. 27.5.1970, HS 7150/39; OGH v. 10.11.1970, HS 7151.

146 Vgl. hierzu Egger, Kap. „Stand und Entwicklungstendenzen“, in: Egger/Jud/Lechner/Wünsch, Unternehmensbewertung, S. 13f.; Helbling, Unternehmungsbewertung und Steuern, S. 104.

147 Vgl. die Nachweise hierzu u.a. bei Großfeld, Unternehmens- u. Anteilsbewertung im GesR, S. 33 (Fn. 30 ebenda), der dieser Lehre wiederum die zu starke Betonung des Substanzwertes vorhält, bzw. bei Viel/Bredt/Renard, 3. Aufl. 1970, S. 31ff.

c) Stuttgarter Verfahren nebst Varianten

Ein dem deutschen Steuerrecht zur Bewertung nicht kotierter Anteile an Kapitalgesellschaften im Rahmen der steuerlichen Einheitsbewertung entlehntes Modell, welches unter „Suttgarter Verfahren" bekannt geworden ist, verkörpert einen aus Komponenten der Übergewinn- wie Mittelwertmethode verflochtenen Mischtypus, der in den Vermögenssteuer-Richtlinien 1977 (VStR) festgeschrieben ist. Soweit es den Geschäftswert als die undiskontierte Summe der in einem Zeitraum von fünf Jahren anfallenden Mehr-/ bzw. Mindererträge – ausgehend von einem Ertragssatz um 10% bei anderweitiger Mittelverwendung – zuzüglich Teilreproduktionswert ausweist, liegt die Verwandtschaft zur Übergewinnfeststellung auf der Hand. Im Jargon dieser Methode würde daher die Formel korrekt als Substanzwert plus Summe des Barwertes der in den nächsten fünf Jahren anfallenden Übergewinne lauten. Sofern man jedoch wegen der in den VStR allzu komplizierten Gesetzessprache, wonach alle Werte auf das Nennkapital bezogen, also als Prozentgrößen ausgedrückt werden, die Grundgleichung dahingehend simplifiziert, daß bei dem zugrundegelegten Zinssatz von 10% der Ertragswert zu einem Drittel und der Teilreproduktionswert zu zwei Drittel in die Gesamtrechnung eingehen, ist das tertium comparationis zur Mittelwertmethode hergestellt.

Das Stuttgarter Modell hat sich insgesamt wie auch die sonstigen in diese Richtung mit unterschiedlichen Nuancierungen zielende Verfahren, von denen die Übergewinnkapitalisierungs-/Übergewinnabgeltungs-/ oder Übergewinnverrentungs- bzw. Jahrkaufmethode ebenso wie das Verfahren Schnettler und Leake angesprochen sein sollen, nicht bewährt, da es im außensteuerlichen Bereich offensichtlich den Grundsätzen ordnungsmäßiger Unternehmensbewertung widerspricht[149].

4. Ertragsüberschußrechnungsmodell gemäß UEC-Empfehlung 1980 bzw. HFA 2/1983 (IdW)

Unter Aufgabe der mit Richtlinien des Jahres 1961 propagandierten Übergewinnmethode bzw. in Abkehr sämtlicher Kombinationswertfeststellungsverfahren im übrigen befürwortet die UEC-Kommission in ihren Empfehlungen zur Vorgehensweise von Wirtschaftsprüfern bei der Bewertung ganzer Unternehmen 1980 nunmehr ein rein ertragswertorientiertes Bewertungsmuster, im Rahmen dessen dem Substanzwert nur noch die Rolle eines Hilfswertes zugedacht ist[150].

---

148 So zutr. Viel/Bredt/Renard (Fn. 147), S. 31.

149 Vgl. zum Ganzen: Viel/Bredt/Renard, Die Bewertung von Unternehmungen und Unternehmungsanteilen, 5. Aufl. 1975, S. 32ff.; Moxter, Das „Stuttgarter Verfahren" und die Grundsätze ordnungsmäßiger Unternehmensbewertung, DB 1976, S. 1585ff.; Großfeld, Unternehmens- und Anteilsbewertung im GesR, S. 44ff.

150 Vgl. UEC-Richtlinien 1980, Abschn. 6i.

Das Institut der deutschen Wirtschaftsprüfer (IdW) hat sich in ihren Grundsätzen zur Durchführung von Unternehmensbewertungen (HFA 2/1983) dieser Theorie vor dem Hintergrund, daß die Kombinationsmethoden nur eine scheinbare Lösung des Problems der Unsicherheit darstellen[151], uneingeschränkt angeschlossen[152]. Nachdem die theoretisch richtige totale Einnahmeüberschußrechnung in der Praxis im Normalfall nicht durchführbar erscheine[153], da die Ermittlung der zukünftigen Einnahmen und Ausgaben bis zum Ende des Unternehmens im allgemeinen nicht möglich wäre, wird in UEC 1980 bzw. in HFA 2/1983 (IdW) eine modifizierte Ertragsüberschußrechnung, welche den Ertragswert mit der abgezinsten Differenz zwischen allen zukünftigen Erträgen und Aufwendungen identifiziert, als praktisch durchführbare Näherungslösung vorgeschlagen. Dabei könnten die Unterschiede im Ergebnis zwischen theoretisch richtiger Einnahmeüberschußrechnung und Ertragsüberschußbewertung vernachlässigt werden, es sei denn, daß Ausgaben und Aufwand bzw. Einnahmen und Ertrag zeitlich weit auseinanderklaffen, so daß positive oder negative Zinswirkungen entstehen. Diese seien daher in einer Finanzbedarfsrechnung zu ermitteln und schließlich in der Ertragsüberschußrechnung zu erfassen, so daß der Unterschied zur Einnahmeüberschußrechnung danach praktisch keine Rolle mehr spiele[154].

Der maßgebliche Ertragswert wird nicht mehr aus den bereinigten Vergangenheitsergebnissen direkt abgeleitet, sondern in Einklang mit den neuzeitlichen Möglichkeiten anhand einer Prognoserechnung ergründet, was entsprechend der analytischen Methode[155] eine Analyse auf Grund von Einzelplänen verlangt. Will man diese Ergebnisse so weit als möglich in die Zukunft projizieren, muß wiederum auch bei der Ertragsüberschußrechnung mit einer Vergangenheitsanalyse begonnen werden, zumal trotz aller Prognosen die Vergangenheitserfolge keinesfalls vernachlässigt werden dürfen[156]. Alsdann ist die Planungsphase der Zukunft wie folgt in drei Zeitabschnitte aufzugliedern unter Beachtung nachstehender Kriterien[157]:

1. Postulat einer Detailprognose bzw. eines individuell für jedes Jahr bestimmten Erfolges in Einzelplanansätzen während der nächstliegenden – die ersten drei Jahre umfassenden – Periode.

---

151 HFA 2/1983, S. 173ff., 181.

152 Siehe hierzu Dörner, in WP-Handbuch 1985/86, Abschn. IX: Die Unternehmensbewertung, S. 1053ff.

153 Vgl. Egger, in: Egger/Jud/Lechner/Wünsch, Unternehmensbewertung, S. 20.

154 So UEC-Richtlinien 1980, Abschn. 4a bzw. HFA 2/1983, S. 173ff., 189ff.

155 Vgl. Matschke, Funktionale Unternehmensbewertung, Bd. II, Der Arbitriumwert der Unternehmung, S. 207.

156 So zutr. Bellinger, WPg 1980, S. 575ff., 579. Hierzu sind die Erträge der letzten fünf Jahre aufzulisten und zu bereinigen, vgl. im einzelnen HFA 2/1983 (IdW), S. 173ff., 191f.

157 Vgl. UEC-Empfehlung 1980, Abschn. 4c sowie HFA 2/1983 (IdW), S. 173ff., 191ff., 179f.

2. Erfordernis der Berücksichtigung der Trends gemäß der Entwicklung in Phase 1 aus einer anschließenden – maximal fünf Jahre dauernden – Epoche bis zum Planungshorizont.
3. Grobschätzung in der darauffolgenden Endphase zumeist unter Heranziehung der Entwicklung des Erfolges auf konstantem Niveau entsprechend der Mittelperiode.

Der Prognosezeitraum soll sich hierbei auf maximal acht Jahre erstrecken. Da die Ergebnisse der einzelnen Jahre auf den Bewertungsstichtag abgezinst werden, wodurch die wertmäßige Bedeutung der zukünftigen Ergebnisse mit zunehmender zeitlicher Entfernung vom Bewertungsstichtag immer geringer wird, nimmt somit auch die Wirkung der mit der Länge des Planungszeitraumes wachsenden Unsicherheit von Zukunftsschätzungen in ihrer Bedeutung ab. Insoweit kann durch die Zerlegung des Planungszeitraumes in einzelne Phasen eine gröbere Erfolgsschätzung in den fernliegenderen Jahren hingenommen werden. Daneben kann im Einzelfall die Möglichkeit bestehen, den Zukunftserfolg eines jährlich gleichbleibenden Durchschnittsbetrages zu schätzen, ausgehend von der Ertragssituation am Bewertungsstichtag.

Viertes Kapitel

Diskussion der Unternehmensbewertung im Lichte der höchstrichterlichen Rechtsprechung und Literatur in der BRD bzw. in Österreich

Unterzieht man den Modus der judiziellen und theoretischen Behandlung der Unternehmensthesaurierung einer kritischen Analyse, so sind die Schwierigkeiten der Erfassung und Einbindung dieser Materie unter rechtswissenschaftlichen Gesichtspunkten, wohl als Folge der allzu langen Immunisierung der Jurisprudenz gegenüber den Erkenntnissen ihrer Nachbardisziplinen, insbesondere den Sozial- und Wirtschaftswissenschaften, unübersehbar. So nimmt es nicht wunder, daß erst vor knapp zwei Jahrzehnten, als die Rechtswissenschaft aus ihrer Isolation heraustrat und sich als Teil einer übergreifenden, auf Zusammenarbeit und Erfahrungsaustausch mit den Wirtschaftswissenschaften angewiesenen Disziplin verstand, unter Zuhilfenahme der im Rahmen anerkannter betriebswirtschaftlicher Bewertungspraxis liegender Methoden mit einer Aufarbeitung der hierbei auftretenden Rechtsfragen überhaupt begonnen wurde. Im folgenden soll nun kursorisch auf die wichtigsten Reminiszenzen, welche diese Entwicklung charakterisieren, rekurriert werden.

In Anknüpfung an tradierte Bewertungsvorstellungen hatte der OGH einmal in zwei frühen Entscheidungen[158] nachhaltig das reine Substanzwertverfahren befürwortet, diese Auffassung mit Urteil vom 20. 2. 1952[159] dahingehend revidiert, daß zur exakten Wertermittlung *auch* der Firmenwert Berücksichtigung finden müsse, und erstmalig mit Erkenntnis vom 16. 12. 1980[160] jede offene oder versteckte Heranziehung des Substanzwertes hierfür kategorisch negiert. Hintergrund für diese radikale Kehrtwende des obersten Zivilgerichts in Österreich war zweifellos die im gleichen Jahr erschienene Schrift von Moxter[161], wonach die Grundsätze ordnungsmäßiger Unternehmsbewertung ein Substanzwertverbot enthielten. Moxter dürfte sich indes der Tragweite seiner These nicht im klaren gewesen sein. Entschiedener Widerspruch seitens des überwiegenden rechtswissenschaftlichen Schrifttums[162] war die logische Folge.

---

[158] Vgl. OGH Gutachten 1922 in SZ 4/154; OGH v. 5. 12. 1951, SZ 24/333.

[159] OGH v. 20. 2. 1952, SZ 25/47 = HS 1365.

[160] OGH v. 16. 12. 1980, SZ 53/172 = HS 10.120.

[161] Moxter, Die Bedeutung der Grundsätze ordnungsmäßiger Unternehmensbewertung, ZfbF 1980, S. 456 ff.

Wesentlich an der Entscheidung des OGH vom 16. 12. 1980 erscheint zunächst der Ausgangspunkt, daß die Ermittlung der richtigen Methode ein Problem der Betriebswirtschaftslehre wäre und daß das von ihr gewählte Modell der vom Gericht gestellten Aufgabe adäquat sein müsse. Der OGH anerkennt damit das durch die Funktionenlehre verankerte Prinzip der Ausgabenadäquanz und berücksichtigt gleichzeitig die Möglichkeit, daß von der Betriebswirtschaftslehre neue, den Anforderungen besser entsprechende Bewertungsverfahren entwickelt werden können. Gleichzeitig erhebt der OGH nunmehr den Ertragswert zur allgemeinen Basis der Unternehmensbewertung ohne jedoch Klarheit zu schaffen, nach welchen Kriterien im Einzelfall hiernach die Unternehmenswertberechnung durchzuführen sei. Ein Abschied der Jurisdiktion von dem in Österreich präferenzierten Übergewinnverfahren[163] ist damit keinesfalls verbunden, wie der Hinweis „des Rechnungstragens der Ertragswertermittlung in der österreichischen Praxis entsprechend dem Fachgutachten Nr. 45 des Fachsenats für Betriebswirtschaft und Organisation des Instituts für Betriebswirtschaft" deutlich macht. Haben doch die tragenden Aussagen im bezeichneten Gutachten ihren sachgerechten Standort in der Übergewinnfeststellung. Interpretiert man daher die genannte Entscheidung lediglich als klare Absage gegen die reine Substanzwertmethode, wird man mit Tichy[164] innerhalb der österreichischen Rechtsprechung derzeit von einem differenzierten Ertragswertmodell der Unternehmensbewertung ausgehen können.

Das Schrifttum in Österreich hat es versäumt, die vom OGH skizzierte Ertragswerttheorie im einzelnen aufzuhellen bzw. fortzuentwickeln. Es könnte daher der Erkenntnisstand von Jurisdiktion und Lehre in der BRD für eine in Österreich noch nicht voll ausgereifte Bewertungsdiskussion richtungsweisend sein.

Zunächst ist nicht zu übersehen, daß auch die Rechtsprechung des BGH, die allerdings im Gegensatz zum OGH niemals das reine Substanzwertverfahren praktiziert hatte, sondern schon immer für eine Substanz- und Ertragswert miteinander verbindende Bewertungstheorie eingetreten war, mit erheblichen Anlaufschwierigkeiten zu kämpfen hatte, um die Unternehmensbewertung rechtlich in den Griff zu bekommen. Die im Urteil vom 13. 3. 1978[165] getroffene Aussage, daß der Wert des Unternehmens in der Regel durch eine Verbindung von Substanz-

---

[162] So vor allem Csik, Substanzwert als Funktion der Ertragserwartungen, DB 1985, S. 1901 ff.; Schulze-Osterloh, Das Auseinandersetzungsguthaben des ausscheidenden Gesellschafters einer Personengesellschaft nach § 738 Abs. 1 S. 2 BGB, ZGR 1986, S. 550 ff.; Hosterbach, Unternehmensbewertung: Renaissance des Substanzwertes, DB 1987, S. 897 ff.

[163] Z. B. OGH v. 27. 5. 1970, HS 7150/39; OGH v. 10. 11. 1970, EvBl. 1971, S. 149.

[164] Tichy, Der Ertragswert nach der Übergewinnmethode, Österreichische Steuer- und Wirtschaftskartei (SWK) 1984 C 34 – C 40; vgl. hierzu auch Aigner/Holzer, DB 1990, S. 2229 ff.

[165] BGHZ 71, S. 40 ff.

und Ertragswert zu ermitteln sei, wobei teils der eine, teils der andere Faktor zum Ausgangspunkt genommen oder als der gewichtigere betrachtet werden müsse, zeigt deutlich die Unsicherheit und Schwäche einer auf solche Probleme nicht vorbereiteten Revisionsinstanz. Wenngleich der BGH zugleich markiert hatte, daß er dem Ertragswert wohl ein Übergewicht einräume, war doch zunächst damit nichts gewonnen, zumal die entscheidende Frage des „Wie" nach wie vor offenblieb.

Erst im Erkenntnis vom 12.2.1979[166] sprach sich der BGH für das Bewertungsverfahren des Sachverständigen aus, der unter Beschränkung der Ermittlung auf den Zukunftserfolg diesen aus der Summe der zwischen der Unternehmung und den Eignern künftig fließenden Zahlungsströme herleitet, denen er die Liquidations-Nettoerlösbarwerte am Bewertungsstichtag hinzuaddiert. Der BGH entschied sich damit für ein Ertragswertverfahren auf investitionstheoretischer Basis, welches als zukunftsorientierte Methode eine Prognose der zukünftigen Unternehmensentwicklung erfordere. Interessant an dieser Entscheidung ist weiter, daß der BGH die Arbeitsleistung des persönlich haftenden Gesellschafters wie eine Einlage bewertet und folglich einen kalkulatorischen Unternehmerlohn vom errechneten Zahlungsüberschuß abstrahiert.

Wer nun eine Weichenstellung für das (prognoseorientierte) Ertragswertverfahren durch den BGH erhofft hatte, sah sich zunächst getäuscht, als dieser mit Entscheidung vom 20.9.1981[167] nunmehr der Mittelwertmethode den Vorzug einräumte. Erst seit dem 24.9.1984[168] ist schließlich höchstrichterlicherseits für die BRD endgültig klargestellt, daß „bei der Ermittlung des Wertes eines Unternehmens regelmäßig mit der heute herrschenden Auffassung von dem Ertragswert auszugehen sein wird". Damit konnte doch wohl nur die Auffassung der Betriebswirtschaftslehre gemeint sein, welche sich für das prognoseorientierte Ertragswertmodell längst entschieden hatte. Das heutige rechtswissenschaftliche Schrifttum[169] in der BRD läßt mehrheitlich keinen Zweifel mehr daran, daß allein dieses

---

[166] WM 1979, S. 432ff.

[167] BGH v. 20.9.1981, WM 1982, S. 17ff.

[168] BGH v. 24.9.1984, NJW 1985, S. 192f.

[169] Allen voran Meilicke, Rechtsgrundsätze zur Unternehmensbewertung, DB 1980, S. 2121ff., 2123; Börner, Unternehmensbewertung, in: Handwörterbuch der Wirtschaftswissenschaft, Bd. 8, S. 111; Großfeld, Unternehmens- und Anteilsbewertung im GesR, S. 30ff., 48ff. mit ausf. Nachweisen. A. A. Bellinger, Eine Wende in der Unternehmensbewertung?, WPg 1980, S. 575ff., 581, der in diesem Zusammenhang auf nicht zu überwindende Schätzungsrisiken aufmerksam macht. Wenn langfristig prognostizierbare Zukunftserfolge jedoch, wie allgemein gefordert, auf genauen Vergangenheitsanalysen aufbauen – und nichts anderes soll doch mit der Forderung einer möglichst vollständigen Informationsbeschaffung entsprechend HFA 2/1983, S. 173ff., 180 erreicht werden –, ist die Prognoserechnung insgesamt nicht zu beanstanden. Rechtliche Bedenken gegen die Ertragswertmethode im Hinblick auf die Verwendung von geschätzten Zukunftserfolgen äußert schließlich Barthel, DB 1990, S. 1145ff., weil dies nicht auf einer ausreichenden durch Dritte nachprüfbaren Tatsachenbasis beruht.

theoretisch schlüssige Verfahren den Anforderungen des § 287 ZPO gerecht wird, wobei den Unsicherheiten einer Zukunftsprognose angemessen Rechnung zu tragen sei. Dem Substanzwert kommt in der Tat lediglich mittelbare Bedeutung zu. Insgesamt setzt diese Methode eine exakte Analyse der Vergangenheitsergebnisse voraus, ist jedoch vorsichtig beim Fortdenken in die Zukunft, berücksichtigt deren Unsicherheit. Sie ist darüber hinaus stichtagsbezogen[170], was Auswirkungen auf den Zukunftserfolgswert hat.

Ungeachtet der sanktionierten Disponibilität hinsichtlich der Fixierung des Stichtags, der den Zeitbezug der wertbildenden Faktoren sichert, bzw. der Relevanz von Entwicklungen danach unter den Gesellschaftern, was einmal mehr die Parteienbezogenheit der Bewertung unterstreicht, gilt als Bewertungsstichtag der Tag des Ausscheidens des Gesellschafters (§ 738 Abs. 1 S. 2 BGB, Art. 7 Nr. 15 Abs. 3 S. 1 4. EVHGB) bzw. im Fall des Ausschlußurteils der Tag der Klageerhebung. Entscheidend ist somit der Sachstand, d. h. die Wahrscheinlichkeit zu diesem Zeitpunkt[171]. Prognostisch gesehen müssen alle am Stichtag in der Wurzel existenten Gesichtspunkte beachtet werden[172], was bei ex post Feststellungen Rückschlüsse auf den Wert am Stichtag aus nachträglichen Erkenntnissen nicht ausschließt[173]. Auch wenn Großfeld[174] dafürhält, daß hier nicht zu kleinlich verfahren werden darf, sollte der Bewerter (oder Richter) grundsätzlich nur genau jenen Sach- und Erkenntnisstand heranziehen, der am Stichtag gegeben war[175]. Was hingegen am Bewertungsstichtag auch bei angemessener Sorgfalt nicht wißbar ist[176], hat unberücksichtigt zu bleiben. Moxter[177] warnt insbesondere vor einer zu großzügigen Heranziehung von nach dem Stichtag erhaltener Informationen. Danach müßten bei strenger Auslegung des Prinzips bei ex post-Beurteilungen alle Informationen, die über die spätere Unternehmensentwicklung feststehen, gedanklich fiktiv eliminiert werden.

Vorschnelle Rückschlüsse aus dem Urteil des BGH vom 12. 2. 1979[178], wo bei der Bewertung eines Unternehmens zu einem über zwanzig Jahre zurückliegenden Stichtag die gesamte Unternehmensentwicklung herangezogen wurde, was allein auf einer Empfehlung des Sachverständigen basierte, welcher die Parteien zugestimmt hatten, zog Bellinger[179], der damit eine Wende in der Unternehmensbewer-

---

170 Vgl. zum Ganzen: Großfeld, Unternehmens- und Anteilsbewertung im GesR, S. 39.

171 Bellinger, WPg 1980, S. 575ff., 583; OLG Celle v. 4. 4. 1979, AG 1979, S. 230ff.

172 BGH v. 17. 1. 1973, DB 1973, S. 563ff.; OLG Celle v. 1. 7. 1980, AG 1981, S. 234f.; OLG Düsseldorf v. 17. 2. 1984, AG 1984, S. 216ff.

173 BGH v. 17. 11. 1980, WM 1981, S. 452f.

174 Großfeld (Fn. 170), S. 41.

175 Moxter, Grundsätze ordnungsmäßiger Unternehmensbewertung (Fn. 32), S. 168.

176 Moxter (Fn. 32), S. 169.

177 Moxter (Fn. 32), S. 170.

178 BGH v. 12. 2. 1979, WM 1979, S. 432ff.

tung eingeleitet sah und eine Abkehr von der Stichtagsmaxime befürchtete. Moxter[180] hielt diese Besorgnis für unbegründet.

Die österreichische Judikatur hatte sich nur in wenigen Entscheidungen[181] zur Notwendigkeit einer stichtagsbezogenen Bewertung geäußert, was seinen tieferen Grund wohl darin hat, daß man dort seit jeher von der Notwendigkeit einer Abschichtungsbilanz im Rahmen der Unternehmensthesaurierung ausgeht, deren Wertansetzungszeitpunkte unmittelbar aus §§40 HGB a.F., 242ff. HGB n.F. resultieren. In diese Aufstellung sind die Vermögensgegenstände ihrem wahren Wert gemäß einzusetzen, ein Ansatz von Buchwerten scheidet aus[182]. Damit hat sich der OGH zugleich – wie in mehreren vorausgegangenen Erkenntnissen[183] – gegen die Heranziehung des Buchwertes (Bilanzwertes) zur Ermittlung des Unternehmenswertes ausgesprochen. Für Verwirrung sorgte das Urteil vom 10.11.1970[184], wo der OGH den Substanzwert als den „in der Jahresbilanz bezifferten Wert der materiellen Vermögensvorteile des Unternehmens" ausgewiesen und diesen damit dem Buchwert gleichgestellt hatte. Diese Entscheidung ist vereinzelt geblieben und in sich widerspruchsvoll, als der OGH knapp ein halbes Jahr zuvor dem Buchwertansatz eine klare Absage erteilt hatte und zudem keinerlei Veranlassung gegeben war, von dieser grundsätzlichen Klarstellung abzurücken. Dies um so mehr, als das wissenschaftliche Schrifttum[185] innerhalb der BRD wie in Österreich einmütig einem aus der Bilanz ermittelten Buchwert ablehnend gegenübersteht. Desgleichen herrscht zwischen deutscher und österreichischer Jurisdiktion und Lehre Übereinstimmung[186], daß der Einheitswert des Betriebsvermögens nicht mit dem Unternehmenswert identifiziert werden kann, zumal die Vorschriften des Bewertungsgesetzes wegen der völlig andersartigen Zielsetzung nicht aufgabenadäquat sind, m.a.W. einen anderen Bewertungszweck verfolgen.

Legt man nun eine Auseinandersetzungsbilanz zugrunde[187], sind neben den Sachwerten auch Rechte (z.B. Patent-, Marken-, Gebrauchs-/Musterschutzrechte

---

[179] Bellinger, WPg 1980, S. 575ff.

[180] Moxter (Fn. 32), S. 173.

[181] So z.B. OGH Gutachten 1922 in SZ 4/154; OGH v. 20.2.1952, SZ 25/47; OGH v. 27.5.1970, HS 7150/39.

[182] Vgl. OGH v. 27.5.1970, HS 7150/39.

[183] Z.B. OGH Gutachten 1922 in SZ 4/154; OGH v. 5.12.1951, SZ 24/333.

[184] OGH v. 10.11.1970, EvBl. 1971, S. 149 = HS 7151.

[185] Z.B. Großfeld, Unternehmens- und Anteilsbewertung im GesR, S. 42f. mit ausf. Nachw.; Lechner, in: Egger/Jud/Lechner/Wünsch, Unternehmensbewertung, S. 47, ebenso mit umfassender Aufstellung der diesbezüglich vertretenen Literaturmeinungen.

[186] Vgl. Meilicke, Die Barabfindung für den ausgeschlossenen oder ausscheidungsberechtigten Minderheits-Kapitalgesellschafter, S. 50; Großfeld (Fn. 185), S. 43f.; OLG Düsseldorf v. 17.2.1984, WM 1984, S. 732ff.; OGH v. 16.12.1980, HS 10.120.

[187] Vgl. zur Notwendigkeit hierzu in dieser Arbeit die Fußnoten 72 und 73 nebst den dort niedergelegten Ausführungen.

etc.) im einzelnen aufzuführen nebst den Forderungen der Gesellschaft entsprechend ihrem wahren Wert, d.h. unzweifelhafte Forderungen mit dem Buchwert, hingegen zweifelhafte Forderungen, deren Ursachen in der Zahlungsunfähigkeit des Schuldners ebenso wie im rechtlichen Bestand begründet sein können, nach ihrem wahrscheinlichen Wert[188], da häufig exakte Beweise für die Frage, ob und in welchem Grade eine bestimmte Forderung an einem Stichtag dubios war, nur schwer zu erbringen seien. Soweit Sachgüter in marktüblichen Warenvorräten bestehen, erfüllt der BGH[189] das Postulat eines Ansatzes zum wahren Wert durch Anordnung einer Wertgröße nicht etwa gemäß dem Entgelt, welches zur Anschaffung der vorhandenen Waren aufgewendet wurde bzw. das später beim Verkauf erzielt werden könnte, sondern entsprechend der Höhe des Preises, den das Unternehmen zum Ausscheidenszeitpunkt hätte zahlen müssen. Nichts zu suchen in der Abschichtungsbilanz haben erst künftig entstehende Abfertigungsansprüche von Mitarbeitern, zumal sich zum Stichtag derartige Positionen niemals dahingehend klassifizieren lassen, ob sie noch bestehen bzw. in Zukunft entstehen werden[190].

Besonderes Augenmerk verlangt die Aktivierung des Firmenwertes in der Auseinandersetzungsbilanz, da sich der Geschäftswert ja gerade darin äußert, daß das Unternehmen wesentlich höher eingeschätzt wird, als dies der Wertsumme der einzelnen Bestandteile des Gesellschaftsvermögens entspricht[191]. Nach dieser Rechtsprechung des BGH wie des OGH gelten als maßgebliche Faktoren für die Ermittlung des good will alle die Bewertung des lebenden Unternehmens kennzeichnenden und beeinflussenden, im Machtbereich des Unternehmens begründete Umstände, die nicht in anderen Posten der Bilanz erfaßt und ausgewiesen sind. Darunter sind nach der Judikatur des OGH[192] auch günstige Mietrechte zu subsumieren, da sich der Wert derartiger Rechte sonst in keiner anderen Position der Abschichtungsbilanz niederschlägt[193].

Nach dem Urteil des OGH vom 20.2.1952[194] gilt die Stichtagsmaxime auch für den Firmenwert, der wiederum u.a. von der Kapitalausstattung des Unternehmens abhängig ist. Werden dem Unternehmen vor dem Stichtag zu Unrecht Barmittel

---

188 So OGH Gutachten 1922 in SZ 4/154 bzw. OGH v. 20.2.1952, SZ 25/47.

189 BGH v. 22.10.1973, WM 1974, S. 129ff. = NJW 1974, S. 312ff.

190 So zutr. OGH v. 12.6.1968, HS 6154.

191 Vgl. OGH v. 20.2.1952, SZ 25/47; OGH v. 27.4.1970, HS VII/39; OGH v. 10.11.1970, EvBl. 1971, S. 149; Koppensteiner, in Straube: Komm. zum 4. EVHGB, Anm. 11 zu Art. 7 Nr. 15 u. 16; BGH v. 23.11.1977, BGHZ 70, S. 224ff.; BGH v. 29.5.1978, BB 1978, S. 1333ff.; BGH v. 10.10.1979, JZ 1980, S. 105ff.; Hartmann, Der ausscheidende Gesellschafter in der Wirtschaftspraxis, S. 230f.; Großfeld, Unternehmens- und Anteilsbewertung im GesR, S. 2f., 28.

192 OGH v. 10.11.1970, EvBl. 1971, S. 149.

193 OGH v. 27.5.1970, HS 7150/39.

194 OGH v. 20.2.1952, SZ 25/47.

entzogen, so muß sich das auf den Firmenwert auswirken, als dadurch – so der OGH – die Liquidität des Unternehmens wesentlich beeinflußt werde. In Konstellationen, in denen der Ertragswert unter dem Substanzwert angesiedelt ist, d.h. ein negativer Firmenwert vorliegt, hat der OGH[195] in Abkehr der Empfehlung im Fachgutachten Nr. 45 des Fachsenats für Betriebswirtschaft und Organisation des Instituts für Betriebswirtschaft, Steuerrecht und Organisation der Kammer der Wirtschaftstreuhänder[196], welches für diesen Fall die Heranziehung allein des Ertragswertes präskribiert, die Anwendung der Mittelwertmethode empfohlen und von der Ermangelung eines good will gesprochen. Sollte der Ertragswert allerdings unter dem Liquidationswert liegen, ist von diesem auszugehen, da es sich beim Liquidationswert um den anläßlich einer Verwertung mindestens erzielbaren Betrag handelt[197].

Der vom OGH vorgezeichnete Berechnungsmodus im Fall eines bad will anhand der Mittelwertmethode vermag einer kritischen Überprüfung nicht standzuhalten, da hier gegen Grundprinzipien ordnungsgemäßer Unternehmensbewertung, insbesondere gegen den gesellschaftsrechtlichen Gleichbehandlungsgrundsatz ebenso wie gegen die Maxime der Angemessenheit der Abfindung verstoßen wird, was wie folgt zu begründen wäre:

Kommt der Ertragswert unter dem Substanzwert zu liegen, errechnet sich beim Mittelwertverfahren im Verhältnis zum Ertragswert ein höherer Unternehmenswert. Bemißt man das Abfindungsguthaben nach diesem Mittelwert, so bekommt der Ausscheidende mehr, als im Fall einer fiktiven Liquidation die anderen Gesellschafter erhielten; denn deren Einnahmen aus der Gesellschaft entsprechen den zukünftigen Erträgen des Unternehmens, die unter Beachtung des Substanzerhaltes dem Unternehmen entzogen werden können, d.h. dem Ertragswert.

Sind die Ertragsaussichten nicht so rosig, wird eine zum Mittelwert veranschlagte Abfindung unangemessen hoch sein und das fortbestehende Unternehmen stark belasten, u.U. im Bestand gefährden. § 738 Abs. 1 S. 2 BGB, Art. 7 Nr. 15 Abs. 3 S. 1 4. EVHGB bezwecken jedoch den Fortbestand der Gesellschaft. Eine Abfindung, die geeignet ist, dieses Fortleben in Frage zu stellen, kann niemals angemessen sein, zumal die Väter des ADHGB wie des HGB beim Widerstreit der Interessen des ausscheidenden Gesellschafters mit den Verbleibenden eine klare Priorität zu Gunsten des gesicherten Fortbestandes der Gesellschaft gesetzt hatten[198]. Diesem Dilemma entgeht man durch Ansatz des negativen Firmenwertes und Abstellen auf den Ertragswert gemäß des im Fachgutachten Nr. 45 vorgeschlagenen Weges.

---

[195] OGH v. 27. 5. 1970, HS 7150/39.

[196] Siehe Fn. 138.

[197] Lechner, in: Egger/Jud/Lechner/Wünsch, Unternehmensbewertung, S. 171; Koppensteiner, in Straube: Komm. zum 4. EVHGB, Anm. 12 zu Art. 7 Nr. 15 u. 16.

[198] Siehe Fn. 24.

Zwecks Berechnung des good will im Sinne der Übergewinnmethode nach den einschlägigen Kriterien der UEC 1961 in der BRD bzw. gemäß Fachgutachten Nr. 45 in Österreich ist zunächst der nachhaltig zu erwartende Zukunftserfolg festzulegen, wobei als Schätzungsgrundlage für die Ermittlung des zukünftigen Ertrages die Ergebnisse der Erfolgsbilanzen der letzten drei bis sieben Jahre dienen[199]. Für die Barwertfestlegung ist die Wahl des Kapitalisierungszinssatzes von entscheidender Bedeutung. Dessen Fixierung macht aus dem Grund größte Schwierigkeiten, als sich der Kapitalisierungszinsfuß aus den Komponenten Basiszinssatz, Geldentwertungsabschlag nebst Unternehmensrisikozuschlag zusammensetzt, deren Ansätze insbesondere hinsichtlich der beiden zuletzt genannten Faktoren im einzelnen unterschiedlich beurteilt werden.

Wenig problematisch ist zunächst die genaue Bestimmung des Basiszinssatzes, wenn man diesen von der herrschenden Lehre als landesüblichen Zinssatz bezeichneten Wert mit der üblichen Effektivverzinsung inländischer öffentlicher Anleihen gleichsetzt, wie der BGH[200] dies vorexerziert hat, und auf den Durchschnitt der Renditen von Pfandbriefen, Kommunalobligationen und Anleihen des Bundes oder der Länder abstellt[201]. Maßgebend ist hierbei nicht punktuell der Basiszinssatz am Bewertungsstichtag, sondern zukunftsbezogen der auf Dauer zu erzielende, von kurzfristigen Einflüssen, Zufälligkeiten und Schwankungen befreite Normalzinssatz[202], der ex post leicht zu objektivieren ist.

Hintergrund für die Berechtigung eines Geldschwundabschlages ist zunächst die richtige Ausgangssituation, daß die Mittelanlage zum landesüblichen Zins ein höheres Inflationsrisiko mit sich bringt als eine Mittelanlage im Unternehmen, da hier jeweils Werte existent sind, die keinem Kaufkraftverlust unterliegen. Gerade deshalb ist der Basiszinssatz um den Geldentwertungsabschlag, der allerdings niedriger als die Geldentwertungsrate sein soll, zu kürzen[203] mit der Folge der

---

[199] Lechner, in: Egger/Jud/Lechner/Wünsch, Unternehmensbewertung, S. 35.

[200] BGH v. 20.9.1981, WM 1982, S. 17ff.

[201] Vgl. etwa Münstermann, Wert und Bewertung der Unternehmung, S. 68; Großfeld, Unternehmens- und Anteilsbewertung im GesR, S. 78.

[202] So zutr. OLG Celle v. 4.4.1979, AG 1979, S. 230ff.; LG Frankfurt v. 8.12.1982, AG 1983, S. 136ff.

[203] Als Spannbreite wird ein Abschlagsrahmen von 1 bis 3% toleriert, vgl. OLG Düsseldorf v. 11.1.1990, AG 1990, S. 397ff., 400 und LG München I v. 25.1.1990, AG 1990, S. 404ff. Im Beschluß v. 7.6.1990 hat das OLG Düsseldorf keine Veranlassung gesehen, über den von den Sachverständigen vorgeschlagenen geringfügigen Abschlag von 0,5% hinauszugehen, AG 1990, S. 490ff., 494, während die Vorinstanz in concreto einen Abschlag von 1% vorgenommen hatte. Im Beschluß v. 16.10.1990, AG 1991, S. 106ff., 107 betrachtete das OLG Düsseldorf hingegen in Abweichung vom Sachverständigen und dem LG, die für einen Abschlag um 2,5% plädiert hatten, lediglich einen solchen mit 2% für angemessen.

Der BGH hatte im Urteil v. 13.3.1978, WPg 1978, S. 302ff., global einen Geldentwertungsabschlag von 3% angenommen. Dies entspricht in etwa der Differenz zwischen der Geldentwertung bei verzinslichen Werten und bei der Anlage in ein Unternehmen, vgl.

Erzielung eines realen Zinssatzes, was wiederum zur Anhebung des Ertragswertes führt. Spezifisch dieser Punkt wird den Bewerter im Einzelfall vor große Schwierigkeiten stellen, da nur schwer abzuschätzen ist, inwieweit das Unternehmen Inflationswirkungen auszugleichen vermag[204]. Mit Piltz/Wissmann[205] hat man insgesamt nur dann einen Geldschwundabschlag als berechtigt auszuweisen, wenn es dem Unternehmen gelingt, die Auswirkungen der Inflation auf die Preisgestaltung abzuwälzen; andernfalls wäre von einem Abschlag abzusehen. Dasselbe hat schließlich dann zu gelten, wenn man die Folgen schon bei der Ertragswertprognose erfaßt, wie dies in jüngster Zeit Bönner[206] und Matschke[207] empfehlen.

Differenzen in Rechtsprechung und einem Teil der Lehre herrschen über die Einbeziehung eines branchenspezifischen Zuschlages (Risikozuschlages) in den durchschnittlichen Kapitalmarktzinsfuß. Hierbei hat als Ausgangspunkt die Überlegung zu dienen, daß die Risiken der Geldanlage in ein Unternehmen im Verhältnis zur Alternativinvestition in (leicht zu veräußernde) Wertpapiere als größer einzustufen sind; denn wer sein Geld in ein Unternehmen investiert, muß eher damit rechnen, daß er dieses nach der vereinbarten Zeit nicht zurückerhält. Gerade deshalb hat sich der BGH[208] im Jahre 1979 nachdrücklich für einen Risikozuschlag eingesetzt und mit Entscheidung vom 20. 9. 1981[209] ein Aufstocken um 2% gebilligt.

Dielmann/König, AG 1984, S. 57ff. Da es allemal um die angemessene Abfindung für die Beteiligung an einem bestimmten Unternehmen geht, muß bei der Bemessung des Abschlags wohl in jedem Fall auf die Verhältnisse des Einzelfalles (innerhalb des aufgezeigten Abschlagsrahmens) abgestellt werden.

[204] Vgl. HFA 2/1983, S. 173ff., 183: „Die durch den Kapitalisierungszinssatz umschriebene Alternativrendite muß grundsätzlich mit einem Unternehmensergebnis gleicher Inflationserwartung verglichen werden. Soweit also beim Kapitalisierungszinssatz ein Abschlag wegen der in ihm enthaltenen zukünftigen Geldentwertungsrate vorgenommen wird, so ist damit unterstellt, daß Unternehmensgewinne in diesem Maße die Fähigkeit besitzen, nach Maßgabe dieses Geldentwertungsabschlages zu wachsen, d.h., daß die Kapitalanlage im Unternehmen insoweit der Geldentwertung entzogen wird."

[205] Piltz/Wissmann, NJW 1985, S. 2673ff.

[206] Bönner, DB 1987, S. 57ff.

[207] Matschke, WPg 1986 S. 549ff.

[208] BGH v. 12.2.1979, WM 1979, S. 432ff.

[209] BGH v. 20.9.1981, WM 1982, S. 17ff.; vgl. diesbezüglich auch die Diskussion des OLG Düsseldorf u.a. in den Beschlüssen v. 11.1.1990 (AG 1990, S. 397ff., 400f.), v. 7.6.1990 (AG 1990, S. 490ff., 494) bzw. v. 16.10.1990 (AG 1991, S. 106ff., 107), wo im Hinblick auf das allgemeine Unternehmerwagnis ein Zuschlag von 0,5% für angebracht angesehen wurde (arg.: „Bei einem gesunden Unternehmen wird diesem Risiko durch einen Zuschlag von 0,5% hinreichend Rechnung getragen"). Vor dem Hintergrund, daß sich außergewöhnliche Ereignisse wie Betriebsstillegungen, Umstrukturierungsmaßnahmen, Insolvenzen wichtiger Abnehmer oder technische Umwälzungen in ihren Auswirkungen auf Unternehmensergebnisse nicht quantifizieren ließen, hielt das OLG Düsseldorf in seiner neuesten Judikatur m.E. zu Recht wegen der in der Tat ganz erheblichen Unsicherheitsfak-

Das Institut der deutschen Wirtschaftsprüfer (IdW) hat diese Judikatur in ihre Grundsätze zur Durchführung von Unternehmensbewertungen eingebaut und hierzu folgendes niedergelegt[210]:

„Sofern typisierenderweise eine langfristige Anlage am Kapitalmarkt unterstellt wird, muß das generelle Unternehmerwagnis, welches mit der Kapitalanlage in einer unternehmerischen Beteiligung untrennbar verbunden ist, zum Zwecke der Vergleichbarkeit mit dem risikoärmeren erwarteten Kapitalmarktzins in den Kapitalisierungszinssatz einbezogen werden. Auf diese Weise wird der Zinssatz langfristiger risikoärmerer Kapitalanlagen zum Zinssatz der Investition in Unternehmen modifiziert. Zur Abschätzung des generellen Unternehmerwagnisses kann die banküblich Verzinsung von Großkrediten an Unternehmen Anhaltspunkte bieten, wobei zu beachten ist, daß die Beteiligung am haftenden Kapital gegenüber der Gläubigerposition noch weitere Unterschiede aufweist und jeder Zinssatz nur in bezug auf die jeweilige Anlage zu sehen ist."

Dem schlossen sich in der BRD Dielman/König[211] und Piltz/Wissmann[212] uneingeschränkt an, nachdem bereits Forster[213] im Jahre 1980 die BGH-Judikatur gutgeheißen hatte. Als Vertreter der österreichischen Literatur plädierte Lechner[214] schon 1975 für einen entsprechenden Risikozuschlag, dem wiederum Moxter[215] ein Jahr später im deutschen Rechtskreis gefolgt war.

Das Hauptargument der Gegner[216] eines branchenspezifischen Zuschlags gipfelt darin, daß sich Chancen und Risiken im Unternehmen jeweils ausgleichen. Zudem könne das Unternehmensrisiko bereits in der Ertragswertprognose berücksichtigt werden, dürfe dann allerdings nicht noch einmal in den Kapitalisierungszinssatz einfließen[217].

---

toren den allgemeinen Risikozuschlag in Anbetracht der näheren Umstände mit 1,5% für angemessen, vgl. hierzu Seetzen, WPg 1991, S. 166ff.

210 HFA 2/1983, S. 173ff., 178ff., 182.

211 Dielmann/König, AG 1984, S. 57ff.

212 Piltz/Wissmann, NJW 1985, S. 2673ff., 2679.

213 Forster, AG 1980, S. 45ff.

214 Lechner, Der Wert der Unternehmung als Ganzes, ÖSKW 1975, Heft 17, S. 4.

215 Moxter, Grundsätze ordnungsmäßiger Unternehmensbewertung (Fn. 107), S. 112.

216 Z.B. Meilicke, DB 1980, S. 2121ff., 2122; Emmerich, AG 1988, S. 280; OLG Celle v. 4.4.1979, AG 1979, S. 230ff., 232. Beachtenswert erscheint in diesem Zusammenhang der methodische Ansatz von Dieter Schneider, Investition, Finanzierung und Besteuerung, S. 435ff., 437: Handelt ein Bewertender nach der Risikozuschlagsmethode, weil er glaubt, seine Risikoneigung nicht im einzelnen quantifizieren zu können, dann implizieren Umweltbedingungen, die der Wirklichkeit angenähert sind, zusammen mit der Forderung nach Widerspruchsfreiheit eines Rechenverfahrens, erneut die Überflüssigkeit der Risikozuschlagsmethode; denn dann bleibt von allen denkbaren Verläufen der Risikoneigung nur noch eine als logisch zulässig übrig, so daß wiederum ein Sicherheitsäquivalent unterstellt ist. Damit verwendet der Bewertende implizit ein, aber nicht „sein" Sicherheitsäquivalent. Der Bewertende hat durch die Wahl der Risikozuschlagsmethode eine Risikoneigung angewandt, die gar nicht seiner Risikoneigung entspricht. Damit täuscht eine Anwendung der Risikozuschlagsmethode den Bewertenden über seine Einschätzung des zu bewertenden Unternehmens.

Fünftes Kapitel

Abfindungsvereinbarungen

In seinen maßgeblichen Schriften zum Problemkreis gesellschaftsrechtlicher Vereinbarungen für den Fall der Auseinandersetzung zwecks Ermittlung des Abschichtungsguthabens beklagt Jud[218] zum einen, daß die überaus häufige Einbeziehung von Abfindungsklauseln in Personengesellschaftsverträgen dazu geführt hätte, daß die entsprechenden Normen der österreichischen Rechtsordnung teilweise aufgegeben, ja mehr noch in ihr Gegenteil verkehrt worden seien, und zum andern, daß die erwünschte Erleichterung und Praktikabilität nicht immer erreicht wurde, sondern manchmal sogar zusätzliche Probleme geschaffen worden waren. Die Ursachen hierfür sind offenbar darin begründet, daß den Mitgliedern von Personengesellschaften häufig die Sachkunde zur juristisch exakten Formulierung und Präzisierung des tatsächlich Gewollten fehlt und sich daher in erhöhtem Umfang Schwierigkeiten bei der Auslegung einzelner in sich nicht logischer Kauseln ergeben, während derartige Bestimmungen in den Verträgen bzw. Satzungen von Kapitalgesellschaften (wie z.B. bei der GmbH in § 2 Abs. 1 S. 1 GmbHG und im Fall der AG in § 23 Abs. 1 S. 1 AktG) notariell überprüft und unter rechtlichen Gesichtspunkten korrekt abgefaßt sind. Daneben spielt selbstverständlich der Zeitfaktor eine entscheidende Rolle, als im Augenblick des Vertragsabschlusses bestehende Auffassungen über das Wesen eines Begriffes sich im Lauf langer Zeitspannen maßgeblich verändert haben können oder sich über Jahrzehnte hinweg die tragenden Grundlagen der Gesellschaft von ihrer ursprünglichen Zielsetzung soweit entfernt haben, daß die Intentionen von ehedem damit obsolet geworden sind. Schließlich darf nicht übersehen werden, daß vor allem auch wirtschaftliche Faktoren, wie Geldentwertung, Wirtschaftskrisen etc. den Inhalt vertraglicher Gestaltung derart nachhaltig zu exkavieren vermögen, daß unter Beachtung des einmal einstimmig getroffenen Willens aller Parteien Anpassung an die geänderten Verhältnisse dringend vonnöten ist.

---

[217] Moxter (Fn. 107), S. 112; ders., Grundsätze ordnungsmäßiger Unternehmensbewertung (Fn. 32), S. 156, 158, 164.

[218] Jud, Gesellschaftsvertragliche Abfindungsvereinbarungen – insbesondere der Firmenwertausschluß – in Familienpersonengesellschaften, ÖZW 1978, S. 102ff.; ders., Der Firmenwertausschluß in Auseinandersetzungsregelungen, GRZ 1980, S. 56ff.

1. Beweggründe für vertragliche Abfindungsklauseln

Die Motive einer Abbedingung der gesetzlichen Normen der §§ 738 - 740 BGB, Art. 7 Nr. 15 u. 16 4. EVHGB im Rahmen der sanktionierten Disponibilität sind mannigfacher Natur. Einmal sollen Abfindungsregeln die Gefahr aufwendiger gerichtlicher Streitigkeiten mindern[219]. Einfache, verständliche Bewertungsrichtlinien können dabei auch für eine Beschleunigung der Auseinandersetzung sorgen. Weiters wird jeder Gesellschafter daran ein Interesse haben, allzeit zu überschauen, mit welchem Abfindungsbetrag er im Fall seines Aussscheidens zu rechnen hat. Neben der Absicherung einer unkomplizierten rechnerischen Vorgangsweise verfolgen viele vertragliche Regelungen auch das Ziel, durch niedrige Auszahlungsverpflichtungen oder Ratenzahlungen die betriebswirtschaftlich nachteiligen Liquiditätsabflüsse soweit als möglich zu beschränken und damit den Bestand des Unternehmens zu sichern[220]. Eine lange Abstattungsfrist versetzt die verbleibenden Gesellschafter auch bei hohen Abfindungsguthaben in die Lage, die hierfür erforderlichen Beträge aus dem Unternehmen selbst freizusetzen, ohne dessen Leistungsfähigkeit übermäßig zu strapazieren. Den Abfindungsanspruch vermindernde Klauseln können auch den Zweck verfolgen, dem Ausscheiden von Gesellschaftern entgegenzuwirken und schließlich ein Verhalten eines ihrer Mitglieder, das die restlichen Gesellschafter zum Ausschluß berechtigt, hintanzuhalten bzw. die Beteiligung eines Gesellschafters vor dem Zugriff seiner Gläubiger wenigstens teilweise zu Gunsten der Mitgesellschafter wirtschaftlich sicherzustellen[221].

2. Regelungsgegenstand und Inhalt von Sonderabmachungen

Zunächst ist davon auszugehen, daß der Abfindungsanspruch in den Grenzen der verfassungsmäßigen Ordnung, der Gesetze und der guten Sitten, privatautonom im Gesellschaftsvertrag gestaltet werden kann[222]. Vom Gesetz abweichende Vereinbarungen lassen sich sowohl ex ante wie ex post, also auch erst beim Ausscheiden des Gesellschafters, treffen, setzen allerdings Einverständnis des Ausscheidenden am Kontrakt voraus. Zentrale Frage hinsichtlich der Bestimmung des Guthabens des ausscheidenden Gesellschafters ist hierbei stets, ob der Unternehmenswert ertragswertabhängig oder ertragswertunabhängig festgelegt werden

---

[219] Gerichtliche Auseinandersetzungen wegen Meinungsverschiedenheiten über den Wert einer Unternehmung z. B. anläßlich von familien- oder erbrechtlichen Auseinandersetzungen, des Ausscheidens oder des Ausschlusses von Gesellschaftern etc. werden immer häufiger; alternative Bewertungsgutachten führten oftmals zu sehr unterschiedlichen Unternehmenswerten, so zutr. Barthel, DB 1990, S. 1145 ff.

[220] Hartmann, Der ausscheidende Gesellschafter in der Wirtschaftspraxis, S. 62.

[221] Kübler, Gesellschaftsrecht, S. 95. Zur Friedens-/Kapital- und Liquiditätssicherungs-/Kündigungserschwerungs- bzw. Gläubigerbenachteiligungsfunktion vertraglicher Abfindungsvereinbarungen: Hennerkes/Binz, DB 1983, S. 2669.

[222] Hartmann (Fn. 220), S. 70.

soll. Schon diese Klarstellung führt zu den wichtigen Konsequenzen, daß eine Einigung der Vertragspartner auf den Ertragswert die ausdrückliche Teilnahme des Ausscheidenden sowohl am positiven als auch am negativen Geschäftswert beinhaltet[223]. Eine ausdrückliche Orientierung am Sachwert bedeutet dagegen die völlige Außerachtlassung eines good will. Umgekehrt schließt eine Abstimmung definitiv auf den reinen Substanzwert aus, daß der ausscheidende Gesellschafter die Nachteile eines negativen Firmenwertes zu tragen hat. Ein Großteil der vertraglichen Sonderregelungen zielt schließlich auf eine Gestaltung des zur Ermittlung des Auseinandersetzungsanspruches maßgeblichen Unternehmenswertes ab, die regelmäßig eine Abkehr vom wahren Unternehmenswert zu substanzwertorientierten Bewertungsmethoden bedeutet (Buchwertabfindung, Firmenwertausschluß etc.). Neben diesen in ihrer Bedeutung sicher an erster Stelle zu nennenden Abfindungsklauseln wird bezüglich des Auseinandersetzungsguthabens insbesondere einvernehmlich auch die Art und Weise der Auszahlung zu regeln sein. So kann vereinbart werden, daß das Abfindungsguthaben als Darlehen im Geschäft bleiben soll oder in Rentenform ausbezahlt wird[224]. Praktisch vorherrschend ist die Abmachung, die Abfindung in Raten zu zahlen[225]. Verfahrens- und Auszahlungsklauseln, welche eine volle oder ausreichende Abfindung vorsehen, sind rechtlich unproblematisch. Soweit solche Klauseln aber darauf hinauslaufen, den tatsächlichen Wert der Abfindung negativ zu beeinflussen (z. B. langer Auszahlungszeitraum bei niedriger Verzinsung) wird man diese Bestimmungen dem Bereich der belastenden Abfindungsklauseln zuordnen müssen, die von Fall zu Fall einer besonders kritischen Überprüfung im Lichte der Rechts- und Sittenordnung bedürfen.

Nicht selten einigen sich die Gesellschafter darauf, das Auseinandersetzungsguthaben durch einen oder mehrere durch die Gesellschaft oder eine neutrale Instanz (z.B. zuständige Handelskammer) zu bestimmende Schiedsgutachter feststellen zu lassen[226]. Zur Auslegung der sog. Schiedsgutachterklausel stehen dem deutschen Recht die §§ 317 - 319 BGB zur Verfügung. Nach diesen Vorschriften sind zwei Beurteilungsmaßstäbe denkbar: Soweit der Sachverständige nach billigem Ermessen den Unternehmenswert zu schätzen hat, ist das Gutachten nur bei offenbarer Unbilligkeit angreifbar, § 319 Abs. 1 BGB. Soll hingegen gemäß Gesellschaftsvertrag der Schiedsgutachter das Abfindungsguthaben nach freiem Belieben errechnen, so ist eine Schätzung nur bei nachweisbarer Gesetz- oder Sittenwidrigkeit unwirksam[227], § 319 Abs. 2 BGB. Soweit einzelne Wert-

---

[223] Lechner, in: Egger/Jud/Lechner/Wünsch, Unternehmensbewertung, S. 50f.

[224] Vgl. Sudhoff, Der Gesellschaftsvertrag der Personengesellschaften, S. 398f., 405.

[225] Baumbach/Duden/Hopt, HGB-Komm., Anm. 5 G zu § 138. Gemäß einer Untersuchung von Morck, Die vertragliche Gestaltung der Beteiligung an Personen-Handelsgesellschaften, S. 532, sehen knapp 87 % aller Abfindungsvereinbarungen Ratenzahlungen vor.

[226] Vgl. OGH v. 19.4.1966, HS 5150; BGH v. 3.10.1957, NJW 1957, S. 1834.

[227] Baumbach/Duden/Hopt, HGB-Komm., Anm. 5 F zu § 138.

ansätze offenbar unrichtig sind, hängt die Verbindlichkeit der Gutachterbilanz im übrigen von der Bedeutung des Fehlers für die gesamte Schätzung ab[228]. Von offenbarer Unrichtigkeit ist dann auszugehen, wenn das Gutachten entweder von einem Fachmann auf den ersten Blick als unrichtig zu erkennende Ausführungen enthält oder wenn es so lückenhaft ist, daß es auch aus dem Gesamtzusammenhang des Gutachtens überhaupt nicht überprüft werden kann[229].

Da in Österreich keine den §§ 317 - 319 BGB entspechende allgemeine Regelung über die Bestimmung der Leistung durch einen Dritten und die Korrektur einer solchen mit einem Willensmangel behafteten oder offenbar unbilligen Bestimmung besteht, empfiehlt Jud[230] zur Lösung der mit der Drittbestimmung (Gutachterbestimmung) zusammenhängenden Probleme analog die Gedanken heranzuziehen, die Jurisdiktion und wissenschaftliche Lehre zu § 1056 ABGB (Bestimmung des Kaufpreises durch Dritte) und zu den §§ 651, 659 ABGB (Verteilung oder Bestimmung von Legatsgegenständen durch Dritte) entwickelt haben. Gemäß diesen Normen und der aus § 1299 ABGB fließenden Diligenzpflicht führt eine unbillige Entscheidung des Gutachters zwar zur Haftung gegenüber den Geschädigten, nicht jedoch zur Unverbindlichkeit des Gutachtens[231].

3. Zulässigkeit und Grenzen vertraglicher Gestaltung

Bis dato existiert in Österreich keine systematische Zusammenstellung weder bezüglich der Zulässigkeit vertraglicher Abfindungsvereinbarungen noch deren Grenzen. Vielmehr beschränkt man sich darauf, punktuell, d.h. kasuistisch, auf die Rechtsprechung des OGH hinzuweisen. Nach Koppensteiner[232] sind „differenzierte Zulässigkeitsschranken" zu beachten. Jud[233] macht unter dem Kapitel „Allgemeine Grenzen der zulässigen vertraglichen Gestaltung" deutlich, daß jeweils nur für den Einzelfall festgestellt werden könne, ob sich die konkreten Abfindungsklauseln diesseits oder jenseits der Zulässigkeitsgrenzen bewegen. Aus diesem Grund herrschte in der Diskussion zur Zulässigkeit von Auseinandersetzungsabsprachen sowohl innerhalb der BRD als auch in Österreich lange Zeit die Ansicht vor, daß Buchwertklauseln, soweit sie nicht auf die Fälle der Anteilspfändung im Sinne des § 135 HGB oder des Gesellschafterkonkurses gem. § 131 Ziff. 5 HGB beschränkt sind, sondern auf alle Ausscheidensfälle sich beziehen, rechtlich grundsätzlich nicht zu beanstanden wären[234]. Des weiteren könnten

228 BGH v. 3. 10. 1957, NJW 1957, S. 1834.

229 So BGH v. 25. 1. 1979, BB 1979, S. 495f.

230 Jud, ÖZW 1978, S. 102ff., 107f.

231 Vgl. Jud, Wertung und Interessenausgleich, S. 128.

232 Koppensteiner, in Straube: Komm. zum 4. EVHGB, Anm. 20 zu Art. 7 Nr. 15 u. 16.

233 Jud, ÖZW 1978, S. 102ff., 104.

234 Ulmer, Wirksamkeitsschranken gesellschaftsvertraglicher Abfindungsklauseln, NJW 1979, S. 81ff.; Jud, ÖZW 1978, S. 104.

Restriktionen der sich aus dem Gesetz ergebenden Auseinandersetzungsansprüche jedenfalls dann unbedenklich bleiben, wenn sie ohne Rücksicht auf den Grund des Ausscheidens vorgesehen sind, sich der Auszahlungszeitraum bei angemessener Verzinsung auf nicht mehr als zehn Jahre erstreckt und bei Bemessung der Abfindung die Buchwerte nicht unterschritten werden[235].

Das bundesdeutsche Schrifttum als auch der BGH haben sich minutiös der allgemeinen Zulässigkeitskriterien angenommen. Danach sind Abfindungsklauseln in jedem Fall unwirksam, wenn sie nach § 138 BGB sittenwidrig sind[236]. Gleiches gilt auch für Österreich, wie § 879 ABGB klarstellt. Daneben sind vertragliche Regelungen unzulässig, wenn dadurch die persönliche Entscheidungsfreiheit des Gesellschafters im Zeitpunkt der beabsichtigten Kündigung angesichts wirtschaftlich nachteiliger Folgen, bedingt durch eine erhebliche Diskrepanz zwischen Anteilswert und Abfindungsbetrag, unvertretbar eingeengt werde[237]. Dieses an der Schranke der §§ 723 Abs. 3 BGB, 133 Abs. 3 HGB gemessene Argument zählt in gleicher Weise in Österreich wegen der dort gleichlautenden Bestimmung des Art. 7 Nr. 14 4. EVHGB. Schließlich darf wegen der Vorrangigkeit des Gläubigerschutzes der Abfindungsanspruch auch für den Fall der Kündigung durch einen Privatgläubiger nach § 135 HGB oder des Gesellschafterkonkurses gem. § 131 Ziff. 5 HGB nicht niedriger sein als für andere Arten des Austretens[238]. Jud[239] anerkennt diese Barriere auch für Österreich als allgemeinverbindlich.

Mit dem Prinzip der materialen Vertragsgerechtigkeit verfolgt der BGH[240] weiter den Gedanken, im Sinn des Gleichbehandlungsgebots bzw. der Treuepflicht auch beim Ausscheiden von Gesellschaftern deren Interesse zu respektieren und willkürliche Nachteile zu vermeiden. Damit enden offenbar unbillige Klauseln an den Maximen der unmittelbaren Vertragsgerechtigkeit bzw. der Interessenausgewogenheit.

---

[235] So Jud, ÖZW 1978, S. 104 u. K. Schmidt, Gesellschaftsrecht, S. 1098. Unter Hinweis auf das neuere gesellschaftsrechtliche Schrifttum hält der 2. Senat des BGH eine zehn Jahre übersteigende Abfindungszeit stets für rechtlich unzulässig, vgl. Urt. v. 9. 1. 1989, WM 1989, S. 783 ff., 785. Es könne lediglich darüber gestritten werden, ob eine Laufzeit der Abfindungsraten bis zu zehn Jahren sittengemäß und unter dem Blickwinkel der Kündigungsfreiheit im Sinne des § 723 BGB nicht zu beanstanden ist, solange die Auszahlungsmodalitäten im ganzen noch als sachgemäß anzuerkennen sind.

[236] Vgl. hierzu Ulmer, NJW 1979, S. 81 ff., 82 f.; ders., in Münchner Kommentar zum BGB, Rz. 32 zu § 738.

[237] Ulmer, in Münchner Kommentar, Rz. 33 zu § 738.

[238] Ulmer, in Münchner Kommentar, Rz. 34 zu § 738.

[239] Jud, ÖZW 1978, S. 104.

[240] BGH v. 13. 7. 1981, BB 1981, S. 1727 ff. in Ergänzung von BGHZ 68, S. 212 ff. (BGH v. 20. 1. 1977).

4. Vereinbarter Abfindungsausschluß

Ein Ausschluß des Auseinandersetzungsanspruches in toto vel in parte unter Buchwert ist sittenwidrig und damit unzulässig[241]. Hiervon ausgenommen ist zunächst eine gesellschaftsvertragliche Bestimmung des Inhalts, daß bei Tod eines Gesellschafters die Gesellschaft unter den Verbleibenden fortgesetzt wird und die Beteiligung des Verstorbenen entschädigungslos wegfällt, die Erben also keinen Abfindungsanspruch haben. Ein derartiger Ausschluß in Gänze ist legitim[242]. Soweit eine solche Regelung für alle Gesellschafter gleichermaßen vereinbart ist oder aber umgekehrt aus sachlichen Gründen für bestimmte Gesellschaftergruppen (etwa nur für die Kommanditisten), können gegen diese Klausel in der Tat keinerlei Bedenken erhoben werden. Die Gesellschafter sind im Moment des gesellschaftsvertraglichen Abschlusses grundsätzlich frei, die Angelegenheiten nach ihren Bedürfnissen zu ordnen[243]. Dabei handelt es sich weder um eine Schenkung der Erben an die verbleibenden Gesellschafter noch im Zeitpunkt der Vereinbarung um eine Schenkung unter Gesellschaftern[244]. Dies entspricht auch der gefestigten Rechtsprechung des OGH, nach der es sich trotz „unentgeltlicher" Anwachsung beim Ausschluß der Abfindung bei todbedingtem Ausscheiden des Gesellschafters nicht um eine Schenkung auf den Todesfall gem. §§ 1 NotZwG, 956 ABGB handelt[245].

Während der gesellschaftsvertraglich vereinbarte Abfindungsausschluß für den Todesfall eines Gesellschafters unter der Voraussetzung gleichmäßiger Regelung für alle Mitglieder der Personalunion von Lehre und Judikatur nicht als Schenkung interpretiert wird[246], ist man sich über den Charakter des einseitigen Abfindungsausschlusses zu Lasten bestimmter oder eines bestimmten Gesellschafters uneinig. Der OGH[247] erkennt auch im nicht wechselseitig vereinbarten Abfin-

---

[241] Vgl. Ulmer, in Münchner Kommentar, Rz. 40 zu § 738; ders., NJW 1979, S. 81 ff., 84; Baumbach/Duden/Hopt, HGB-Komm., Anm. 5 I zu § 138; Palandt, BGB-Komm., § 738 Anm. 2 d; ebenso Jud, ÖZW 1978, S. 104. Der 2. Senat des BGH hat am 9. 1. 1989 erneut grundsätzlich klargestellt, daß etwa die Kürzung des Abfindungsanspruchs auf die Hälfte des buchmäßigen Kapitalanteils nicht mehr als ein rechtlich zulässiger „Abschlag" anzusehen ist. Einer Beschränkung des Abfindungsanspruchs auf die Hälfte des Buchwertes müsse nach § 138 Abs. 1 BGB die rechtliche Anerkennung versagt bleiben. A. A. allerdings noch die Berufungsinstanz (OLG Hamm).

[242] RG v. 23. 10. 1934, RGZ 145, S. 289 ff.; BGH v. 22. 11. 1956, BGHZ 22, S. 186 ff.; Engel, Abfindungsklauseln – eine systmatische Übersicht, NJW 1986, S. 345 ff., 347; Rasner, Abfindungsklauseln in OHG- und KG-Verträgen, NJW 1983, S. 2905 ff., 2910 mit umf. Nachw.

[243] Rasner, NJW 1983, S. 2910.

[244] BGH v. 22. 11. 1956, BGHZ 22, S. 186 ff.

[245] OGH v. 3. 6. 1950, SZ 23/182.

[246] BGH v. 14. 7. 1971, WM 1971, S. 1338 ff.; Baumbach/Duden/Hopt, HGB-Komm., Anm. 5 H zu § 138; Koppensteiner, in Straube: Komm. zum 4. EVHGB, Anm. 21 zu Art. 7 Nr. 15 u. 16; OGH v. 3. 6. 1950, SZ 23/182.

dungsausschluß keine Schenkung auf den Todesfall, sondern eine gesellschaftsrechtliche, keinesfalls sittenwidrige Vereinbarung[248]. An dieser Rechtsauffassung üben Kastner[249] und Koppensteiner[250] Kritik. Die deutsche Rechtsprechung verneint für den Fall des einseitigen Abfindungsausschlusses zu Lasten bestimmter Gesellschafter zwar die Schenkung nicht, nimmt jedoch an, daß sie durch Zuwendung der Anwartschaft auf den Anteil an die Begünstigten bereits unter Lebenden vollzogen wurde[251], §§ 2301 Abs. 2, 518 Abs. 2 BGB. Eventuelle Formmängel sind daher als geheilt anzusehen[252].

Nach h. A. in der wissenschaftlichen Lehre[253] erscheint ein Abfindungsausschluß auch dann unbedenklich, wenn dies typisch dem Zweck einer Gesellschaft entspricht, wie z. B. bei Gesellschaften ideeller Art. Jud[254] postuliert hierfür die Zulässigkeit einer ideellen Gewinnverwendung nebst Widmung des Liquidationsertrages für solche Zielsetzungen. Da die Beteiligung an einem derartigen Zusammenschluß regelmäßig auf altruistischen Motiven beruhe, wirke es sich für die Gesellschafter (ebenso wie für die Mitglieder eines Idealvereines) nicht als eine nach § 133 Abs. 3 HGB, Art. 7 Nr. 14 4. EVHGB relevante Beschränkung aus, wenn ihnen beim Ausscheiden kein Abfindungsanspruch zusteht[255]. Als Beispiel sei die von Jud[256] aufgeführte Erfindungsgesellschaft genannt, wo der eine Gesellschafter sein Interesse ausschließlich in der nur durch die Gesellschaft ermöglichten Verbreitung seiner Erfindung sieht, der andere hingegen als alleiniger Kapitalgeber fungiert und den ganzen Gewinn zugeteilt erhält. Hier kann die ideelle Zweckgerichtetheit des Erfinders ohne weiteres zum zulässigen Ausschluß seines gesellschaftsrechtlichen Auseinandersetzungsanspruches führen.

Als letzte Ausnahme wird weiter die Zulässigkeit der Abmachung eines Ausschlusses bzw. einer Kürzung der Abfindung für Gesellschafter mit eingeschränkter Rechtsstellung diskutiert[257]. Rechtlich sind Positionen dieser Art insbesondere dadurch charakterisiert, daß Mitgesellschafter ihren Anteil unentgeltlich bzw. auf

---

247 OGH v. 3. 6. 1950, SZ 23/182.

248 Vgl. OGH v. 16. 3. 1966, JBL 1967, 259 ff.

249 Kastner, Grundriß des österreichischen Gesellschaftsrechts, S. 109.

250 Koppensteiner, in Straube: Komm. zum 4. EVHGB, Anm. 21 zu Art. 7 Nr. 15 u. 16.

251 BGH v. 14. 7. 1971, WM 1971, S. 1338 ff.; Baumbach/Duden/Hopt, HGB-Komm., Anm. 5 H zu § 138; Engel, NJW 1986, S. 345 ff., 347.

252 BGH v. 14. 7. 1971, WM 1971, S. 1339.

253 Jud, ÖZW 1978, S. 102 ff., 105; Ulmer, NJW 1979, S. 81 ff., 83; Engel, NJW 1986, S. 345 ff., 348.

254 Jud, ÖZW 1978, S. 105; ders., in Wertung und Interessenausgleich, S. 133 f.

255 So Ulmer, NJW 1979, S. 81 ff., 85; Hartmann, (Fn. 220), S. 65.

256 Jud, ÖZW 1978, S. 102 ff., 105.

257 Vgl. Flume, Die Abfindung nach der Buchwertklausel für den Gesellschafter minderen Rechts einer Personengesellschaft, NJW 1979, S. 902 ff.; Ulmer, in Münchner Kommentar, Rz. 30 zu § 738.

erbrechtlichem Weg erlangt haben oder ohne Kapitaleinlage der Gesellschaft beigetreten sind[258]. Nach der BGH-Judikatur[259] ist heute nicht mehr nur darnach zu fragen, ob die Vereinbarung einer Ausschließungskündigung ohne wichtigen Grund verbunden mit einem Abfindungsausschluß oder einer Abfindungsbeschränkung als sittenwidrige Regelung unzulässig ist, sondern wie weit eine Gesellschafterstellung minderen Rechts überhaupt noch sachgerecht erscheint oder als Relikt vergangener Zeiten in den rechtshistorischen Unterricht zu verweisen ist. Denn die Tatsache allein, daß dem Gesellschafter die Mittel, mit denen er seine Gesellschafterstellung begründet hat, ganz oder zum überwiegenden Teil geschenkt worden sind, macht ihn nicht zum Gesellschafter „zweiter Klasse". Zwar trifft zu, daß der Beschenkte nichts zu fordern hat, sondern sich mit der Rechtsposition zufriedengeben muß, die der Schenker ihm einräumen will. Hieraus ist aber nicht zu schließen, daß die mit dem Schenkungsempfänger vereinbarte gesellschaftsvertragliche Abfindungsbeschränkung nicht den vom Gesetz (§ 138 BGB) geforderten Mindeststandard genügen muß. Der Gesellschafter kann aus seiner Stellung als Schenker keine besonderen gesellschaftsrechtlichen Privilegien herleiten, sondern muß die Rechtsposition des Beschenkten so, wie sie begründet ist, respektieren.

Dasselbe meinte bereits Engel[260], der schon in den Urteilen des BGH vom 29. 5. 1978[261] bzw. vom 13. 7. 1981[262] eine sich verfestigende Rechtsprechung des höchsten deutschen Zivilgerichts gegen die Berücksichtigung einer besonderen Rechtsstellung für Gesellschafter, die ihre Beteiligung unentgeltlich empfangen haben, erkannte. Der 2. Senat des BGH dürfte mit Entscheidung vom 9. 1. 1989[263] endgültig einen Schlußstrich unter diese Debatte gezogen haben.

5. Übereinkunft einer Beschränkung auf den Buchwert (Buchwertklausel)

Nach herrschender Rechtsauffassung in der BRD wie in Österreich sind abfindungsbeschränkende Regelungen auf den anteiligen Erfolgsbilanzwert unter Ausschluß der stillen Reserven und des Firmenwertes (Buchwert) grundsätzlich zulässig[264]. Allerdings besteht im Schrifttum Streit darüber, ob im Rahmen der

---

[258] Ulmer, NJW 1979, S. 81 ff., 84; Eiselt, NJW 1981, S. 2447 ff.

[259] BGH v. 13. 7. 1981, NJW 1981, S. 2565 ff. und insbesondere v. 9. 1. 1989, WM 1989, S. 783 ff.

[260] Engel, NJW 1986, S. 345 ff., 346.

[261] BGH v. 29. 5. 1978, NJW 1979, S. 104.

[262] BGH v. 13. 7. 1981, NJW 1981, S. 2565 ff.

[263] BGH v. 9. 1. 1989, WM 1989, S. 783 ff.

[264] Baumbach/Duden/Hopt, HGB-Komm., Anm. 5 I mit ausf. Nachw.; OGH v. 5. 12. 1951, SZ 24/333; zuletzt BGH v. 9. 1. 1989, WM 1989, S. 783 ff. und BGH v. 17. 4. 1989, WM 1989, S. 878 ff. Ungeachtet der rechtlichen Zulässigkeit der Buchwertabfindung halten Hennerkes/Binz die Buchwertklausel wirtschaftlich nicht für sinn-

– unter dem Blickwinkel des § 138 BGB gewöhnlich nicht zu beanstandenden – Buchwertklausel gewisse Abschläge zulässig sind[265] bzw. ein Abfindungswert unter dem Buchwert des Kapitalanteils selbst bei Vorliegen besonderer sachlicher Gründe nicht wirksam vereinbart werden kann[266] oder derartige besondere Gründe die an sich für unzulässig zu erachtende Abfindungsbeschränkung rechtfertigen können[267].

Der 2. Senat des BGH hat mit Entscheidung vom 9. 1. 1989[268] einer Beschränkung des Abfindungsanspruchs aus die Hälfte des Buchwertes nach § 138 BGB die rechtliche Anerkennung versagt. Eine derartige Schmälerung des Auseinandersetzungsguthabens stelle einen so entscheidenden Eingriff in die Vermögensposition des ausscheidenden Gesellschafters dar und entferne sich so weit vom gesetzlichen Leitbild des § 728 BGB, daß der Regelungszweck der Vorschrift, dem Gesellschafter eine angemessene Abfindung zu sichern, völlig verfehlt wird.

Nach dem BGH[269] soll die Buchwertklausel definitiv klarstellen, daß die stillen Reserven und der good will außer Ansatz zu bleiben haben, nicht hingegen die offenen Rücklagen, wie überhaupt alle in der Bilanz ausgewiesenen Posten mit Rücklagencharakter. Der ausscheidende Gesellschafter hat danach nur Anspruch auf den auf ihn entfallenden – in der Bilanz offen ausgewiesenen – Anteil am Eigenkapital sowie gegebenenfalls auf nicht im Kapitalanteil enthaltene, stehengebliebene Gewinne. Die in der Bilanz nicht ausgewiesenen Eigenkapitalanteile, nämlich die stillen Reserven, finden keine Berücksichtigung. Hier liegt der entscheidende Unterschied zum Substanzwertverfahren im klassischen Sinn, bei dem ein Anspruch auf das tatsächliche in einem Unternehmen vorhandene Eigenkapital inklusive der stillen Reserven besteht[270]. Regelmäßig führt die Buchwertabfindung zu einer Verminderung des Anspruches des Ausscheidenden, die relativ gering, aber auch sehr gravierend sein kann, z.B. bei alten Gesellschaften mit großem Grundbesitz in guten Lagen (stille Reserven) oder mit dauerhaft guten Gewinnen und daher hohem good will. Natürlich kann die Buchwertklausel aber auch eine höhere Abfindung als dem wirklichen Wert zur Folge haben, was vor allem dann gegeben ist, wenn eine weit vor dem Ausscheidedatum liegende

---

voll, da sich die Buchwerte eines Unternehmens völlig willkürlich entwickeln können und damit in keiner festen Relation zum wirklichen Unternehmenswert stehen. Sie plädieren daher mit beachtenswerten Argumenten für ertragswertabhängige Abfindungsregelungen, vgl. DB 1983, S. 2669ff.

265 Vgl. Ulmer, in Münchner Kommentar, Rz. 28ff. zu § 738.

266 So Reuter, Privatrechtliche Schranken der Perpetuierung von Unternehmen, S. 298 und K. Schmidt, Gesellschaftsrecht, S. 1098.

267 Vgl. Huber, Vermögensanteil, Kapitalanteil und Gesellschaftsanteil an Personengesellschaften des Handelsrechts, S. 329f.

268 BGH v. 9. 1. 1989, WM 1989, S. 783ff.

269 BGH v. 29. 5. 1978, WM 1978, S. 1044ff.

270 Loitlsberger, GRZ 1979, S. 146ff., 147.

Erfolgsbilanz maßgebend sein soll und in der Zwischenzeit erhebliche Verluste eingetreten sind[271].

Zwecks weiterer Vereinfachung erscheint es bei diesem Fixierungsmodell angezeigt, zusätzlich den Bewertungsstichtag mit dem nächst- oder letztgelegenen Bilanzstichtag gleichzusetzen[272]. Daneben empfiehlt sich zur Vermeidung von späteren Streitigkeiten Klarheit darüber zu schaffen, ob bei der Bewertung von der Handels- oder Steuerbilanz ausgegangen werden soll.

Lange Zeit hielt man an der Auffassung fest, daß die nicht lediglich auf die Tatbestände der Anteilspfändung nach § 135 HGB bzw. des Konkurses eines Gesellschafters gem. § 131 Ziff. 5 HGB, sondern auf alle Ausscheidensfälle sich beziehende Buchwertklausel rechtlich nicht zu beanstanden sei[273], doch finden sich zunehmend Stimmen[274], die ihr bei Vorliegen besonderer Umstände die Wirksamkeit versagen. Nachdem die Buchwertklausel als Prototyp der Abfindungsregeln normalerweise eine nicht vollwertige Abfindung bewirkt, muß ihre Zulässigkeit in jedem Fall am Maßstab der §§ 138 BGB, 879 ABGB überprüft werden.

Eine für alle Ausscheidensfälle vorgesehene buchmäßige Abfindungsvereinbarung könnte unter dem Gesichtspunkt eines Knebelungsgeschäftes[275] nichtig sein, weil der Ausscheidende bzw. seine Erben gegebenenfalls in hohem Maße weniger Vermögen als Abfindung erhalten, als ihnen zur Zeit ihrer Beteiligung zustand. Nach h. A.[276] kommt es bei der Prüfung der Sittenwidrigkeit aber allemal auf den Zeitpunkt des Abschlusses der Vereinbarung an. Fällt dieser – wie im Regelfall – in das Gründungsstadium einer Gesellschaft, wo weder ein good will existiert noch die Entwicklung über Jahre bzw. Jahrzehnte zu prognostizieren ist, wird man hierin nichts Verwerfliches erblicken können. Für die Gesellschaftsgründer gibt es hinreichend vernünftige Gründe der Berechnungsvereinfachung und Kapitalerhaltung in der Ausprägung einer Buchwertklausel. Der Vorwurf eines Verstoßes gegen das Anstandsgefühl aller billig und gerecht Denkenden[277] bei Gründung der

[271] Vgl. Sudhoff, ZGR 1972, S. 168ff.; Rasner, NJW 1983, S. 2905ff., 2906f.; Arnold, Die Buchwertklausel im Gesellschaftsrecht und im Recht der Erbschafts- und Schenkungssteuer, RdW 1983, S. 55ff., 59.

[272] So Arnold, RdW 1983, S. 56.

[273] Z.B. BGH v. 29.5.1978, NJW 1979, S. 104.

[274] Z.B. Schilling, Zur Abfindung bei der Ausschließung ohne wichtigen Grund aus einer Personengesellschaft, ZGR 1979, S. 419ff.; Ulmer, NJW 1979, S. 81ff., 84.

[275] OGH v. 24.6.1971, SZ 44/100.

[276] Ulmer, NJW 1979, S. 81ff.; Werner/Jung, Zur Unwirksamkeit von Abfindungsklauseln beim Ausscheiden aus Personengesellschaften – insbesondere freiberuflichen Sozietäten, DB 1982, S. 1503ff., 1504; Engel, NJW 1986, S. 345ff., 346; BGH v. 27.1.1977, WM 1977, S. 399f.; BGH v. 29.5.1978, WM 1978, S. 1044ff.

[277] BGH v. 9.7.1953, BGHZ 10, S. 228ff., 232; BGH v. 29.9.1977, BGHZ 69, S. 295ff., 297.

Gesellschaft ist den Gesellschaftern daher insoweit gewiß nicht zu machen[278]. Im übrigen ist anzunehmen, daß die Mitgesellschafter nicht in erster Linie eine Vermögensverschiebung zu ihren Gunsten, sondern den Zusammenhalt aller Gesellschafter fördern wollen. Keiner von ihnen weiß im Zeitpunkt der Vereinbarung einer Buchwertabfindung fairerweise, wen von ihnen ein etwaiger Vermögensverlust treffen wird. Ein Anhaltspunkt für die Sittenwidrigkeit kann allerdings dann gegeben sein, wenn unter den beteiligten Gesellschaftern bereits bei Vertragsschluß mit erheblichen Substanzwertzuwächsen zu rechnen war und diese Positionen beim Ausscheiden im Abfindungsbetrag nicht anteilsmäßig berücksichtigt werden[279]. Im übrigen ist insbesondere eine Vertragsklausel, welche beinhaltet, daß bei Ausscheiden eines Gesellschafters infolge seines Privatkonkurses oder auf Grund der Kündigung seitens eines seiner Privatgläubiger eine Abfindung zum Buchwert zu erfolgen hat, während bei anderen Ausscheidensfällen ein darüber hinausgehender oder voller Wertausgleich zu treffen ist, wegen sittenwidriger Gläubigerbenachteiligung gem. §§ 138 BGB, 879 ABGB ex tunc für unwirksam zu deklarieren[280].

In der deutschen Literatur wird vermehrt der Rechtsgedanke des § 242 BGB als „bewegliche Schranke“ zum Auffangen individueller Ungerechtigkeiten einer Buchwertabfindung herangezogen[281], da dieses normative Institut der unzulässigen Rechtsausübung (Rechtsmißbrauch) eine Betrachtung des Rechtsverhältnisses zum Ausscheidenszeitpunkt ermöglicht. Trotz des Fehlens einer dem Wortlaut des § 242 BGB entsprechenden Bestimmung im Allgemeinen Bürgerlichen Gesetzbuch gelten die hieraus abzuleitenden Gedanken auch für die österreichische Gesellschaftsrechtsordnung. Zum einen stellt der OGH[282] selbst immer wieder auf den Grundsatz von Treu und Glauben als eines jeder Rechtsordnung vorgegebenen Prinzips ab, zum anderen begründet die Gesellschaft als Rechtsgemeinschaft eine wechselseitige Treuepflicht, die auf den Maximen des redlichen Verkehrs[283] und auf Treu und Glauben beruht[284]. Der Sinngehalt dieser Leitgedanken kann bei der Auslegung von Gesellschafterpflichten im Einzelfall eine geeignete Richtschnur geben[285] und wird gelegentlich auch zur angemessenen Vertragsanpassung heran-

[278] Ulmer, NJW 1979, S. 82; Rasner, NJW 1983, S. 2907.

[279] Vgl. Werner/Jung, DB 1982, S. 1503ff., 1504.

[280] Koppensteiner, in Straube: Komm. zum 4. EVHGB, Anm. 23 zu Art. 7 Nr. 15 u. 16; Rasner, NJW 1983, S. 2905ff., 2910.

[281] Vgl. Ulmer, NJW 1979, S. 83; Esch, Gesellschaftsvertragliche Buchwertabfindung im Falle der Ausschließungskündigung, NJW 1979, S. 1390ff., 1393; Rasner, NJW 1983, S. 2908.

[282] Vgl. OGH v. 20. 12. 1972, JBL 1973, 470ff.; OGH v. 4. 11. 1980, SZ 53/140; OGH v. 6. 9. 1967, MietSlg 19.099.

[283] Vgl. § 914 ABGB, der den §§ 133, 157 BGB entspricht.

[284] OGH v. 11. 10. 1978, JBL 1979, 369ff.

[285] Kastner (Fn. 19), S. 11.

gezogen[286]. Mit Rücksicht auf die so definierte Treuepflicht sind auch willkürliche Schädigungen der Interessen einzelner Mitgesellschafter zu vermeiden[287].

Es stellt sich nun die Frage, ob bei zu starkem Auseinanderklaffen von Buchwert und wahrem Unternehmenswert der Abfindung der Makel der unzulässigen Rechtsausübung anhaftet. Rasner[288] hält unter Hinweis auf die gerade im Personengesellschaftsrecht legislatorisch weitestgehend garantierte Vertragsfreiheit (§§ 731 BGB, 109 HGB) dafür, daß allein die Diskrepanz zwischen buchmäßiger Abfindung und realem Wert nicht ausreicht, um Rechtsmißbrauch zu unterstellen[289]. Der Gesellschafter, der kündigen will oder aus einem anderen Grunde ausscheidet, hat zunächst den Rechtszustand hinzunehmen, wie er ihn selbst unterzeichnet oder von seinem Rechtsvorgänger übernommen hat. Für das Vorliegen unzulässiger Rechtsausübung müsse nach Rasner[290] nicht nur ein schwerer Nachteil auf Seiten des Ausscheidenden, sondern auch ein Mitwirken der verbleibenden Gesellschafter in dieser Richtung zu erkennen sein. Zu denken wäre an den Fall der Vornahme hoher Abschreibungen, um dadurch künstlich den Buchwert zu manipulieren. In solchen oder ähnlich gelagerten Konstellationen könnte eine Berufung des Ausscheidenden auf § 242 BGB für gerechtfertigt erkannt werden[291].

Zu einem ähnlichen Ergebnis gelangt Esch[292], der eine Abfindung zum Buchwert im Einzelfall als unzulässige Rechtsausübung für ungültig hält. Seiner Ansicht nach liegt Rechtsmißbrauch dann vor, wenn geringfügig schutzwürdigen Eigeninteressen des Berechtigten unverhältnismäßig schwere Nachteile des anderen Vertragspartners entgegenstehen. Dies gilt vor allem in einer Personalunion wegen der gerade dort sehr stark ausgeprägten gesellschaftsrechtlichen Treuepflicht.

Nach Ulmer[293] ist, sofern der Buchwert um ein Mehrfaches hinter dessen realem Wert zurückbleibt, bei Ausübung eines vertraglichen Ausschluß- oder Übernahmerechts den Mitgesellschaftern die Berufung auf die Buchwertklausel wegen Änderung der Geschäftsgrundlage oder wegen Rechtsmißbrauchs zu verwehren. Eine schematische Grenze, deren Überschreiten den Einwand der unzulässigen Rechtsausübung auslösen würde, vermag er selbst nicht anzubieten. Er begnügt sich daher mit einem Verweis auf das Urteil des BGH vom 23. 10. 1972[294], in

---

[286] Doralt, in: Kastner/Stoll, S. 258.
[287] Vgl. Ulmer, NJW 1979, S. 83.
[288] Rasner, NJW 1983, S. 2908.
[289] Ebenso Sudhoff, ZGR 1972, S. 168.
[290] Rasner, NJW 1983, S. 2908.
[291] Rasner, NJW 1983, S. 2909.
[292] Esch, NJW 1979, S. 1390ff., 1394.
[293] Ulmer, NJW 1979, S. 83.
[294] BGH v. 23. 10. 1972, NJW 1973, S. 651 f.

welchem die kritische Grenze bei ca. 20% des gesetzlichen Abfindungsguthabens gezogen wird.

Problematisch ist vor allem die einvernehmliche buchwertmäßige Beschränkung vor dem Hintergrund der wenigen zwingenden Regelungen des Gesellschaftsrechtes betreffend die Kündigung des Gesellschafters in §§ 131 - 144 HGB. Abgesehen von der zulässigen Vereinbarung einer Gesellschaft auf Zeit, während der nicht ordentlich gekündigt werden kann oder eine vereinbarte Kündigungsfrist läuft (vgl. §§ 131 Ziff. 1, 134 HGB), muß dem Gesellschafter die ordentliche Kündigung prinzipiell erlaubt sein. Jede entgegenstehende Vereinbarung wäre nichtig[295]. Termine und Kündigungsfristen unterliegen jederzeit vertraglicher Gestaltung[296]. Der völlige Ausschluß der Kündigung der Gesellschaft auf unbestimmte Dauer ist hingegen indisponibel[297]. Wenn im Gesellschaftsvertrag vereinbart ist, daß die Verbleibenden gem. § 138 HGB die Gesellschaft fortzusetzen haben oder die Fortführung der Gesellschaft ein- oder mehrstimmig beschließen können, ist der Kündigende abzufinden. In diesem Zusammenhang erhebt sich nun die Frage, ob eine Abfindungsklausel, die ein erhebliches Mißverhältnis zwischen dem Abfindungsguthaben (Buchwert) und dem wahren Unternehmenswert erzeugt, eine unzumutbare Erschwerung der Kündigung bedeutet und deshalb unzulässig sein kann[298]. Zwar versetzen große Diskrepanzen zwischen buchwertmäßiger Abfindung und wahrem Wert der Beteiligung den ausscheidungswilligen Gesellschafter in eine Zwangssituation, die dazu führt, daß er sich die von ihm an sich gewollte Kündigung des Gesellschaftsverhältnisses noch einmal sehr genau überlegen wird, um eine erhebliche Beeinträchtigung seiner Vermögenssituation zu vermeiden[299]. Rechtlich allerdings beschränkt ihn die Buchwertklausel nicht, denn er kann und darf kündigen, wie es der Gesellschaftsvertrag vorsieht.

Entsprechend Ulmer[300] greifen die das Kündigungsrecht garantierenden zwingenden Vorschriften unter Umgehungsgrundsätzen auch dann ein, wenn die Wirkung der Abfindungsklausel darauf hinausläuft, den kündigungswilligen Gesellschafter wegen der wirtschaftlich nachteiligen Folgen einer Kündigung zum Verzicht auf die Kündigungserklärung zu veranlassen. Auf eine Umgehungs-

---

[295] Vgl. Rasner, NJW 1983, S. 2907; Engel, NJW 1986, S. 346.

[296] OGH v. 11.10.1978, JBL 1979, 369ff.

[297] Kastner (Fn. 19), S. 97. Der Rechtsgedanke des § 723 Abs. 3 BGB gilt verstärkt für die OHG und KG, vgl. BGH v. 14.11.1953, NJW 1954, S. 106, und entsprechend für die stille Gesellschaft, vgl. BGH v. 20.12.1956, BGHZ 23, S. 10ff.; vgl. im übrigen Baumbach/Duden/Hopt, HGB-Komm., Anm. 3A zu § 132; Palandt, BGB-Komm., § 723 Anm. 3.

[298] Vgl. BGH v. 24.9.1984, NJW 1985, S. 192f.; Baumbach/Duden/Hopt, HGB-Komm., Anm. 5I zu § 138.

[299] Rasner, NJW 1983, S. 2908.

[300] Ulmer, NJW 1979, S. 83.

absicht der Mitgesellschafter komme es dabei nicht an. Entscheidend sei allein, daß mit Rücksicht auf die erhebliche Diskrepanz zwischen Anteilswert und Abfindungsbetrag die Entschließungsfreiheit des Gesellschafters im Zeitpunkt der beabsichtigten Kündigung typischerweise spürbar eingeengt werde[301].

Unter Bezugnahme auf die grundsätzlichen Entscheidungen des BGH vom 28.5.1979[302] bzw. vom 25.9.1980[303] sehen auch Werner/Jung[304] in der Buchwertklausel eine unzulässige Beschränkung des Kündigungsrechtes, wenn der Buchwert erheblich hinter dem wahren Wert zurückbleibt. In diese Richtung tendiert auch Engel[305], der jede substanzielle Verminderung der Abfindung und somit auch die buchwertmäßige Abfindung als unzumutbare Erschwerung des Kündigungsrechtes qualifiziert, so wie dies der BGH im Erkenntnis vom 24.9.1984[306] noch einmal hinreichend deutlich gemacht hat.

Einen anderen methodischen Ansatz wählt Rasner[307], der bei der Prüfung der Zulässigkeit der Buchwertklausel im Verhältnis zu den zwingenden Kündigungsvorschriften in §§ 723 Abs. 3 BGB, 133 Abs. 3 HGB auf den Parteiwillen abstellt und den mit der Norm verfolgten Zweck untersucht. Er gelangt dabei zu dem Ergebnis, daß die buchwertmäßige Beschränkung keine rechtliche Einengung des Kündigungsrechtes darstellt. Der Gesellschafter kann vielmehr entsprechend der gesetzlichen Regelung kündigen, so wie es im Gesellschaftsvertrag steht. Eine rechtliche Beschneidung sei aber auch nicht Sinn und Zweck der Klausel: Der Gesellschafter soll kündigen können, aber er möge es sich im Interesse der Gesellschaft und der Gesamtheit der Gesellschafter überlegen und gegebenenfalls gewisse Nachteile in Kauf nehmen, wenn er die Kündigung ausspricht[308]. Gehe man von der unbestrittenen teleologischen Interpretation des in § 723 Abs. 3 BGB, Art. 7 Nr. 14 4. EVHGB verankerten Schutzes auch der wirtschaftlichen bzw. finanziellen Sphäre des Gesellschafters aus, müßte man immer, also auch bei der kleinsten Differenz zwischen Buchwert und wahrem Wert, für die Kündigung seitens eines Gesellschafters die Buchwertbestimmung außer Kraft setzen[309]. Diese Konsequenz ziehen aber die weitaus meisten Verfechter der These, daß die genannten Rechtsnormen der Buchwertklausel bei Kündigung entgegenstünden,

---

301 So auch BGH v. 23.10.1972, NJW 1973, S. 651f.

302 BGH v. 28.5.1979, WM 1979, S. 1064ff. betr. die Abfindung des aus einer Anwaltssozietät ausscheidenden Rechtsanwalts.

303 BGH v. 25.9.1980, WM 1980, S. 1362f.

304 Werner/Jung, DB 1982, S. 1503ff., 1504.

305 Engel, NJW 1986, S. 345ff., 347.

306 BGH v. 24.9.1984, NJW 1985, S. 192f.

307 Rasner, NJW 1983, S. 2908.

308 Vgl. hierzu Ulmer, NJW 1979, S. 82 sowie BGH v. 23.10.1972, NJW 1973, S. 651f.

309 So weit geht nur Reuter, Privatrechtliche Schranken der Perpetuierung von Unternehmen, S. 299f.; ders., in AG 1982, S. 82f. (Buchbesprechung von Kübler's Gesellschaftsrecht, 1981).

nicht. Vielmehr wird in jedem Fall ein erhebliches Mißverhältnis der beiden Werte gefordert[310].

In seinem Lösungsansatz für dieses Problem stellt Rasner[311] bezüglich der Frage der Gesetzesumgehung auf den Zeitpunkt der Vereinbarung der Abfindungsklausel ab. Im Sinne des Wortlautes von §§ 723 Abs. 3 BGB, 133 Abs. 3 HGB, Art. 7 Nr. 14 4. EVHGB, wonach dem Inhalt dieser Bestimmungen entgegenstehende Vereinbarungen nichtig seien, zieht er den Schluß, daß eine Vereinbarung über die Abfindung nicht heute wirksam, morgen nichtig und übermorgen wieder wirksam sein kann. Dies wäre aber auf Grund der sich ständig ändernden Vermögensverhältnisse der Gesellschaft gegeben, wenn es auf die Differenz zwischen wahrem Wert und Buchwert ankäme. Wegen der ständig wechselnden Wertverhältnisse müßte die Frage der Nichtigkeit dann unterschiedlich zu beantworten sein, wenn ein Gesellschafter nach zehn Jahren, ein zweiter nach zwanzig Jahren und ein dritter nach dreißig Jahren kündigt[312].

Rasner resümiert, daß angesichts der erforderlichen Abstellung auf den Vereinbarungszeitpunkt, der regelmäßig mit der Gründung der Gesellschaft zusammenfällt, eine in diesem Moment gültige Bindung (Buchwertklausel) auch durch die Verschiebung der Differenz zwischen wahrem Wert und Buchwert nicht ungültig wird und eine buchwertmäßig Beschränkung somit für den wichtigsten Fall ihres Wirksamwerdens, nämlich der freiwilligen Kündigung seitens des Gesellschafters, nicht entgegensteht. Dies entspricht zugleich der Auffassung von Hueck[313].

Angesichts der in Österreich herrschenden Meinung[314], wonach eine gesellschaftsvertragliche Einschränkung der Abfindung auf die Buchwerte weitestgehend unproblematisch ist, sowie der im Personengesellschaftsrecht besonders stark ausgeprägten Gestaltungsfreiheit und einem teleologisch interpretierten Charakter der Abfindungsklauseln erscheint die von Rasner dargelegte – in sich logische Ansicht – vom Ausgangspunkt und ihrer klar durchdachten Konsequenz her schlüssig und unter mündigen Partnern angemessen. Im Spannungsfeld zwischen privatautonomer Gestaltung und Ergebniskorrektur über § 242 BGB aus

---

310 Vgl. Heckelmann, Abfindungsklauseln in Gesellschaftsverträgen, S. 126.

311 Rasner, NJW 1983, S. 2905 ff.; a. A. Ulmer, NJW 1979, S. 82, der umgekehrt den Zeitpunkt der beabsichtigten Kündigung für maßgeblich hält.

312 Rasner, NJW 1983, S. 2908. Der 2. Senat des BGH hat mit Urteil v. 17. 4. 1989, WM 1989, S. 878 ff., dieser Rechtsauffassung unter Hinweis auf Kellermann, Steuerberaterjahrbuch 1986/87, S. 411, widersprochen und Rasner vorgehalten, er lasse außeracht, daß es nicht um eine unmittelbare Anwendung des § 723 Abs. 3 BGB, sondern darum gehe, die vertragliche Vereinbarung insoweit nicht anzuwenden, als sie dem Verbot, das Kündigungsrecht entgegen § 723 Abs. 1 und 2 BGB zu beschränken, entgegensteht.

313 Hueck, Das Recht der OHG, S. 365.

314 Vgl. Kastner (Fn. 19), S. 109; Jud, ÖZW 1978, S. 102 ff., 104; Haas, Abschichtung zum Buchwert als Schenkung?, JBL 1955, S. 8 ff.; s. hierzu auch die Ergänzung von Kastner, JBL 1955, S. 138 f.

dem Gesichtspunkt von Treu und Glauben ist ersterer der Vorzug einzuräumen, will man nicht die Freiheit des einzelnen als von vorneherein zu stark reglementiert mißverstehen.

Anders wiederum könnte es sich verhalten im Fall einer fristlosen Kündigung des Gesellschafters aus wichtigem Grund. Als Dauerschuldverhältnis kann die Gesellschaft jederzeit ohne Einhaltung einer Kündigungsfrist aus wichtigem Grund aufgelöst werden, § 723 Abs. 1 S. 2 BGB. Ein Ausschluß oder eine Beschränkung dieses Rechtes durch den Gesellschaftsvertrag ist nach §§ 723 Abs. 3 BGB, 133 Abs. 3 HGB, Art. 7 Nr. 14 4. EVHGB unzulässig. Dagegen kann wirksam vereinbart werden, daß der auf Auflösung dringende Gesellschafter ausscheidet und die Gesellschaft von den übrigen Mitgliedern fortgesetzt wird[315]. Ein wichtiger die sofortige Auflösung rechtfertigender Grund muß insbesondere in der Unzumutbarkeit eines weiteren Verbleibens des Ausscheidenden in der Gesellschaft gesehen werden[316].

Wie bereits zur ordentlichen Kündigung dargelegt, sind solche Fälle in Bezug auf die Buchwertklausel nicht aus dem Gedanken der Sittenwidrigkeit zu lösen, da im Zeitpunkt der Vereinbarung solcher Klauseln keine Veranlassung bestand, die vielen möglichen Fälle einer Kündigung aus wichtigem Grund seitens des Gesellschafters in den Vertrag einzubeziehen. Die Frage muß daher, wie Rasner[317] zutreffend deutlich macht, lauten, ob das Institut des Rechtsmißbrauchs zu einer Lösung verhelfen kann.

Ist der wichtige Grund von allen verbleibenden Gesellschaftern schuldhaft gesetzt oder sogar provoziert worden, um den Gesellschafter zur fristlosen Kündigung zu bewegen, ist aus dem Aspekt des Rechtsmißbrauches eine Berufung der verbleibenden Gesellschafter auf die Buchwertklausel zu versagen. Hat nur einer von den fortführungswilligen Geschäftspartnern den wichtigen Grund zu vertreten, dann ist nach Rasner[318] dessen Verhalten auch den anderen Mitgesellschaftern zuzurechnen, da das Verhalten des einen Mitkollegen zum Ausscheiden des kündigenden Gesellschafters und damit zum Anwachsen seines Gesellschaftsanteiles bei den anderen Gesellschaftern führt. Ein partielles Geltendmachen des Einwandes des Rechtsmißbrauches nur gegenüber einem von mehreren verbleibenden Gesellschaftern muß abgelehnt werden, da der Abfindungsanspruch – gleichgültig, ob der Adressat des Anspruches die Gesellschaft selbst oder die Gesellschafter sind – einheitlich zu berechnen ist. Hat keiner der Verbleibenden einen wichtigen Grund gesetzt, sondern ist die Ursache entweder vom Ausschei-

---

[315] Vgl. Hämmerle/Wünsch, Handelsrecht II, S. 135f.; Kastner (Fn. 19), S. 99; Baumbach/Duden/Hopt, HGB-Komm., Anm. 4 zu § 133.

[316] Baumbach/Duden/Hopt, HGB-Komm., Anm. 3 zu § 133; Palandt, BGB-Komm., § 723 Anm. 1 b; OGH v. 9. 11. 1966, HS 5143.

[317] Rasner, NJW 1983, S. 2909f.

[318] Rasner, NJW 1983, S. 2910.

denden selbst oder von niemandem zu vertreten, findet der Einwand der unzulässigen Rechtsausübung keinen Platz und der kündigende Gesellschafter muß sich an die Buchwertklausel halten lassen. Ulmer[319] erkennt wie bei der ordentlichen Kündigung auch im Fall der außerordentlichen Beendigung in der Buchwertklausel eine die Entschließungsfreiheit des Gesellschafters im Zeitpunkt der beabsichtigten Kündigung unzulässige Beeinträchtigung der Kündigungsfreiheit. Dies vor allem deshalb, weil er im Gegensatz zu Rasner auf den Zeitpunkt der beabsichtigten Kündigung abstellt. Für eine grundsätzliche Unwirksamkeit der Buchwertklausel in solchen Situationen tritt Engel[320] ein, der die Vereinbarung einer Buchwertabfindung bei der außerordentlichen Kündigung aus – allerdings unverschuldetem – wichtigem Grund als unvertretbare Einengung des Kündigungsrechts sieht. Noch weiter geht Flume[321], wonach jegliche über eine bloße Bewertungsregelung hinausgehende Abfindungsbeschränkung im Fall der außerordentlichen Kündigung aus wichtigem Grund für unwirksam deklariert werden müsse.

Ferner geht es um die Frage der Zulässigkeit einer buchwertmäßigen Abfindungsbestimmung, wenn ein Gesellschafter auf Grund vertraglich ermöglichten Mehrheitsbeschlusses von seinen übrigen socii hinausgekündigt werden kann, § 140 HGB. Derartige Regelungen finden sich sehr häufig, so beispielsweise für den Fall der ererbten oder auf sonstige Weise unentgeltlich erworbener Gesellschaftsanteile, um zu einem wirtschaftlich ungünstigen Augenblick keine hohen Abfindungen leisten zu müssen[322]. Aber auch im Rahmen der besonderen familiären Bindung einer Familienpersonengesellschaft finden sich Vertragsbestimmungen, die eine derartige Ausschließungskündigung zulassen[323]. Zu erwähnen ist auch der Fall, daß eine Gesellschaft einen Manager nicht anstellt, sondern mit jederzeitiger Ausschlußmöglichkeit in die Gesellschaft integrieren möchte[324]. Was die Zulässigkeit der vertraglichen Aufnahme der Ausschließungskündigung anbelangt, hat die h.M.[325] keinerlei Bedenken. Wie bereits dargelegt, ist weder die Buchwertabfindung per se noch die Ausschließungskündigung rechtlich problematisch. Die Frage ist, ob eine Kombination beider Regelungsinstrumente zur Annahme der Sittenwidrigkeit führen kann. Dazu ist grundsätzlich noch einmal in das Gedächtnis zu rufen, daß die für alle Möglichkeiten des Ausscheidens platzgreifende Buchwertklausel einer Diskussion der Sittenwidrigkeit im allge-

---

319 Ulmer, NJW 1979, S. 83.

320 Engel, NJW 1986, S. 347.

321 Flume, DB 1986, S. 629ff.

322 Flume, NJW 1979, S. 902f.; Esch, NJW 1979, S. 1392.

323 Jud, ÖZW 1978, S. 105.

324 Flume, NJW 1979, S. 903; Engel, NJW 1986, S. 346.

325 Koppensteiner, in Straube: Komm. zum 4. EVHGB, Anm. 22 zu Art. 7 Nr. 15 u. 16; Westermann, Handbuch der Personengesellschaft, Rz. 403, 423; BGH v. 16.12.1960, BGHZ 34, S. 80ff.; BGH v. 20.1.1977, BGHZ 68, S. 212ff.

meinen keinen Nährboden bietet. Nicht gefolgt werden kann demnach der Rechtsauffassung des BGH im Urteil vom 29. 5. 1978[326], wonach für den Fall einer Ausschließungskündigung eine generelle, für alle Ausscheidensfälle vereinbarte, gesellschaftsvertragliche Buchwertabfindungsklausel gem. § 138 BGB nichtig wäre. Für die Beurteilung der Sittenwidrigkeit kommt es allein auf den Zeitpunkt der vertraglichen Gestaltung und nicht auf den der Ausschließungskündigung an[327]. Obwohl grundsätzlich Sittenwidrigkeit einer Buchwert-Ausschließungskündigung nicht zur Debatte steht, sind die im folgenden beschriebenen Sonderfälle zu beachten.

Unzulässig sein kann die Vereinbarung einer Abfindung zu Buchwerten bei vertraglicher Ausschließung ohne sachlichen Grund[328]. Hierbei besteht die Gefahr, daß die jederzeitige Ausschlußmöglichkeit ohne wichtigen sachlichen Grund mit Buchwertabfindung die ausschlußberechtigten Gesellschafter zu einem Mißbrauch ihrer Macht verleitet, um sich auf Kosten des Ausgeschlossenen zu bereichern[329]. Ob die Ausschließungskündigung ohne wichtigen Grund schon im Zeitpunkt des Vertragsschlusses eine sittenwidrige Klausel darstellt oder ob die Unwirksamkeit einer solchen Bestimmung bei gleichzeitiger Buchwertabfindung über das Institut der unzulässigen Rechtsausübung hergestellt werden soll, darüber sind sich Lehre und Rechtsprechung nicht einig[330]. Bedenken gegen die sonst prinzipielle Zulässigkeit der buchwertmäßigen Abfindung in Schrifttum und Jurisdiktion[331] werden dann erhoben, wenn die Buchwertklausel nur für bestimmte Ausscheidensfälle gelten soll. Dieser Differenzierung ist schon hinsichtlich des im Gesellschaftsrecht gültigen Grundsatzes der Gleichbehandlung ebenso wie aus Gläubigerinteressensgesichtspunkten zuzustimmen. Mit den gleichen Bedenken ist der Fall zu behandeln, daß die Buchwertabfindung nur bei Ausschließungskündigung gelten soll, während in anderen Ausscheidensfällen höhere Abfindungen vereinbart sind. Für diesen Fall – aber eben auch nur für diese Variante – finden die Erwägungen des BGH im erwähnten Urteil vom 29. 5. 1978 Anerkennung, daß Anreiz und Gefahr bestehen, daß die kündigungsberechtigten Gesellschafter von ihren Ausschließungsrechten aus sachfremden Erwägungen und willkürlich Ge-

[326] BGH v. 29. 5. 1978, NJW 1979, S. 104.

[327] So u.a. Esch, NJW 1979, S. 1395; Flume, NJW 1979, S. 902; Ulmer, NJW 1979, S. 81.

[328] Vgl. BGH v. 29. 5. 1978, NJW 1979, S. 104 und BGH v. 9. 1. 1989, WM 1989, S. 783 ff. (und hier § 10 Abs. 9 des KG-Gesellschaftsvertrages v. 27. 12. 1972 lt. Sachverhalt). Nach Baumbach/Duden/Hopt, HGB-Komm., Anm. 5I zu § 138, ist in diesem Fall regelmäßig schon die Ausschließung selbst für unzulässig anzusehen.

[329] Engel, NJW 1986, S. 346.

[330] Vgl. zum Problem BGH v. 29. 5. 1978, NJW 1979, S. 104 ff.; BGH v. 24. 9. 1984, NJW 1985, S. 192 f.; Engel, NJW 1986, S. 346 f.

[331] Jud, ÖZW 1978, S. 104; Kastner (Fn. 19), S. 109; BGH v. 29. 5. 1978, NJW 1979, S. 104.

brauch machen, um sich zu bereichern. Allein unter diesen Voraussetzungen ist der Vorwurf der Sittenwidrigkeit zu bejahen[332].

Liegen nun im Zeitpunkt der Ausschließungskündigung, also einem späteren, gegebenenfalls um Jahre entfernteren Zeitpunkt Umstände vor, die eine krasse Unbilligkeit der Ausschließungskündigung ergeben, so stellt dies bei Existenz einer buchmäßigen Abfindungsklausel keinen Fall der Sittenwidrigkeit dar, sondern bei Vorliegen entsprechender Gegebenheiten einen Fall unzulässiger Rechtsausübung. Zu denken wäre daran, daß eine Gesellschaft jahrelang Verluste erlitten hat, an denen der auszuschließende Gesellschafter beteiligt worden ist und nunmehr die Gesellschaft zunehmend höhere Gewinne erwirtschaftet oder an die Situation hoher Geldentwertung bei vertraglich vorgesehenem langen Auszahlungszeitraum[333]. Bei diesen Konstellationen könnte eine Abfindung zu Buchwerten als unzulässige Rechtsausübung ungültig sein, da die kündigungsberechtigten Gesellschafter bei der Ausschließungskündigung aus sachfremden Erwägungen willkürlich und in Bereicherungsabsicht handeln. Nur das Rechtsinstitut der unzulässigen Rechtsausübung ermöglicht es, auf den für diese Fälle relevanten Augenblick, nämlich den des Ausscheidens des Gesellschafters, abzustellen. Ergibt sich im Einzelfall, daß zum Ausschließungszeitpunkt der ausgeschlossene Gesellschafter durch die gesellschaftsvertraglich bestimmte Buchwertabfindung nach den gesamten Umständen des Falles schwer geschädigt wurde, daß die Ausschließung sachfremd und willkürlich motiviert bzw. aus Bereicherungsabsichten geschieht[334], dann ist dem ausgeschlossenen Gesellschafter mit dem Instrument des Einwandes unzulässiger Rechtsausübung zu helfen. Damit ist nicht nur eine Abstellung auf den richtigen Moment gesichert, sondern auch gewährleistet, daß die Frage der Bereicherung und der zu mißbilligenden Motive der kündigungsberechtigten Gesellschafter nur auf Grund der aktuellen Gegebenheiten und nicht auf Grund hypothetischer Erwägungen und Unterstellungen geprüft wird[335]. Esch kommt somit in seinem Beitrag zu dem auch von Rasner[336] getragenen Ergebnis, daß, wenn im Einzelfall für den Augenblick der Ausschließung ein krasses Mißverhältnis zwischen Buchwert und wahrem Wert vorliegt, den ausschließungsberechtigten Gesellschaftern einerseits keine nennenswerten schutzwürdigen Interessen zur Seite stehen, der ausgeschlossene Partner andererseits unverhältnismäßig geschädigt wird und die verbleibenden socii weiters aus sachfremden Erwägungen, insbesondere aus Bereicherungsabsicht oder Willkür handeln, dem hinausgekündigten Kollegen der Einwand der unzulässigen Rechtsausübung offensteht.

---

332 Vgl. Esch, NJW 1979, S. 1390.

333 Esch, NJW 1979, S. 1390.

334 Interessant hierzu BGH v. 29. 5. 1978, NJW 1979, S. 104.

335 Esch, NJW 1979, S. 1393.

336 Rasner, NJW 1983, S. 2908.

Wenn seit dem Zeitpunkt der Vereinbarung der Abfindungsklausel erhebliche und unvorhersehbare Wertänderungen eingetreten sind und die ehedem abgestimmte Buchwertklausel nunmehr dazu führt, daß das Auseinandersetzungsguthaben erheblich hinter dem realen Anteilswert zurückbleibt, taucht das Problem auf, ob den Mitgesellschaftern die Berufung auf die buchwertmäßige Abstandszahlung wegen Änderung der Geschäftsgrundlage verwehrt sein kann. Ulmer[337] will diesen Einwand dort zulassen, wo andere Schranken, z.B. §§ 133 Abs. 3 HGB, 879 ABGB, Art. 7 Nr. 14 4. EVHGB nicht eingreifen, wie etwa bei Ausübung eines vertraglichen Ausschluß- oder Übernahmerechts der Mitgesellschafter.

Gegen die Heranziehung des Rechtsinstituts der Geschäftsgrundlage zur Außerkraftsetzung buchwertmäßiger Abfindungen wendet sich wiederum Rasner[338]. Er bezweifelt, daß die Voraussetzungen für übereinstimmende oder mindestens einseitige von dem anderen Teil nicht beanstandete Vorstellungen über das Vorhandensein bestimmter Umstände bei Abschluß des Gesellschaftsvertrages gegeben sind.

Dies entspricht genau der österreichischen Lehre vom Wegfall der Geschäftsgrundlage, die diesen Einwand nur insoweit zuläßt, als typische Voraussetzungen, die stets mit einer Regelung dieser Art verbunden werden, entgegen der Erwartung einer Partei nicht eintreffen[339]. Die Gründungsgesellschafter haben sicher auf einen Erfolg der gemeinsamen Gesellschaft gehofft, haben aber bewußt die Buchwertklausel in Kenntnis der möglichen Abweichung des Buchwertes vom wirklichen Unternehmenswert gewählt und das Risiko akzeptiert. Man hatte sich für eine buchwertmäßige Auseinandersetzung entschieden, um den Ausscheidenden am Erfolg des Unternehmens gerade nicht teilhaben zu lassen. Da die Mehrdifferenz ständig wechselt, ist eine gemeinsame Vorstellung über die Grenzen etwaiger Schwankungen niemals anzunehmen[340].

Es fragt sich nun abschließend, welche Folgen insgesamt eintreten, wenn man ad hoc zum Ergebnis gelangt, daß Buchwertklauseln unwirksam sind. In der Lehre besteht Einigkeit darüber, daß die Unwirksamkeit einer einzelnen gesellschaftsvertraglichen Bestimmung nicht zur Nichtigkeit des gesamten Vertragswerkes führt, sondern nur zur Nichtigkeit der konkreten Abfindungsregelung selbst[341]. Die Meinungen gehen allerdings auseinander, ob anstelle der unwirksamen Vertragsklausel die gesetzliche Dispositivregel greift oder eine am Vertragswillen orientierte Anpassung zu erfolgen hat. So plädiert Jud[342] dafür, daß in Abänderung der

---

337 Ulmer, NJW 1979, S. 83.

338 Rasner, NJW 1983, S. 2909.

339 Vgl. Koziol/Welser (Fn. 39), S. 123.

340 Rasner, NJW 1983, S. 2909.

341 Ulmer, NJW 1979, S. 85 mit ausf. Nachw.; Engel, NJW 1986, S. 348 in Anknüpfung an den Rechtsgedanken des § 139 BGB.

sittenwidrigen Abfindungsklausel nicht automatisch Gesetzesrecht auflebt, sondern vielmehr das am ehesten dem Parteiwillen gerecht werdende, gültige Ergebnis gesucht werden müsse. Es treten daher bei unklarer oder lückenhafter Regelung nicht per se die dispositiven Normen des BGB, ABGB, HGB bzw. 4. EVHGB in Kraft, sondern das dem Parteiwillen gemäße Auslegungsziel hat Vorrang[343]. Eine Vertragsanpassung unterstützen auch Erman[344] und Esch[345]. Sie begründen ihre Ansicht damit, daß die Anwendung der gesetzlichen Abfindungsbestimmung die Vertragsautonomie verneinen und den Vertragswillen der Gesellschafter vergewaltigen würde. Darüber hinaus würde die Zugrundelegung der gesetzlichen Abfindungsbestimmungen einer Bestrafung der Gesellschafter für die Vereinbarung einer sittenwidrigen Klausel gleichkommen. Es ist daher auf dasjenige abzustellen, was die Gesellschafter vereinbart hätten, wenn sie die Unwirksamkeit der Abfindungsbestimmung gekannt hätten.

Während der BGH[346] in seiner ursprünglichen Judikatur anstelle der unwirksamen Abfindungsklausel die gesetzliche Regelung eingreifen ließ, ersetzte er mit Entscheidung vom 24.9.1984[347] die nichtige Vertragsbestimmung mit Rücksicht auf die besondere Bedeutung der Vertragsfreiheit im Gesellschaftsrecht im Wege der ergänzenden Kontraktsauslegung durch eine noch angemessene Abfindung. Schließlich hatte das höchste deutsche Zivilgericht im Urteil vom 9. 1. 1989[348] dem Kläger einen Anspruch auf Auszahlung des gesamten Abfindungsguthabens zugesprochen, nachdem es die Kürzung des Auseinandersetzungsanspruchs auf die Hälfte des buchmäßigen Kapitalanteils wegen Verstoßes gegen die guten Sitten im Sinne des § 138 Abs. 1 BGB für nichtig erkannt hatte.

Für den Fall der Sittenwidrigkeit einer sich mit Abfindungsfragen befassenden Abmachung will ein Teil der Literatur dagegen nach wie vor auf die gesetzlichen Normen zurückgreifen[349]. Nach der dort dargelgten Ansicht würde es dem Konzept des § 138 BGB (d.h. in Österreich § 879 ABGB) widersprechen, dem gegen die guten Sitten Handelnden zumindest einen Teilerfolg zu belassen. Soweit der Gesellschaftsvertrag einen ausdrücklichen Hinweis enthält, daß im Fall der Unwirksamkeit einzelner Vertragsbestimmungen an deren Stelle eine angemessene Ersatzregelung gelten soll, ist darauf Rücksicht zu nehmen[350]. Nach Engel[351] sind aber auch ohne eine derartige klarstellende Regelung, die eine geltungserhaltende

342 Jud, ÖZW 1978, S. 105.

343 Jud, ÖZW 1978, S. 106; ebenso Flume, NJW 1979, S. 904.

344 Erman, in: Festschrift für Westermann 1974, S. 77.

345 Esch, NJW 1979, S. 1390f.

346 BGH v. 29.5.1978, DB 1978, S. 1971f.

347 BGH v. 24.9.1984, NJW 1985, S. 192f.

348 BGH v. 9.1.1989, WM 1989, S. 783ff.

349 Allen voran Ulmer, NJW 1979, S. 85.

350 BGH v. 26.10.1983, NJW 1984, S. 362ff.

351 Engel, NJW 1986, S. 349.

Reduktion gebietet, Gesellschaftsverträge so auszulegen, daß auch bei Nichtigkeit einer Klausel der gewollte Regelungsinhalt so weit als möglich erhalten bleibt[352].

6. Übereinkunft einer Beschränkung auf den Substanzwert (Firmenwertausschlußklausel)

Nachdem in den gesetzlichen die Auseinandersetzung regelnden Dispositivnormen gem. §§ 738 - 740 BGB, Art. 7 Nr. 15 u. 16 4. EVHGB eine Abfindung des ausscheidenden Gesellschafters zum wahren Wert unter Einschluß der in der Bilanz ausgewiesenen Vermögensgegenstände und der stillen Rücklagen ebenso wie des Firmenwertes postuliert ist, wirft eine häufig in Gesellschaftsverträgen anzutreffende Bestimmung, die bei der Ermittlung des Abfindungsguthabens den Ansatz des Geschäftswertes ausklammert, vor allem die Frage nach deren Zulässigkeit und Dimension auf, als die juristische Lehre[353] nach der Differenzmethode den good will aus dem Abstand zwischen Ertrags- und Substanzwert, der bekanntlich nicht nur positiv, sondern auch negativ ausfallen kann, errechnet. Neben der auch hier zu klärenden Problematik der Zulässigkeit von Firmenwertausschlußklauseln geht es also insbesondere darum, die Reichweite derartiger Vereinbarungen darnach zu überprüfen, ob bei Darstellung des Auseinandersetzungsgutes der Firmenwert in seinen beiden Dimensionen außer Ansatz zu bleiben hat oder ob bei Feststellung eines bad will vom Substanzwert ein Abschlag vorzunehmen ist.

Mit der Einigung einer Abfindung unter Ausschluß des Firmenwertes haben sich die Gesellschafter im allgemeinen – wenn auch nicht definitiv – auf eine Substanzwertauseinandersetzung festgelegt[354]. Für die Ermittlung des Substanzwertes werden zunächst alle diejenigen körperlichen und unkörperlichen Wirtschaftsgüter zum Zeitwert erfaßt, die notwendig sind, um den Betriebsprozeß in dem Umfang, den die gegebenen ökonomischen Rahmenbedingungen (Konkurrenz, Preisentwicklung etc.) zulassen, zu realisieren. Man spricht hier von den sog. notwendigen Wirtschaftsgütern. Bei der Thesaurierung dieser Vermögenswerte ist vom Wiederbeschaffungspreis neuer Sachgegenstände auszugehen, der um entsprechende Abschläge für Alterung und technische Überholung zu korrigieren ist. Die nicht betriebsnotwendigen Wirtschaftsgüter, die einem Unternehmen als Überschußvermögen dienen, müssen mit ihrem Veräußerungswert in den Substanzwert aktiviert werden. Zuletzt werden die Schulden mit dem Betrag, der zu ihrer Abstattung notwendig ist, vom Wert der Aktiven abgezogen[355].

---

352 Ebenso Jud, ÖZW 1978, S. 105.

353 Vgl. die Nachweise hierzu unter Fn. 111.

354 Hierzu grundlegend Reinicke/Tiedtke, Die Ausschließung der Ertragswertmethode bei der Berechnung des Auseinandersetzungsguthabens eines ausscheidenden Gesellschafters, DB 1984, S. 703ff.; Loitlsberger, GRZ 1980, S. 190ff.

355 Vgl. zur Substanzwertermittlung Wünsch, in: Egger/Jud/Lechner/Wünsch, Unternehmensbewertung, S. 54; Loitlsberger, GRZ 1973, S. 100ff., 104.

Bei diesem Berechnungsmodus werden auch die stillen Reserven mitaufgeführt, vor allem diejenigen, welche sich aus dem in der Bilanz geltenden Anschaffungswertprinzip bei Geldentwertungen automatisch ergeben[356]. Bezüglich der Ermittlung des real in einem Unternehmen vorhandenen Eigenkapitals unterscheidet sich die Substanzwertabfindung auch wesentlich von der buchwertmäßigen Vergütung, nach welcher der ausscheidende Gesellschafter nur Anspruch auf den auf ihn entfallenden Anteil an dem in der Bilanz ausgewiesenen Eigenkapital ohne stille Reserven hat.

Vor dem Hintergrund der dispositiven gesetzlichen Bestimmungen in §§ 738 - 740 BGB, Art. 7 Nr. 15 u. 16 4. EVHGB bestehen gegen eine gesellschaftsvertragliche Klausel, mit der ein Firmenwertansatz bei der Ermittlung des Abfindungsguthabens präkludiert wird, ebenfalls nach h. M.[357] grundsätzlich keine Bedenken. Auch hier muß nach den Umständen des Einzelfalles geklärt werden, inwieweit der vertragliche Geschäftswertausschluß wegen Sittenwidrigkeit oder mißbräuchlicher Rechtsanwendung unzulässig ist. Im allgemeinen gilt dafür das zur Buchwertabfindung Gesagte mit der Erweiterung, daß angesichts der regelmäßig über dem Buchwert liegenden – dem vollen Wert näherkommenden – Substanzwertabfindung die Barriere für das Eingreifen der Unzulässigkeit wesentlich höher angesetzt werden kann.

Dennoch wird eine die einzelnen Ausscheidensfälle differenziert behandelnde Abfindungsregelung, die bei Gesellschafterkündigung, Gläubigerpfändung oder Gesellschafterkonkurs einen Firmenwertausschluß vorsieht, während in den übrigen Varianten des Ausscheidens Abfindung zum vollen Wert gilt, gerade in Unternehmen mit nur unbedeutendem Substanzwert und hoher Ertragslage, etwa in Dienstleistungsunternehmen, eine unzulässige Beschränkung des Kündigungsrechtes oder des Gläubigerschutzes bedeuten und damit unwirksam sein.

Bei Eintritt in die Diskussion nach der Reichweite des Ansatzes eines good will in der Abschichtungsbilanz bei vereinbartem Firmenwertausschluß ist zunächst davon auszugehen, daß ein über den Substanzwert liegender Mehrwert in jedem Fall unberücksichtigt zu bleiben hat[358]. In seiner negativen Dimension ist der Geschäftswert jedenfalls so weit zu eliminieren, als er den Unternehmensgesamtwert unter die Quote aus der Summe der Einzelveräußerungswerte drückt[359], da es sich dabei um den anläßlich einer Liquidation mindestens erzielbaren Wert handelt. Wie weit aber nun eine vertragliche Firmenwertausschlußklausel den Ansatz eines negativen Firmenwertes bei der Ermittlung des Abfindungsgutha-

---

[356] Vgl. Moxter, Grundsätze ordnungsmäßiger Unternehmensbewertung (Fn. 107), S. 62f.; Loitlsberger, GRZ 1979, S. 146ff., 147.

[357] Vgl. die umfassenden Nachweise hierzu bei Baumbach/Duden/Hopt, HGB-Komm., Anm. 5I zu § 138; Koppensteiner, in Straube: Komm. zum 4. EVHGB, Anm. 22 zu Art. 7 Nr. 15 u. 16.

[358] Jud, GRZ 1980, S. 56ff.; Loitlsberger, GRZ 1980, S. 190ff.

[359] Ulmer, Großkommentar zum HGB, Anm. 75 zu § 138.

bens überhaupt erlaubt, läßt sich angesichts der divergierenden Lehrmeinungen nicht einhellig festlegen, sondern ist vielmehr vom jeweils gewählten Begründungsansatz abhängig. Mit diesem Problem haben sich in Österreich grundlegend Jud[360] und Loitlsberger[361] auseinandergesetzt.

In seinen fundierten Untersuchungen über die Berücksichtigung eines bad will bei vertraglichem Firmenwertausschluß kommt Jud[362] zu dem Ergebnis, daß derartige Bestimmungen den Ansatz eines negativen Geschäftswertes, der den Unternehmensgesamtwert unter den Substanzwert (aber nicht unter die Summe der Einzelveräußerungswerte) drückt, nicht hindern. Seine in der österreichischen Literatur nicht unwidersprochen gebliebenen Überlegungen lassen sich im wesentlichen wie folgt analysieren:

Im Gegensatz zu den einvernehmlich das Abfindungsguthaben definitiv auf den Substanzwert beschränkenden Regulierungen bedürfen Firmenwertausschlußbestimmungen jeweils einer Klärung im Rahmen der ergänzenden Vertragsauslegung, die vor allem nach dem Sinn und Zweck einer solchen Regelung fragt. Die Formulierung eines Nichtansatzes des Geschäftswertes zielt in aller Regel auf Unternehmenserhaltung[363] und bedeutet in jedem Fall eine bewußt in Kauf genommene Schlechterstellung des Ausscheidenden, um den Fortbestand des Unternehmens nicht zu gefährden[364]. Diesem Gedanken würde ein Außerachtlassen des bad will widersprechen. Da dem die Gesellschaft Verlassenden durch Nichtberücksichtigung eines positiven Geschäftswertes im Interesse des Unternehmens eine Schlechterstellung zugemutet wird, würde ein Nichtansatz von negativen Firmenwerten den ausscheidenden Gesellschafter relativ besser stellen als bei Ausklammerung eines positiven Firmenwertes[365]. Durch Außerachtlassen des bad will würde das Opfer vielmehr den verbleibenden Gesellschaftern auferlegt. Da eine derartige Berechnung das Gesellschaftsvermögen schmälern und die Unternehmensfortführung durch Kapitalentzug in Frage stellen würde, steht sie dem mit Ausschluß des positiven Firmenwertes verfolgten Zweck entgegen.

Ein Zurückgreifen auf die ergänzende Vertragsauslegung nach allgemeinen juristischen Grundsätzen stützt auch Großfeld[366] im deutschen Rechtskreis. Bei Vorliegen einer unklaren Vertragsklausel ist darnach zu fragen, was die Parteien vereinbart hätten, wenn sie sich über die Notwendigkeit einer genaueren Abfin-

---

[360] Vgl. die Nachweise hierzu unter Fn. 218.

[361] Loitlsberger, Firmenwert (good will) und Substanzwert in Rechtsprechung, Praxis und Betriebswirtschaftslehre, GRZ 1973, S. 100ff.; ders., Substanzwertabfindung und negativer Firmenwertabschlag, GRZ 1979, S. 146ff.; ders., Zum Firmenwertausschluß in Auseinandersetzungsregelungen, GRZ 1980, S. 190ff.

[362] Vgl. Jud, ÖZW 1978, S. 102ff., 110f.; ders., GRZ 1980, S. 56ff.

[363] Kastner (Fn. 19), S. 109.

[364] Jud, GRZ 1980, S. 56ff., 59.

[365] Jud, ÖZW 1978, S. 102ff., 111.

[366] Großfeld, Unternehmens- und Anteilsbewertung im GesR, S. 24.

dungsregelung im klaren gewesen wären. Dabei hat man sich an das zu halten, was beide Parteien bei redlicher Denkweise als einen gerechten Interessenausgleich gewollt oder akzeptiert hätten.

Ein weiteres Argument für den Ansatz eines negativen Firmenwertes trotz vereinbarten Geschäftswertausschlusses findet Jud in dem Grundsatz, daß der Ausscheidende nicht schlechter – aber auch nicht besser – als die Teilnehmer an einer fiktiven Liquidation gestellt sein soll. Hier wäre eine Veräußerung des Unternehmens als Ganzes anzunehmen, für welches aber nicht der auf der Basis von Wiederbeschaffungswerten errechnete Substanzwert, sondern nur dieser, vermindert um die Differenz zum Ertragswert, erlöst werden kann[367]. Unter der Voraussetzung, daß der negative Firmenwert den Unternehmensgesamtwert nicht unter die Summe der Einzelveräußerungswerte drückt, also den anläßlich einer Liquidation mindest erzielbaren Wert, erhält der Ausscheidende trotz Berücksichtigung eines bad will immer noch mehr als bei einer Einzelversilberung. Diesem der gesetzlichen Dispositivregel entsprechenden Ergebnis wäre aber bei wörtlicher Auslegung der Firmenwertausschlußklausel nicht Genüge getan, da die fortsetzungswilligen Gesellschafter dem ausscheidenden Kollegen seine Quote am Substanzwert und damit eine den Wert seines Anspruches übersteigende Prämie leisten müßten. Dies – so Jud[368] – widerspricht jeder wirtschaftlichen Vernunft, da dem ausscheidenden Gesellschafter mehr als der Verkehrswert seiner Beteiligung ausbezahlt wird.

Im übrigen würde ein Nichtansatz des negativen Firmenwertes gerade zu dem nicht gewollten Ergebnis führen, daß trotz generellen Fortführungswillens der Gesellschafter im Gesellschaftsvertrag das Unternehmen bei Vorliegen eines bad will zur Liquidation gezwungen sein könnte. Dies stünde aber den elementaren Prinzipien personengesellschaftsrechtlicher Auslegung entgegen, wonach in jedem Falle dem aus allen Umständen gewonnenen Gesamtregelungszweck Rechnung zu tragen sei.

Unterstützt wird Jud in seiner Ansicht durch eine in der BRD maßgebliche Literaturmeinung von Sieben/Lutz[369], daß bei nicht eindeutig formulierten Vertragsklauseln, unter welche beispielsweise die Nichtberücksichtigung des Firmenwertes im Rahmen der Auseinandersetzung zu subsumieren wäre, der vermutliche Parteiwille der Gesellschafter zugrundezulegen sei. Zur Identifikation des Willens der Vertragspartner sind dabei insbesondere der Zweck der firmenwertausschließenden Vereinbarung sowie etwaige aus der vertraglichen Regelung von Einzelfragen ableitbare Grundanschauungen heranzuziehen. Vor dem Hintergrund dieser Prämissen sind die finalen Tendenzen allein darin zu erkennen, die Gefährdung

---

[367] Loitlsberger, GRZ 1979, S. 146ff., 148f.

[368] Jud, GRZ 1980, S. 56ff., 58.

[369] Sieben/Lutz, Sonderfragen substanzwertorientierter Abfindungsklauseln in Gesellschaftsverträgen, DB 1983, S. 1989ff.

der Existenz des Unternehmens durch den zu hohen Kapitalentzug zu verhindern unter Inkaufnahme einer Schlechterstellung zu Lasten des Ausscheidenden. Demzufolge impliziert ein gesellschaftsvertraglicher Firmenwertausschluß entsprechend dem mutmaßlichen Parteiwillen allemal die Einbeziehung eines bad will in die Berechnung des Auseinandersetzungsguthabens, was in Konsequenz dieser gewichtigen Stimmen innerhalb der betriebswirtschaftswissenschaftlichen Lehre selbst dann der Fall sein soll, wenn die Gesellschafter sich definitiv im Vertrag allein auf den Ausschluß des positiven Firmenwertes festgelegt haben, weil sie an einen negativen Geschäftswert überhaupt nicht dachten.

Gegen einen Firmenwertabschlag bei vertraglich fixiertem Ausschluß der Erfassung des Geschäftswertes sprechen sich in der BRD vor allem Reinicke/Tiedtke[370] aus. Haben die Gesellschafter in ihr Vertragswerk die Klausel

> „... erfolgt die Errechnung seines Auseinandersetzungsguthabens nicht auf Grund der gewöhnlichen Jahresbilanz, sondern auf Grund einer besonderen Auseinandersetzungsbilanz, in welcher sämtliche zum Geschäft gehörigen Gegenstände ohne Rücksicht auf ihre bisherige bilanzmäßige Bewertung mit ihrem vollen Zeitwert für das lebende Geschäft aufzunehmen sind. Dagegen hat eine besondere Erfassung des inneren Geschäftswertes (good will) zu unterbleiben"

eingebaut, dann habe sich ihr Wille darauf gerichtet, daß sich die gute oder die schlechte Rentabilität des Unternehmens bei der Ermittlung des Auseinandersetzungsguthabens nicht auswirken soll. Dieser Wille der Gesellschafter könne nicht dadurch vereitelt werden, daß die schlechte Rentabilität, die sich im negativen Firmenwert niederschlägt, bei der Ermittlung des Substanzwertes der einzelnen Vermögensgegenstände doch wieder Beachtung findet. Eine dergestalt formulierte Vertragsbestimmung schließe also die Berücksichtigung des Ertragswertes bei der Berechnung des Abfindungsguthabens in vollem Umfang aus. Er schränkt die Maßgeblichkeit der Substanzwertmethode nicht ein und hat auch bei der Ermittlung des Substanzwertes aus dem Spiel zu bleiben.

Nach diesen Autoren kann die Auslegung der gegenständlichen Regelung auch dann nicht in Frage gestellt werden, wenn der Gesellschaftsvertrag vor längerer Zeit geschlossen worden ist und das Ertragswertmodell seitdem in der Betriebswirtschaft und auch in der Rechtswissenschaft an Bedeutung gewonnen hat. Hierdurch werde die Vereinbarung der Gesellschafter nicht betroffen. Die größere Bedeutung des Ertragswertmodus könne sich nur auswirken, wenn die Gesellschafter den Gesellschaftsvertrag ändern und der Ertragswertmethode hierdurch einen Anwendungsbereich verschaffen. Da die Gesellschafter die Erfassung des Geschäftswertes ausgeschlossen haben, nimmt der ausscheidende Gesellschafter hieran weder im Guten noch im Bösen teil. Der Ertragswert spielt also auch bei der Ermittlung des Substanzwertes keine Rolle, gleichgültig ob der Substanzwert größer oder kleiner als der Ertragswert ist.

---

[370] Reinicke/Tiedtke, DB 1984, S. 703 ff.

Der BGH[371] hat den Abfindungsanspruch jeweils ausschließlich nach der Substanzwertmethode berechnet, wenn die Beteiligten eine entsprechende Regelung im obigen Sinn getroffen hatten. Piltz[372] stimmt dieser Judikatur uneingeschränkt zu.

Eine differenzierte Auffassung vertritt Loitlsberger[373] in seinen Studien über die Behandlung des bad will bei vereinbartem Firmenwertausschluß. Seine Kritik an der von Jud vertretenen These, den negativen Firmenwert grundsätzlich immer anzusetzen, soweit er den Gesamtwert des Unternehmens nicht unter die Summe der Einzelveräußerungswerte drückt, setzt in erster Linie an dem Punkt an, daß Jud sich im Rahmen dieser Thematik nur mit dem nicht beseitigbaren – weil ökonomisch bedingten – negativen Firmenwert auseinandergesetzt habe. Auf diesem Sektor seien seine Erkenntnisse in der Tat befruchtend gewesen. Doch wäre dies von geringerer praktischer Relevanz, da ökonomisch verursachte negative Geschäftswerte in der Realität weniger oft vorkämen als managementbedingte[374]. Die Problematik solcher von Fall zu Fall vorzunehmender Abschläge vom Substanzwert müsse daher von der Berücksichtigung der Verursachung des bad will und damit der Frage nach dessen Beseitigbarkeit prinzipiell aufgerollt werden. Die Ursachen negativer Firmenwerte erforschend kommt Loitlsberger zu dem Ergebnis, daß von einer generellen Berücksichtigung des bad will keine Rede sein könne. Seinen Erwägungen liegen vor allem folgende Erkenntnisse zugrunde:

Die Behandlung negativer Firmenwerte bei dessen gesellschaftsvertraglich vereinbarten Ausschluß hängt primär von ihren Ursachen und damit sekundär von ihrer Beseitigbarkeit ab[375]. Geht man der Kausa negativer Geschäftswerte auf den Grund, so stößt man auf zwei verschiedene Ursachen, die häufig zwar zusammenwirken, aber unterschiedliche Auswirkungen auf die Berechnung des Auseinandersetzungsguthabens haben, nämlich Verschlechterung der ökonomischen Chancen und Managementfehler. Ökonomisch bedingte negative Firmenwerte sind die Folgen, wenn die ökonomischen Rahmenbedingungen, unter denen ein Unternehmen zu führen ist, so schlecht geworden sind, daß auch ein durchschnittlich gutes Management keine angemessene Verzinsung des Substanzwertes mehr erwirtschaften kann. Solche ökonomisch verursachten bad wills, die auch von einem durchschnittlich befähigten Management nicht wettgemacht werden können, sind als nicht beseitigbar anzusehen.

Anders ist die Situation in der Beurteilung managementbedingter negativer Firmenwerte, deren ökonomische Bedingungen darin liegen, daß ein durchschnitt-

---

[371] BGH v. 17.11.1980, WM 1981, S. 452f.

[372] Piltz, Die Unternehmensbewertung in der Rechtsprechung zum Gesellschafts-, Familien-, Erb-, Schadens- und Enteignungsrecht, S. 24.

[373] Siehe Fußnote 361.

[374] Loitlsberger, GRZ 1980, S. 190ff., 202.

[375] Loitlsberger, GRZ 1980, S. 190ff., 192.

lich befähigtes Management eine angemessene Verzinsung des Substanzwertes erreichen würde, eine derartige Verzinsung aber deshalb nicht erzielt wird, weil ein unfähiges oder unwilliges Management die gegebenen ökonomischen Möglichkeiten nicht ausreichend nutzt[376]. Entgegen den ökonomisch bedingten negativen Geschäftswerten sind die managementverursachten bad wills durch Austausch oder Verbesserung des Managements beseitigbar. Da diese Auswechslung oder Qualitätssteigerung mit Kosten verbunden sein kann oder auch nicht, differenziert Loitlsberger zwischen nicht beseitigbaren, mit Kosten beseitigbaren und ohne Kosten aus der Welt zu schaffenden negativen Firmenwerten[377].

Das Argument, ein potentieller Käufer würde für ein minder rentierliches Unternehmen nicht den vollen Substanzwert bezahlen[378], ist seiner Ansicht nach somit nicht mehr allgemein aufrechtzuerhalten. Vielmehr muß nach den Ursachen der Minder- bzw. Unrentierlichkeit unterschieden werden[379]. Da in der Praxis überwiegend beseitigbare negative Firmenwerte vorkommen[380], ist ein interessierter Käufer auch bereit, trotz eines bad will den vollen Substanzwert und vielleicht zusätzlich sogar einen „Sofortverfügbarkeitszuschlag" zu bezahlen, da er ohne Aufbaufrist und Anlaufkosten eine sofortige Gewinnerzielungschance hat. Nur dann, wenn die Kosten der Beseitigung des negativen Geschäftswertes besonders hoch sind oder der negative Firmenwert nicht beseitigbar ist, würde ein in Frage kommender Käufer das Unternehmen überbezahlen, wenn er den vollen Substanzwert akzeptiert[381].

In dieselbe Kerbe schlagen Reinicke/Tiedtke[382], welche das von ihnen befürwortete Ergebnis einer Nichtteilnahme des ausscheidenden Gesellschafters weder im Guten noch im Bösen bei vertraglichem Ausschluß der Erfassung des Geschäftswertes nicht mit dem Argument in Frage gestellt sehen, daß der das Unternehmen Aufkaufende bei höherem Substanzwert nicht mehr als den Ertragswert bezahlen würde, weil sich anderenfalls der Kaufpreis nicht ausreichend verzinse, er also eine Fehlinvestition treffe. Nach ihrer Ansicht sei dies eine theoretische Erwägung, da in Wirklichkeit ein Käufer sich vielfach von anderen Überlegungen leiten lasse. So will der potentielle Erwerber durch den Kauf einen Konkurrenten ausschalten oder seinen Betrieb aus Gründen der Selbstentfaltung vergrößern. Vielleicht ist sein Motiv auch darauf gerichtet, auf Grund seiner Fähigkeiten und Beziehungen oder durch die Einbringung des gekauften Unternehmens in einen bereits vorhandenen Betrieb mehr aus dem Geschäft herausholen zu können als der Ertragswert signalisiert.

---

376 Loitlsberger, GRZ 1980, S. 190ff., 192.

377 Loitlsberger, GRZ 1979, S. 146ff., 150; ders., GRZ 1980, S. 190.

378 Jud, GRZ 1980, S. 56ff., 59f.

379 Loitlsberger, GRZ 1979, S. 146ff.

380 Loitlsberger, GRZ 1980, S. 192.

381 Loitlsberger, GRZ 1980, S. 193.

382 Reinicke/Tiedtke, DB 1984, S. 703ff., 704.

Loitlsberger berücksichtigt nun nicht nur die Ursachen und in deren Folge die Beseitigungsmöglichkeiten der negativen Firmenwerte, sondern auch das Verschulden am bad will[383] gemäß dem in Jurisprudenz wie auch in der Betriebswirtschaftslehre geltenden Grundsatz, daß derjenige die Kosten zu tragen hat, der sie verursacht. Er stellt dabei insbesondere darauf ab, ob das unterdurchschnittliche Management von dem verbleibenden Gesellschafter oder vom Ausscheidenden eingesetzt oder mitgetragen wurde.

Soweit das unterdurchschnittliche Management von den zurückgebliebenen Gesellschaftern ins Leben gerufen oder von diesen gehalten wurde, besteht für den Austretenden kein Anlaß, auch noch einen Abschlag vom Substanzwert hinzunehmen. Dieser könnte vielmehr den vollen Substanzwert deshalb fordern, weil er die Beseitigungskosten nicht verursacht habe. Anders wäre hingegen vorzugehen, wenn die Beseitigungskosten den ausscheidenden Gesellschaftern anzulasten wären, weil diese das unterdurchschnittliche Management initiiert oder gefördert haben.

Zusammenfassend läßt sich sagen, daß Loitlsberger eine Berücksichtigung des negativen Firmenwertes bei gesellschaftsvertraglich ausgeschlossener Firmenwertabfindung nur dort zuläßt, wo ein nicht beseitigbarer - ökonomisch bedingter – negativer Geschäftswert vorliegt, sofern dieser von den zurückbleibenden Gesellschaftern nicht verschuldet wurde. Bei ohne Kosten beseitigbaren bad will ist der volle Substanzwert und bei mit Kosten beseitigbarem negativen Firmenwert der volle Substanzwert dann zu bezahlen, wenn die Ausscheidenden die Beseitigungskosten nicht verursacht haben. Haben sie jedoch die Beseitigungskosten zu vertreten (mitzuvertreten), dann ermittelt sich ihr Abfindungsguthaben aus dem Substanzwert abzüglich der Kosten für die Beseitigung des bad will.

Eine Interpretation am Maßstab ergänzender Vertragsauslegung erübrigt sich, wenn Gesellschafter von Anfang an gezielt Klarheit schaffen und vertragliche Bestimmungen präzise formulieren. Soweit nämlich der Gesellschaftsvertrag nicht nur den Firmenwert ausschließt, sondern ausdrückliche Substanzwertabfindung vorschreibt, sind sämtliche Ertragswertkomponenten nach beiden Richtungen außerachtzulassen. Das bedeutet im Klartext, daß sowohl ein positiver als auch ein negativer Firmenwert unberücksichtigt zu bleiben hat[384]. Die gleiche Ansicht vertreten auch Sieben/Lutz[385], die für den Fall einer Abfindungsklausel im Gesellschaftsvertrag, welche ohne weitere Umschweife auf den Substanzwert abstellt, jeglichen Ansatz des Ertragswertes – unabhängig davon, ob er höher oder niedriger als der vorgeschriebene Substanzwert ist – definitiv ausschließen.

---

[383] Loitlsberger, GRZ 1980, S. 190ff., 201.

[384] Jud, GRZ 1980, S. 56ff., 58; Ulmer, Großkommentar zum HGB, Anm. 13 zu § 142.

[385] Sieben/Lutz, DB 1983, S. 1989ff.

Schlußbetrachtung

Aufgabe der gegenständlichen Untersuchung war es, die Unternehmensbewertung als Rechtsproblem darzustellen. Da die Wertermittlung einerseits unbestrittenermaßen in Einklang mit den hierfür entwickelten und anerkannten Methoden der Betriebswirtschaftslehre zu erfolgen hat, die allerdings rechtlich nicht verbindlich sind[386], andererseits die betriebswirtschaftswissenschafliche Lehre keine allen Fallkonstellationen gerecht werdende Bewertungsformel zur Unternehmensthesaurierung anzubieten vermag, zumal eine auf die Besonderheiten des Einzelfalles nicht hinreichend Rücksicht nehmende, schematische und unflexible Wertermittlung zu unhaltbaren Ergebnissen führen würde, bestand der Anknüpfungspunkt für juristische Überlegungen darin, bezüglich der Bewertungslehren unter rechtlichen Maßstäben eine zweckgerichtete Auswahl zu treffen.

Allein vor diesem Hintergrund versteht sich die von den Gerichten in der BRD wie in Österreich an den Tag gelegte Restriktion der Festschreibung eines bestimmten Bewertungsmodus unter Ausschluß der übrigen als rechtlich geboten. Ihre schrittweise Annäherung an ein mit vielen Unklarheiten gespicktes Terrain unter Einbeziehung gerade der ökonomischen Grundfragen der Unternehmensbewertung führte schließlich zu dem Ergebnis, daß die Rechtsprinzipien der Unternehmensthesaurierung die Auswahl eines auf den Unternehmenszweck bzw. den Schwerpunkt der Betätigung der Gesellschaft konkret zugeschnittenen Bewertungsmodells in jedem Fall geradezu indizieren. Die auffällige Diskrepanz zwischen Judikatur, die sowohl allein den Substanzwert als auch aus Substanz- und Ertragswert kombinierte Mischtypen ebenso wie den Ertragswert als zulässigen Unternehmenswert zugrundegelegt hat, bzw. die Mehrzahl der kompetenten Theoretiker, die im Ertragswert schlechthin den einzig wahren Wert des Unternehmens erkennen, sowie der wirtschaftlichen Praxis, welche wiederum die substanzwertorientierten Verfahren sowie die gemischten Methoden präferenziert, bedeutet keinesfalls, daß die Wahl der Methode rechtlich indeterminiert wäre. Je nachdem, ob ein sachwertintensives (z.B. Grundstückverwertungsgesellschaften mit Hauptaufgabe der Verwaltung eigenen Grundbesitzes) oder substanzschwaches (z.B. Anwalts-/Steuerkanzlei mit renommiertem Kundenstamm) Unternehmen bei Gesellschafterwechsel zur Wertermittlung für das Auseinandersetzungsguthaben ansteht, ist der Schwerpunkt innerhalb der extremen Pole von reinem Substanz- und klassischem Ertragswert so zu verlagern, daß dem wahren Wert nächstmöglich Genüge getan werden kann, jeweils unter

[386] Vgl. Baumbach/Duden/Hopt, HGB-Komm., Einl. II 1 B vor § 1.

Beachtung des Liquidationswertes als Untergrenze einer angemessenen Abfindung.

Die Betriebswirtschaftslehre geht von dem richtigen und allgemein anerkannten Grundsatz aus, daß der wirtschaftliche Wert eines Gutes von seiner Verwendung abhängt. Das bedeutet, daß der Verkaufswert einer Sache innerlich mit dem Gebrauchswert zusammenhängt. Folgerichtig betrachtet die betriebswirtschaftswissenschaftliche Lehre den Ertragswert als den einzig wahren Wert, der einem Unternehmen zukommt, und ordnet dem Substanzwert lediglich noch die Bedeutung eines Hilfsmittels zur Errechnung des Firmenwertes zu. Dieses Bewertungsverfahren, dessen Prognosecharakter diffizile Berechnungen sowie die Inkaufnahme eines hohen Risikopotentials voraussetzt, steigert häufig das Problem der Ungewißheit[387]. Abweichungen vom rechtsrichtig angenommenen Bewertungsergebnis zu den tatsächlich später eingetretenen Verhältnissen sind nicht immer das Produkt der Wahl einer falschen oder zu wenig präzisen Bewertungsmethode, sondern häufig die völlig andersartige Entwicklung der Ertragssituation, bedingt durch nicht erahnbare weltwirtschaftspolitische Parameter (wie Erdölkrise, Bankencrashes, Golfkrise, US-Dollarentwicklung etc.). Das Problem der Unternehmensbewertung liegt demnach nicht so sehr in der Art des Bewertungsverfahrens, sondern in der Verbesserung der Informationen über die Zukunft, und zwar nicht nur soweit diese unmittelbar das Unternehmen betreffen, sondern auch soweit sie sich aus dem gesamten Lebens- und Wirtschaftsraum, in dem sich das Geschäft befindet, ableiten lassen[388].

Die wirtschaftliche Praxis[389] in der BRD wie in Österreich orientiert sich heute vorwiegend an den substanzwertbetonenden Modellen, nachdem sich in der Tat der Substanzwert auf Grund der regelmäßig vorhandenen Geschäftsunterlagen unverhältnismäßig leichter ermitteln läßt als der zukunftsbezogene, weitgehend auf Annahmen und Schätzungen beruhende Ertragswert. Fehlende objektive Beurteilungskriterien sowie das Nichtvorhandensein der für die Ertragswertberechnung erforderlichen detaillierten Aufzeichnungen lassen die Praxis auf vorstellbare und nachvollziehbare Größen zurückgreifen. Aus diesem Grund hat auch die deutsche und österreichische Rechtsprechung dem Substanzwert wegen der im Verhältnis zum Ertragswert ungleich einfacheren Nachvollziehbarkeit und

---

[387] Zutr. HFA 2/1983, S. 173ff., 180. Obwohl auf der Basis einer Vielzahl hervorragender Arbeiten zum Prognoseproblem z.T. beeindruckende Erfolge erzielt wurden – man denke z.B. an PIMS –, stellt die Prognose der zukünftigen Entwicklung einer Unternehmung ein sowohl theoretisch als auch praktisch noch nicht befriedigend gelöstes Problem dar, vgl. Sieben/Diedrich/Kirchner/Krautheuser, DB 1990, S. 1ff.

[388] So zutr. Moxter, Grundsätze ordnungsmäßiger Unternehmensbewertung (Fn. 107), S. 149.

[389] Vgl. hierzu die sorgfältige Zusammenstellung bei Zehner, Unternehmensbewertung im Rechtsstreit – Zur Fehlinterpretation neuerer höchstrichterlicher Entscheidungen, DB 1981, S. 2109ff.; Lechner, Kap. „Wirtschaftliche Praxis", in: Egger/Jud/Lechner/Wünsch, Unternehmensbewertung, S. 24ff.

Überprüfbarkeit die Rolle eines wesentlichen Bestandteiles einer kombinierten Wertermittlung zugeordnet.

Unter rechtlichen Gesichtspunkten wäre es sicher fehlerhaft, die zum Zwecke der Ermittlung des Abschichtungsguthabens anläßlich des Austrittes eines Gesellschafters aus dem Personenverband erforderliche Unternehmensthesaurierung auf der Basis der reinen Substanzwertmethode, verstanden als Differenz zwischen der Wertsumme der einzelnen Vermögensgegenstände und der Gesellschaftsverbindlichkeiten, durchzuführen, da dies normativen Direktiven der Wertermittlung zugegenliefe. Entsprechend der von der Betriebswirtschaftslehre entwickelten Funktionenlehre der Unternehmensbewertung sind Bewertungen nur dann aufgabenadäquat, wenn sie die das Personenrechtsverhältnis prägenden Wertvorstellungen, wie z.B. den gesellschaftsrechtlichen Gleichbehandlungsgrundsatz, beachten. Da nun ein werbendes Geschäft neben dem kumulierten Wert der einzelnen Vermögensgegenstände auch einen Firmenwert besitzt, wäre der Ausscheidende gegenüber den übrigen Gesellschaftern bei reiner Substanzwertabfindung im Nachteil, als diesen ein Rest in Höhe des Geschäftswertes bliebe, den ein Unternehmenskäufer über den Wert der Substanz hinaus zu zahlen bereit wäre. Von diesem Blickwinkel aus sind die anderen Bewertungsmethoden rechtlich nicht zu beanstanden, als sie alle auf ihre Weise den Geschäftswert ausdrücken und somit auch dem Gleichbehandlungsgebot genügen.

Nachdem im einzelnen nicht auszumachen ist, was der vom Gesetz verlangte wahre Wert darstellt, erkannte die vorliegende Arbeit ein Anliegen auch darin, die Möglichkeiten und Grenzen vertraglicher Abfindungsvereinbarungen im Rahmen der legislatorisch sanktionierten Disponibilität auszuleuchten, beispielsweise soweit eine Substanzwertauseinandersetzung des ausscheidenden Gesellschafters auf Basis von Buchwerten oder – um vorzeitige Abschreibungen bzw. unversteuerte Rücklagen – korrigierten Buchwerten gewählt wird, zumal damit der Schutz des fortzuführenden Unternehmens offenbar dem Interesse des Ausscheidenden am Erhalt einer Abfindung zum wahren Wert vorgezogen wird. Obgleich Auseinandersetzungsregelungen zum Gründungszeitpunkt, wo die Gesellschaft ins Leben gerufen wird, Mißtrauen erwecken und deshalb deplaziert erscheinen mögen, gehören gerade sie zu den wichtigsten Teilen jedes Gesellschaftsvertrages[390]. Prägnante Abmachungen sind nicht nur geeignet, kostspielige Streitigkeiten zu vermeiden, die sich nach Wegfall der gesellschaftsrechtlichen Bindung um so leichter führen lassen. Sie steigern oftmals auch die Neigung zum Zusammenbleiben bzw. das Gefühl der Zusammengehörigkeit. Sie sind letztlich ein entscheidendes Instrument der Disziplinierung, dessen Bedeutung angesichts des in zahlreichen Familiengesellschaften angehäuften Konfliktpotentials kaum überschätzt werden kann[391]. Clevere Partner sollten daher nichts dem Zufall überlassen,

[390] So zutr. Klauss/Mittelbach, Der Gesellschaftsvertrag in seiner zweckmäßigsten Form, S. 175 (vgl. insb. die Formulierungsvarianten auf S. 182f., Rz. 244).

sondern unter Ausschöpfung des gesetzlich dispositiven Rahmens die wichtigsten im Zusammenhang mit dem Ausscheiden eines Gesellschafters auftauchenden Fragen, vor allem die Art der Berechnung des Abfindungsguthabens nebst dessen Höhe, den Modus der Auszahlung, den Ausschluß der Beteiligung an schwebenden Geschäften et cetera klar definieren. Hierbei ist noch einmal ganz besonders auf den Vorrang der gerade im Personengesellschaftsrecht gesetzlich weitestgehend garantierten Vertragsfreiheit in §§ 731 BGB, 109 HGB aufmerksam zu machen. Will man die Gesellschafter im Augenblick der vertraglichen Einigung nicht für unmündig betrachten, muß die Frage erlaubt sein, ob eine weitere Aufweichung der grundsätzlichen Zulässigkeit der Buchwertklauseln nicht zu einer immer stärker werdenden Inhaltskontrolle des Gesellschaftsvertrages auch der OHG bzw. KG in Bezug auf eine gerechte oder richtige Abfindung führt. Was die österreichische Literatur und Rechtsprechung anbelangt, dürfte – ausgenommen der Fall der unsachlichen Ausschließungskündigung ohne wichtigen Grund – die buchwertmäßige Abfindungsregelung einen ihrem Zweck entsprechenden festen Platz einnehmen. In Österreich mehren sich daher die Stimmen, die von einer weiteren Anlehnung an die in der deutschen Lehre und Judikatur hierzu vertretenen Standpunkte insbesondere aus Gründen der Rechtssicherheit heraus abraten[392].

Unternehmensthesaurierung ist ein Musterbeispiel für verantwortungsvolles Zusammenarbeiten von Wirtschaftsjuristen, Wirtschaftspraktikern und Wirtschaftswissenschaftlern. Letztendlich werden die schwierigen auch in Zukunft anstehenden Bewertungsfragen nur interdisziplinär gelöst werden können. Aufgabe des gesetzlichen Richters bleibt es, auf Grund der rechtlichen Bewertungsgrundsätze und der jeweiligen spezifischen Unternehmenslage dem Bewerter Vorgaben zu machen, etwa in Bezug auf die Methode der Wertermittlung, auf die Höhe bzw. Berechnungsart des Kapitalisierungszinsfußes bzw. Modus der Berücksichtigung von schwebenden Geschäften, und resümierend die getroffene Bewertung auf diese Kriterien hin zu überprüfen.

---

[391] Überzeugend dargestellt bei Kübler, Gesellschaftsrecht, S. 95: „Wer seine Mitgesellschafter unflätig beschimpft, mit dem Jagdgewehr bedroht, prügelt oder grundlos bei der Staatsanwaltschaft oder beim Finanzamt anzeigt, schafft einen wichtigen Grund, der seinen Ausschluß gemäß § 140 HGB oder nach dem Gesellschaftsvertrag rechtfertigt; und diese Sanktion wird durch die Verringerung oder den Ausschluß der Abfindung empfindlich verschärft."

[392] So vor allem die führenden Vertreter der österreichischen wissenschaftlichen Lehre zum Problemkreis der Unternehmensbewertung u. a. Egger/Jud/Lechner/Wünsch, Unternehmensbewertung, und Koppensteiner, in Straube: Komm. zum 4. EVHGB, jeweils passim.

Literaturverzeichnis

Aigner, H. / *Holzer,* P.: Die Subjektivität der Unternehmensbewertung, DB 1990, S. 2229 ff.

Arnold, W. D.: Die Buchwertklausel im Gesellschaftsrecht und im Recht der Erbschafts- und Schenkungssteuer, RdW 1983, S. 55 ff.

Auer, F.: Die Behandlung des Firmenwertes in der Handelsbilanz und in der Ertragsteuerbilanz, ÖJZ 1974, S. 118 ff.

Barthel, C. W.: Unternehmenswert: Der Markt bestimmt die Bewertungsmethode, DB 1990, S. 1145 ff.

Bauerreiss, W.: Das Ausscheiden eines Gesellschafters bei der OHG, GRZ 1973, S. 90 ff.

— Der Befreiungsanspruch des ausscheidenden Gesellschafters nach Art. 7 Nr. 15 Abs. 4 der 4. EVHGB, in Demelius-Festschrift, Wien 1973, S. 293 ff.

Baumbach / Duden / Hopt: Handelsgesetzbuch, Kommentar, 28. Aufl. 1989

Baums, Th.: Entwurf eines allgemeinen Handelsgesetzbuches für Deutschland (1848/49), Text und Materialien, Heidelberg 1982

Bellinger, B.: Eine Wende in der Unternehmensbewertung? — Zur Stichtagsbezogenheit jeder Unternehmensbewertung –, WPg 1980, S. 575 ff.

Biedenkopf / Koppensteiner: Kölner Kommentar zum Aktiengesetz, Bd. 3, 1985

Bönner, U.: Sind die Unternehmen mehr wert?, DB 1987, S. 57 ff.

Börner, B.: Unternehmensbewertung, in Handwörterbuch der Wirtschaftswissenschaft, Bd. 8, 1980, S. 111 ff.

Braitinger, B.: Abfindungs- und Bewertungsprobleme beim Ausscheiden eines Gesellschafters aus einer offenen Handelsgesellschaft von Todes wegen, Diss. Tübingen 1973

Capelle / Canaris: Handelsrecht, 21. Aufl. 1989

Czik, A.: Substanzwert als Funktion der Ertragserwartungen, DB 1985, S. 1901 ff.

Dielmann / König: Der Anspruch ausscheidender Minderheitsaktionäre auf angemessene Abfindung, AG 1984, S. 57 ff.

Dörner, W.: Die neue UEC-Methode der Unternehmensbewertung – Bemerkungen zum Entwurf einer Empfehlung Nr. 11 –, WPg 1977, S. 657 ff.

— Grundsätze zur Durchführung von Unternehmensbewertungen, WPg 1983, S. 549 ff.

— WP-Handbuch 1985/86, Abschnitt IX: Die Unternehmensbewertung, S. 1053 ff.

Doralt, P.: Kastner/Stoll. Die GmbH & Co. KG, Wien 1977

Egger / Jud / Lechner / Wünsch: Unternehmensbewertung, Wien 1981

Eiselt, G.: Buchwertabfindung in Personengesellschaften und Pflichtteil, NJW 1981, S. 2447 ff.

Emmerich, V.: Buchbesprechung von B. Großfeld's 2. Aufl. 1988 „Unternehmens- und Anteilsbewertung im GesR", AG 1988, S. 280

Engel, C.: Abfindungsklauseln – eine systematische Übersicht, NJW 1986, S. 345ff.

Engeleiter, H.-J.: Unternehmensbewertung, Stuttgart 1970

Erman, W.: Einige Fragen zur gesellschaftsvertraglichen Beschränkung der Abfindung des willentlich aus einer Personenhandelsgesellschaft ausscheidenden Gesellschafters, in H. Westermann-Festschrift, Karlsruhe 1974, S. 75ff.

Esch, G.: Gesellschaftsvertragliche Buchwertabfindung im Falle der Ausschließungskündigung, NJW 1979, S. 1390ff.

Flume, W.: Die Abfindung nach der Buchwertklausel für den Gesellschafter minderen Rechts einer Personengesellschaft, NJW 1979, S. 902ff.

— Hinauskündigung aus der Personengesellschaft und Abfindung, DB 1986, S. 629ff.

Förtsch, R.: Allgemeines Deutsches Handelsgesetzbuch, 1. Bd., Leipzig 1893

Forster, K.: Zur Ermittlung der angemessenen Abfindung nach § 305 AktG, AG 1980, S. 45ff.

Gansweid, W.: Zur gerichtlichen Überprüfung der angemessenen Barabfindung nach § 305 AktG, AG 1977, S. 334ff.

Großfeld, B.: Unternehmensbewertung als Rechtsproblem, JZ 1981, S. 641ff.

— Bewertung von Anteilen an Unternehmen, JZ 1981, S. 769ff.

— Die Abfindung bei der Ausschließung aus einer Personengesellschaft, ZGR 1982, S. 141ff.

— Unternehmensbewertung im Gesellschaftsrecht, Köln 1983

— Unternehmens- und Anteilsbewertung im Gesellschaftsrecht, 2. Aufl., Köln 1988

— Zweckmäßige Abfindungsklauseln, AG 1988, S. 217ff.

Haas, R.: Abschichtung zum Buchwert als Schenkung?, JBL 1955, S. 8ff.

Hämmerle/Wünsch: Handelsrecht, Bd. 1, Allgemeine Lehren und Handelsstand, 4. Aufl., Wien 1990; Bd. 2, Gesellschaften, Genossenschaften, Unternehmensverbindungen, 3. Aufl., Graz/Wien/Köln 1978

Hannak, K.: Die Verzinsung des Auseinandersetzungsguthabens des Gesellschafters einer Personenhandelsgesellschaft, in Demelius-Festschrift, Wien 1973, S. 341ff.

Hartmann, B.: Der ausscheidende Gesellschafter in der Wirtschaftspraxis, 4. Aufl., Köln 1983

Heckelmann, D.: Abfindungsklauseln in Gesellschaftsverträgen. Eine Studie über die Grenzen der Gestaltungsfreiheit beim Ausscheiden aus der OHG, München 1973

Helbling, C.: Unternehmungsbewertung und Steuern, 5. Aufl., Düsseldorf 1989

Hennerkes/Binz: Die Buchwertabfindung – ein Fossil unserer Zeit?, DB 1983, S. 2669ff.

Hirtz, B.: Die Abfindung des Gesellschafters einer Personengesellschaft nach der Ausschließung ohne wichtigen Grund, BB 1981, S. 761ff.

Hosterbach, E.: Unternehmensbewertung: Renaissance des Substanzwertes, DB 1987, S. 897ff.

Huber, U.: Vermögensanteil, Kapitalanteil und Gesellschaftsanteil an Personengesellschaften des Handelsrechts, Heidelberg 1970

Hueck, A.: Das Recht der OHG, 4. Aufl., Berlin 1971

Jud, W.: Gesellschaftsvertragliche Abfindungsvereinbarungen – insbesondere der Firmenwertausschluß – in Familienpersonengesellschaften, ÖZW 1978, S. 102ff.

— Der Firmenwertausschluß in Auseinandersetzungsregelungen, GRZ 1980, S. 56ff.

— Wertung und Interessenausgleich, Wien 1980

Kastner, W.: Grundriß des österreichischen Gesellschaftsrechts, 4. Aufl., Wien 1983 (fortgeführt von Doralt, in Kastner/Doralt, 5. Aufl., 1990)

Klauss/Mittelbach: Der Gesellschaftsvertrag in seiner zweckmäßigsten Form, 10. Aufl., Ludwigshafen 1980

Koppensteiner, H.: Straube. Kommentar zum 4. EVHGB (Art. 7 Nr. 15, 16), Wien 1987

Koziol/Welser: Grundriß des Bürgerlichen Rechts I, 8. Aufl., Wien 1987

Krag, J.: Anmerkungen zu den neuen berufsständischen Empfehlungen zur Bewertung von Unternehmungen, WPg 1981, S. 285ff.

Kübler, F.: Gesellschaftsrecht. Die privatrechtlichen Ordnungsstrukturen und Regelungsprobleme von Verbänden und Unternehmen, 3. Aufl., Heidelberg 1990

Lechner, K.: Der Wert der Unternehmung als Ganzes, ÖSWK 1975, Heft 17

— Treuhandwesen, Wien 1978

Loitlsberger, E.: Firmenwert (good-will) und Substanzwert in Rechtsprechung, Praxis und Betriebswirtschaftslehre, GRZ 1973, S. 100ff.

— Substanzwertabfindung und negativer Firmenwertabschlag, GRZ 1979, S. 146ff.

— Zum Firmenwertausschluß in Auseinandersetzungsregelungen, GRZ 1980, S. 190ff.

Mandl, D.: Betriebswirtschaftslehre für Juristen und Wirtschaftstreuhänder, Wien 1985

Matschke, M.: Funktionale Unternehmensbewertung, Bd. II, Der Arbitriumwert der Unternehmung, 1979

— Geldentwertung und Unternehmensbewertung, WPg 1986, S. 549ff.

Mayer-Maly, Th.: Besprechung der Entscheidungen des OGH v. 24.6.1971 – 1 Ob 151/71 – bzw. – 1 Ob 167/71 –, JBL 1972, S. 535ff.

Meilicke, W.: Die Barabfindung für den ausgeschlossenen oder ausscheidungsberechtigten Minderheits-Kapitalgesellschafter. Rechtsgrundsätze zur Unternehmensbewertung, Berlin 1975

— Rechtsgrundsätze zur Unternehmensbewertung, DB 1980, S. 2121ff.

Meincke, J.: Das Recht der Nachlaßbewertung im BGB, Frankfurt 1973

Mellerowicz, K.: Der Wert der Unternehmung als Ganzes, Essen 1952

Morck, W.: Die vertragliche Gestaltung der Beteiligung an Personen-Handelsgesellschaften, Frankfurt 1980

Moxter, A.: Das „Stuttgarter Verfahren" und die Grundsätze ordnungsmäßiger Unternehmensbewertung, DB 1976, S. 1585ff.

— Moderne Unternehmensbewertung und Grundsätze ihrer ordnungsmäßigen Durchführung, GEBERA (Gesellschaft für betriebswirtschaftliche Beratung mbH)-Schriften, Bd. 1, hrsg. von Goetzke/Sieben, S. 257ff., 1977

— Grundsätze ordnungsmäßiger Unternehmensbewertung, 1. Aufl., Wiesbaden 1976

— Grundsätze ordnungsmäßiger Unternehmensbewertung, 2. Aufl., Wiesbaden 1983

— Die Bedeutung der Grundsätze ordnungsmäßiger Unternehmensbewertung, ZfbF 1980, S. 456ff.

Müller, Welf: Der Wert der Unternehmung, JuS 1973, S. 603ff.

Münstermann, H.: Wert und Bewertung der Unternehmung, 3. Aufl., Wiesbaden 1970

Palandt, O.: Bürgerliches Gesetzbuch, Kommentar, 50. Aufl., München 1991

Piltz, D.: Die Unternehmensbewertung in der Rechtsprechung zum Gesellschafts-, Familien-, Erb-, Schadens- und Enteignungsrecht, 2. Aufl., Düsseldorf 1989 (Vorauflage 1982)

Piltz/Wissmann: Unternehmensbewertung beim Zugewinnausgleich nach Scheidung, NJW 1985, S. 2673ff.

Pisko, O.: Das Unternehmen als Gegenstand des Rechtsverkehrs, Wien 1907

Ränsch, U.: Die Bewertung von Unternehmen als Problem der Rechtswissenschaften, AG 1984, S. 202ff.

Rasner, H.: Abfindungsklauseln in OHG- und KG-Verträgen, NJW 1983, S. 2905ff.

Reinicke/Tiedtke: Die Ausschließung der Ertragswertmethode bei der Berechnung des Auseinandersetzungsguthabens eines ausscheidenden Gesellschafters, DB 1984, S. 703ff.

Reuter, D.: Privatrechtliche Schranken der Perpetuierung von Unternehmen, Frankfurt 1973

Roolf/Vahl: Die Beteiligung eines ausgeschiedenen Gesellschafters am Ergebnis schwebender Geschäfte, DB 1983, S. 1964ff.

Ruhnke, K.: Unternehmensbewertung. Ermittlung der Preisobergrenze bei strategisch motivierten Akquisitionen, DB 1991, S. 1889ff.

Schildbach, T.: Der Wirtschaftsprüfer als Gutachter in Fragen der Unternehmensbewertung: Möglichkeiten und Grenzen aus der Sicht der Berufspflichten des Wirtschaftsprüfers, WPg 1981, S. 193ff.

Schilling, W.: Zur Abfindung bei der Ausschließung ohne wichtigen Grund aus einer Personengesellschaft, ZGR 1979, S. 419ff.

Schmidt, Karsten: Abfindung, Unternehmensbewertung und schwebende Geschäfte, DB 1983, S. 2401ff.

— Handelsrecht, 3. Aufl., Köln 1987

Schneider, D.: Investition, Finanzierung und Besteuerung, 6. Aufl., Wiesbaden 1990

Schulze-Osterloh, J.: Das Auseinandersetzungsguthaben des ausscheidenden Gesellschafters einer Personengesellschaft nach § 738 Abs. 1 S. 2 BGB, ZGR 1986, S. 545ff.

Seetzen, U.: Unternehmensbewertung im Spruchstellenverfahren, WPg 1991, S. 166ff.

Sieben/Diedrich/Kirchner/Krautheuser: Expertensystemgestütze Ergebnisprognose zur Unternehmensbewertung, DB 1990, S. 1ff.

Sieben/Lutz: Sonderfragen substanzwertorientierter Abfindungsklauseln in Gesellschaftsverträgen, DB 1983, S. 1989ff.

Sieben/Schildbach: Zum Stand der Entwicklung der Lehre von der Bewertung ganzer Unternehmungen, DStR 1979, S. 455ff.

Sigloch, J.: Ökonomische Grundfragen der Unternehmensbewertung, Jura 1987, S. 584ff.

Sudhoff, H.: Die Berechnung des Auseinandersetzungsguthabens bei Personengesellschaften, GRZ 1972, S. 157ff.

— Der Gesellschaftsvertrag der Personengesellschaften, 5. Aufl., 1978

Tichy, G.: Der Ertragswert nach der Übergewinnmethode, Österreichische Steuer- und Wirtschaftskartei (SWK) 1984, C 34 - C 40

— Kritische Anmerkungen zur Anwendung der Übergewinnmethode und der Geldstromtheorie für die Bewertung von Unternehmen, in Süd-Ost Treuhand AG: Aktuelle Beiträge aus Beratung und Prüfung von Unternehmungen, Wien 1988

Ulmer, P.: Wirksamkeitsschranken gesellschaftsvertraglicher Abfindungsklauseln, NJW 1979, S. 81ff.

— ders. in Münchner Kommentar, Bd. 3, 2. Halbbd., §§ 738 - 740 BGB, 2. Aufl., 1986

— ders. in Großkommentar zum HGB, 2. Bd., 1. Halbbd., 1986

Viel/Bredt/Renard: Die Bewertung von Unternehmungen und Unternehmungsanteilen, 3. Aufl., Stuttgart/Zürich 1970; 5. Aufl., Stuttgart/Zürich 1975

Werndl, J.: Der Firmenwert nach Handels- und Steuerrecht, ÖJZ 1979, S. 649ff.

Werner/Jung: Zur Unwirksamkeit von Abfindungsklauseln beim Ausscheiden aus Personengesellschaften – insbesondere freiberuflichen Sozietäten, DB 1982, S. 1503ff.

Westermann, H.: Personengesellschaftsrecht, 4. Aufl., Köln 1979

Zehner, K.: Unternehmensbewertung im Rechtsstreit – Zur Fehlinterpretation neuerer höchstrichterlicher Entscheidungen –, DB 1981, S. 2109ff.

Anhang

Materialien

Auszug aus dem Gesetzestext betr. den Vierten Titel des Handelsgesetzes vom 10. 5. 1897, in Österreich in Kraft gesetzt und ergänzt durch die Vierte Verordnung zur Einführung handelsrechtlicher Vorschriften im Lande Österreich vom 24. 12. 1938 (4. EVHGB) – Anhang –

Fachgutachten Nr. 45 des Fachsenats für Betriebswirtschaft und Organisation des Instituts für Betriebswirtschaft, Steuerrecht und Organisation der Kammer der Wirtschaftstreuhänder vom 14. 12. 1971, das in Österreich noch heute Gültigkeit hat – Anhang –

Vorgehensweise von Wirtschaftsprüfern bei der Bewertung ganzer Unternehmen (Entwurf einer Empfehlung Nr. 11), WPg 1977, S. 679ff.

Grundsätze zur Durchführung von Unternehmensbewertungen, in: HFA 2/1983, hrsg. vom Institut deutscher Wirtschaftsprüfer – Anhang –

Veröffentlichungen der Union Européenne des Experts Comptables Economiques et Financiers (UEC-Kommission für Fachfragen und Forschung):

- Die Bewertung von Unternehmungen und Unternehmungsanteilen, Richtlinien, Düsseldorf 1961.
- Empfehlung zur Vorgehensweise von Wirtschaftsprüfern bei der Bewertung ganzer Unternehmen, TRC 1, München 1980.

52. Handelsgesetzbuch.

Handelsgesetz vom 10. Mai 1897, DRGBl. S. 219, in Österreich in Kraft gesetzt und ergänzt durch die Vierte Verordnung zur Einführung handelsrechtlicher Vorschriften im Lande Österreich vom 24. Dezember 1938, DRGBl. I S. 1999, mit Berücksichtigung der BGBl. 243/1947, 160/1952, 175/1963, 196/1964, 170/1967, 577/1973 und 422/1974.

Vierter Titel.

Auflösung der Gesellschaft und Ausscheiden von Gesellschaftern.

§ 131. Die offene Handelsgesellschaft wird aufgelöst:
1. durch den Ablauf der Zeit, für welche sie eingegangen ist;
2. durch Beschluß der Gesellschafter;
3. durch die Eröffnung des Konkurses über das Vermögen der Gesellschaft;
4. durch den Tod eines Gesellschafters, sofern nicht aus dem Gesellschaftsvertrage sich ein anderes ergibt;
5. durch die Eröffnung des Konkurses über das Vermögen eines Gesellschafters;
6. durch Kündigung und durch gerichtliche Entscheidung.

Art. 7 Nr. 13 der 4. EVzHG.:

Konkurs über das Vermögen der aufgelösten Gesellschaft.

Solange noch ungeteiltes Vermögen einer aufgelösten Gesellschaft vorhanden ist, kann darüber ein selbständiger Konkurs eröffnet werden.

§ 132. Die Kündigung eines Gesellschafters kann, wenn die Gesellschaft für unbestimmte Zeit eingegangen ist, nur für den Schluß eines Geschäftsjahrs erfolgen; sie muß mindestens sechs Monate vor diesem Zeitpunkte stattfinden.

Art. 7 Nr. 14 der 4. EVzHG.:

Beschränkung der Kündigungsbefugnis.

Eine Vereinbarung, durch die das Kündigungsrecht ausgeschlossen oder in anderer Weise als durch Verlängerung der Kündigungsfrist erschwert wird, ist nichtig.

§ 133. (1) Auf Antrag eines Gesellschafters kann die Auflösung der Gesellschaft vor dem Ablaufe der für ihre Dauer bestimmten Zeit oder bei einer für unbestimmte Zeit eingegangenen Gesellschaft ohne Kündigung durch gerichtliche Entscheidung ausgesprochen werden, wenn ein wichtiger Grund vorliegt.
(2) Ein solcher Grund ist insbesondere vorhanden, wenn ein anderer Gesellschafter eine ihm nach dem Gesellschaftsvertrag obliegende wesentliche Verpflichtung vorsätzlich oder aus grober Fahrlässigkeit verletzt oder wenn die Erfüllung einer solchen Verpflichtung unmöglich wird.
(3) Eine Vereinbarung, durch welche das Recht des Gesellschafters, die Auflösung der Gesellschaft zu verlangen, ausgeschlossen oder diesen Vorschriften zuwider beschränkt wird, ist nichtig.

§ 134. Eine Gesellschaft, die für die Lebenszeit eines Gesellschafters eingegangen ist oder nach dem Ablaufe der für ihre Dauer bestimmten Zeit stillschweigend fortgesetzt wird, steht im Sinne der Vorschriften der §§ 132, 133 einer für unbestimmte Zeit eingegangenen Gesellschaft gleich.

§ 135. Hat ein Privatgläubiger eines Gesellschafters, nachdem innerhalb der letzten sechs Monate eine Zwangsvollstreckung in das bewegliche Vermögen des Gesellschafters ohne Erfolg versucht ist, auf Grund eines nicht bloß vorläufig vollstreckbaren Schuldtitels die Pfändung und Überweisung des Anspruches auf dasjenige erwirkt, was dem Gesellschafter bei der Auseinandersetzung zukommt, so kann er die Gesellschaft ohne Rücksicht darauf, ob sie für bestimmte oder unbestimmte Zeit eingegangen ist, sechs Monate vor dem Ende des Geschäftsjahrs für diesen Zeitpunkt kündigen.

§ 136. Wird die Gesellschaft in anderer Weise als durch Kündigung aufgelöst, so gilt die Befugnis eines Gesellschafters zur Geschäftsführung zu seinen Gunsten gleichwohl als fortbestehend, bis er von der Auflösung Kenntnis erlangt oder die Auflösung kennen muß.

§ 137. (1) Wird die Gesellschaft durch den Tod eines Gesellschafters aufgelöst, so hat der Erbe des verstorbenen Gesellschafters den übrigen Gesellschaftern den Tod unverzüglich anzuzeigen und bei Gefahr im Verzuge die von seinem Erblasser zu besorgenden Geschäfte fortzuführen, bis die übrigen Gesellschafter in Gemeinschaft mit ihm anderweit Fürsorge treffen können. Die übrigen Gesellschafter sind in gleicher Weise zur einstweiligen Fortführung der von ihnen zu besorgenden Geschäfte verpflichtet. Die Gesellschaft gilt insoweit als fortbestehend.
(2) Die Vorschriften des Abs. 1 Satz 2, 3 finden auch im Falle der Auflösung der Gesellschaft durch die Eröffnung des Konkurses über das Vermögen eines Gesellschafters Anwendung.

§ 138. Ist im Gesellschaftsvertrage bestimmt, daß, wenn ein Gesellschafter kündigt oder stirbt oder wenn der Konkurs über sein Vermögen eröffnet wird, die Gesellschaft unter den übrigen Gesellschaftern fortbestehen soll, so scheidet mit dem Zeitpunkt, in welchem mangels einer solchen Bestimmung die Gesellschaft aufgelöst werden würde, der Gesellschafter, in dessen Person das Ereignis eintritt, aus der Gesellschaft aus.

Art. 7 Nr. 15 der 4. EVzHG.:

Auseinandersetzung mit dem ausscheidenden Gesellschafter.

(1) Der Anteil des ausscheidenden Gesellschafters am Gesellschaftsvermögen wächst den übrigen Gesellschaftern zu.

(2) Dem ausscheidenden Gesellschafter sind die Gegenstände, die er der Gesellschaft zur Benutzung überlassen hat, zurückzugeben. Für einen durch Zufall in Abgang gekommenen oder verschlechterten Gegenstand kann er nicht Ersatz verlangen.

(3) Dem ausscheidenden Gesellschafter ist in Geld auszuzahlen, was er bei der Auseinandersetzung erhalten würde, falls die Gesellschaft zur Zeit seines Ausscheidens aufgelöst worden wäre. Der Wert des Gesellschaftsvermögens ist, soweit erforderlich, durch Schätzung zu ermitteln.

(4) Der ausscheidende Gesellschafter ist von den Gesellschaftsschulden zu befreien, für die er den Gläubigern haftet. Ist eine Schuld noch nicht fällig, so kann ihm die Gesellschaft Sicherheit leisten, statt ihn zu befreien.

(5) Reicht der Wert des Gesellschaftsvermögens zur Deckung der Gesellschaftsschulden und der Kapitalanteile der Gesellschafter nicht aus, so hat der ausscheidende Gesellschafter den Teil des Fehlbetrages an die Gesellschaft zu zahlen, der nach dem Verhältnis seines Anteils am Verlust auf ihn entfällt.

Art. 7 Nr. 16 der 4. EVzHG.:

Beteiligung des Ausscheidenden an schwebenden Geschäften.

(1) Der ausgeschiedene Gesellschafter nimmt an dem Gewinn und dem Verlust teil, der sich aus den zur Zeit seines Ausscheidens schwebenden Geschäften ergibt. Die Gesellschaft ist berechtigt, diese Geschäfte so zu beendigen, wie es ihr am vorteilhaftesten erscheint.

(2) Der ausgeschiedene Gesellschafter kann am Schluß jedes Geschäftsjahres Rechenschaft über die inzwischen beendeten Geschäfte, Auszahlung des ihm gebührenden Betrages und Auskunft über den Stand der noch schwebenden Geschäfte verlangen.

§ 139. (1) Ist im Gesellschaftsvertrage bestimmt, daß im Falle des Todes eines Gesellschafters die Gesellschaft mit dessen Erben fortgesetzt werden soll, so kann jeder Erbe sein Verbleiben in der Gesellschaft davon abhängig machen, daß ihm unter Belassung des bisherigen Gewinnanteiles die Stellung eines Kommanditisten eingeräumt und der auf ihn fallende Teil der Einlage des Erblassers als seine Kommanditeinlage anerkannt wird.

(2) Nehmen die übrigen Gesellschafter einen dahingehenden Antrag des Erben nicht an, so ist dieser befugt, ohne Einhaltung einer Kündigungsfrist sein Ausscheiden aus der Gesellschaft zu erklären.

(3) / Überholt. /

(4) Scheidet [innerhalb der Frist des Abs. 3] der Erbe aus der Gesellschaft aus oder wird [innerhalb der Frist] die Gesellschaft aufgelöst oder dem Erben die Stellung eines Kommanditisten eingeräumt, so haftet er für die bis dahin entstandenen Gesellschaftsschulden nur nach Maßgabe der die Haftung des Erben für die Nachlaßverbindlichkeiten betreffenden Vorschriften des bürgerlichen Rechtes.

(5) Der Gesellschaftsvertrag kann die Anwendung der Vorschriften der Abs. 1 bis 4 nicht ausschließen; es kann jedoch für den Fall, daß der Erbe sein Verbleiben in der Gesellschaft von der Einräumung der Stellung eines Kommanditisten abhängig macht, sein Gewinnanteil anders als der des Erblassers bestimmt werden.

Art. 7 Nr. 17 der 4. EVzHG.:

Fortsetzung der Gesellschaft mit den Erben eines Gesellschafters.

§ 139 ist mit folgender Maßgabe anzuwenden:

(1) Ist im Gesellschaftsvertrag bestimmt, daß im Falle des Todes eines Gesellschafters die Gesellschaft mit seinen Erben fortgesetzt werden soll, so besteht sie nach dem Tode dieses Gesellschafters mit seiner Verlassenschaft und nach deren Einantwortung mit den Erben fort.

(2) Die im Abs. 1 und 2 des § 139 bezeichneten Rechte können von den Erben nur innerhalb einer Frist von einem Monat nach der Einantwortung der Verlassenschaft geltend gemacht werden. Ist der Erbe nicht eigenberechtigt, und ist für ihn kein gesetzlicher Vertreter bestellt, so läuft die einmonatige Frist erst von der Bestellung eines solchen oder von dem Eintritt der Eigenberechtigung des Erben.

§ 140. (1) Tritt in der Person eines Gesellschafters ein Umstand ein, der nach § 133 für die übrigen Gesellschafter das Recht begründet, die Auflösung der Gesellschaft zu verlangen, so kann vom Gericht anstatt der Auflösung die Ausschließung dieses Gesellschafters aus der Gesellschaft ausgesprochen werden, sofern die übrigen Gesellschafter dies beantragen.

(2) Für die Auseinandersetzung zwischen der Gesellschaft und dem ausgeschlossenen Gesellschafter ist die Vermögenslage der Gesellschaft in dem Zeitpunkte maßgebend, in welchem die Klage auf Ausschließung erhoben ist.

§ 141. (1) Macht ein Privatgläubiger eines Gesellschafters von dem ihm nach § 135 zustehenden Rechte Gebrauch, so können die übrigen Gesellschafter auf Grund eines von ihnen gefaßten Beschlusses dem Gläubiger erklären, daß die Gesellschaft unter ihnen fortbestehen solle. In diesem Falle scheidet der betreffende Gesellschafter mit dem Ende des Geschäftsjahres aus der Gesellschaft aus.

(2) Diese Vorschriften finden im Falle der Eröffnung des Konkurses über das Vermögen eines Gesellschafters mit der Maßgabe Anwendung, daß die Erklärung gegenüber dem Konkursverwalter zu erfolgen hat und daß der Gemeinschuldner mit dem Zeitpunkte der Eröffnung des Konkurses als aus der Gesellschaft ausgeschieden gilt.

§ 142. (1) Sind nur zwei Gesellschafter vorhanden, so kann, wenn in der Person des einen von ihnen die Voraussetzungen vorliegen, unter welchen bei einer größeren Zahl von Gesellschaftern seine Ausschließung aus der Gesellschaft zulässig sein würde, der andere Gesellschafter auf seinen Antrag vom Gerichte für berechtigt erklärt werden, das Geschäft ohne Liquidation mit Aktiven und Passiven zu übernehmen.

(2) Macht bei einer aus zwei Gesellschaftern bestehenden Gesellschaft ein Privatgläubiger des einen Gesellschafters von der ihm nach § 135 zustehenden Befugnis Gebrauch oder wird über das Vermögen des einen Gesellschafters der Konkurs eröffnet, so ist der andere Gesellschafter berechtigt, das Geschäft in der bezeichneten Weise zu übernehmen.

(3) Auf die Auseinandersetzung finden die für den Fall des Ausscheidens eines Gesellschafters aus der Gesellschaft geltenden Vorschriften entsprechende Anwendung.

§ 143. (1) Die Auflösung der Gesellschaft ist, wenn sie nicht infolge der Eröffnung des Konkurses über das Vermögen der Gesellschaft eintritt, von sämtlichen Gesellschaftern zur Eintragung in das Handelsregister anzumelden.

(2) Das gleiche gilt von dem Ausscheiden eines Gesellschafters aus der Gesellschaft.

(3) Ist anzunehmen, daß der Tod eines Gesellschafters die Auflösung oder das Ausscheiden zur Folge gehabt hat, so kann, auch ohne daß die Erben bei der Anmeldung mitwirken, die Eintragung erfolgen, soweit einer solchen Mitwirkung besondere Hindernisse entgegenstehen.

§ 144. (1) Ist die Gesellschaft durch die Eröffnung des Konkurses über ihr Vermögen aufgelöst, der Konkurs aber nach Abschluß eines Zwangs [vergleiches] / ausgleiches / aufgehoben oder auf Antrag des Gemeinschuldners eingestellt, so können die Gesellschafter die Fortsetzung der Gesellschaft beschließen.

(2) Die Fortsetzung ist von sämtlichen Gesellschaftern zur Eintragung in das Handelsregister anzumelden.

Fachgutachten

Der Fachsenat für Betriebswirtschaft und Organisation des Instituts für Betriebswirtschaft, Steuerrecht und Organisation der Kammer der Wirtschaftstreuhänder hat nach eingehenden Beratungen folgende Fachgutachten verabschiedet:

Fachgutachten Nr. 45

Betriebswirtschaftliche Richtlinien für die Ermittlung des Wertes von Unternehmungen (Einzelfirmen und Personengesellschaften)

Einleitung

In den Auffassungen über die Gewichtung der Faktoren, die für die Ermittlung des Wertes einer Unternehmung als Ganzes maßgeblich sind, haben sich seit der Verabschiedung des Fachgutachtens Nr 13/14 (vom 18. Jänner 1952) des Fachsenates für Betriebswirtschaft des Instituts für Betriebswirtschaft, Steuerrecht und Organisation der Kammer der Wirtschaftsteuhänder über „Betriebswirtschaftliche Richtlinien für die Berechnung des Firmenwertes (goodwill) bei Einzelunternehmen und Personengesellschaften" Änderungen ergeben, die eine Neufassung des Gutachtens geboten erscheinen lassen.

Der Fachsenat für Betriebswirtschaft hat deshalb nach eingegenden Beratungen am 14. Dezember 1971 das folgende Gutachten beschlossen, in welchem — wie bereits im Titel des Gutachtens zum Ausdruck gebracht ist — nunmehr der Wert der Unternehmung als Ganzes und nicht mehr der „Firmenwert" oder „goodwill" in den Vordergrund gestellt wurde.

I. Die Bewertungsfaktoren und die Beurteilung ihrer Maßgeblichkeit

Für die Ermittlung des Wertes einer Unternehmung als Ganzes (weiterhin fallweise kurz „Gesamtwert" genannt) gibt es drei Hauptrichtungen von Meinungen:

1. Der allein richtige Wert der Unternehmung als Ganzes sei der Zukunftserfolgswert (Ertragswert), das heißt ein Wert, der durch Kapitalisierung der erwarteten Gewinne der Unternehmung berechnet wird.

Diese Auffassung vernachlässigt einige für die praktische Anwendung wesentliche Tatsachen; zum Beispiel würden innerhalb des Gesamtwertes nicht ertragbringende Vermögensgegenstände, die aber einen Verkehrswert besitzen (zB unbebaute Reservegrundstücke) nicht berücksichtigt.

2. Der allein richtige Wert der Unternehmung als Ganzes sei der Sachwert, der dem Zeitwert der einzelnen Vermögensgegenstände abzüglich der Schulden entspricht.

Diese Meinung wird dem Begriff der Unternehmung als eines unter einem gestalteten Willen zur Erzielung eines positiven Erfolges zusammengefaßten Vermögenskomplexes nicht gerecht. Es braucht wohl nicht näher bewiesen zu werden, daß von zwei Unternehmungen mit gleichem Sachwert, aber verschieden hohen Gewinnen, jener mit dem höheren Gewinn auch ein höherer Gesamtwert beizumessen ist.

3. Die gemischten Verfahren berücksichtigen sowohl den Zukunftserfolgswert (Ertragswert) als auch den Sachwert als Komponenten des Unternehmungswertes.

a) Das Mittelwertverfahren von Schmalenbach geht von der Ansicht aus, daß wohl der Ertragswert eine der Grundlagen für die Bewertung der Unternehmung bilde, daß aber zur Berücksichtigung der Konkurrenzgefahr vom Ertragswert ein Abschlag gemacht werden müsse. Den Unternehmungswert berechnet Schmalenbach in der Form, daß er die Summe aus Ertragswert und Substanzwert halbiert.

Bei Anwendung dieses Verfahrens ist also sowohl die Bestimmung des Ertragswertes als auch die des Sachwertes erforderlich.

b) Bei anderen gemischten Verfahren wird der Sachwert um eine erfolgsabhängige Komponente korrigiert. Die Korrektur erfolgt in der Weise, daß zum Sachwert ein Zuschlag gemacht wird, dessen Höhe von dem die Normalverzinsung des Sachwertes übersteigenden Zukunftserfolg (Übergewinn) abhängt.

Die Kapitalisierungsformel hängt davon ab, ob man den Übergewinn als für eine unbeschränkte oder nur für eine beschränkte Zeit erzielbar betrachtet (Einfluß der Nachhaltigkeitsdauer).

Durch die gesonderte Beurteilung der Nachhaltigkeitsdauer des Übergewinnes wird einem solchen Verfahren eine größere Flexibilität in der Anwendung verliehen; zB können die Unterschiede zwischen Unternehmungen mit Monopolcharakter und marktorientierten Unternehmungen ohne weiteres durch eine entsprechende Variation der Nachhaltigkeitsdauer des Übergewinnes berücksichtigt werden.

Diese Verfahren setzen allerdings voraus, daß mindestens ein nachhaltiger Gewinn in Höhe der Normalverzinsung des Sachwertes erzielt wird.

In den Fällen, in denen der erwartete nachhaltige Zukunftserfolg die ausreichende Verzinsung des Sachwertes des betriebsnotwendigen Eigenkapitals nicht deckt, ist der Unternehmungswert in der Regel allein aus dem nachhaltigen Zukunftserfolg abzuleiten; mindestens ist aber der voraussichtliche Liquidationswert anzusetzen.

Der Fachsenat ist der Ansicht, daß einem gemischten Verfahren des Abschnitts 3 b der Vorzug zu geben ist; er begründet diese Ansicht wie folgt:

Jedes Unternehmen benötigt zur Durchführung seiner Tätigkeit eine bestimmte Sachapparatur (Anlagen und Vorräte); aus der Verbindung mit dem Beschaffungs- und Absatzmarkt ergeben sich Kreditbeziehungen zu Kunden und Lieferanten, aus der Finanzierungstätigkeit Beziehungen zum Kapital- und Geldmarkt.

Die Sachapparatur wird durch die dispositiven Produktionsfaktoren (Geschäfts- und Betriebsleitung, Planung und Organisation) mit dem Produktionsfaktor menschliche Arbeitsleistung zu einem wirtschaftlichen Organismus zusammengefaßt.

Die Sachapparatur ist somit für jede Unternehmung die Voraussetzung für eine Gewinnerzielung. Der Fachsenat verkennt nicht, daß der Wert der einer Unternehmung gewidmeten Vermögenswerte letztlich davon abhängt, ob die Unternehmung bei ihrer wirtschaftlichen Betätigung einen entsprechenden Gewinn erzielt, und daß daher einer vom künftigen Erfolg abgeleiteten Wertgröße eine nicht zu unterschätzende Bedeutung zukommt. Da jedoch einerseits der künftige Erfolg von zahlreichen unvorhersehbaren Faktoren abhängt und sich daher für einen längeren Zeitraum einer einigermaßen verläßlichen zahlenmäßigen Erfassung entzieht, und da andererseits die Sachapparatur die Grundlage für die künftigen Betriebsleistungen und damit auch eine wesentliche Grundlage für den künftigen Erfolg bildet, erscheint es dem Fachsenat nicht nur aus praktischen Gründen richtig, sondern auch theoretisch gerechtfertigt, dem Sachwert bei der Ermittlung des Wertes einer Unternehmung als Ganzes ein entsprechendes Gewicht beizumessen.

Daraus ergibt sich, daß in der Regel weder der Ertragswert noch der Sachwert allein maßgebend sein kann für die Bestimmung des Wertes der Unternehmung als Ganzes; es sind sowohl die in der Unternehmung eingesetzten Vermögenswerte als auch der Ertrag zu berücksichtigen.

II. Die Rechengrößen bei der Unternehmungsbewertung

Für das vom Fachsenat empfohlene Verfahren werden folgende Bestimmungsgrößen benötigt:

1. Der Sachwert (Substanzwert) des Eigenkapitals (S).

Der Sachwert des Eigenkapitals wird ermittelt als Summe der Werte der einzelnen Vermögensgegenstände abzüglich der Verpflichtungen der Unternehmung; die Ermittlung des Sachwertes wird in Abschnitt III behandelt.

2. Der erwartete nachhaltige Zukunftserfolg (e).

Die Ermittlung des erwarteten nachhaltigen Zukunftserfolges wird in Abschnitt IV behandelt.

3. Der Übergewinn.

Der Übergewinn wird bestimmt als Differenz zwischen dem erwarteten nachhaltigen Zukunftsgewinn und der „Normalverzinsung“ des Sachwertes; ist der Sachwert negativ, dann ist auch dessen „Normalverzinsung“ negativ.

Formelmäßige Darstellung:

$$\text{Übergewinn} = e - \frac{S \cdot p}{100}$$

p = Kapitalisierungszinssatz.

4. Der Kapitalisierungszinssatz (p).

Die Berechnung der Normalverzinsung des Sachwertes und die anschließende Diskontierung des Übergewinnes setzen die Festlegung des Kapitalisierungszinssatzes (p) voraus. Dessen Bestimmung wird in Abschnitt V behandelt.

5. Die Nachhaltigkeitsdauer des Übergewinnes (n).

Die Nachhaltigkeitsdauer des Übergewinnes (n) ist der Zeitraum (ausgedrückt in Jahren), für den der Übergewinn als erzielbar angenommen wird.

6. Der Firmenwert oder goodwill (g).

Die auf den Bewertungsstichtag diskontierten Übergewinne (Barwert) ergeben den Firmenwert oder goodwill (g).

Die Bestimmung dieses Barwerts erfordert zwei Rechengrößen:

a) einen Zinssatz, der durch den Kapitalisierungszinssatz (p) gegeben ist;

b) einen Zeitraum, für den der Übergewinn als erzielbar angenommen wird und der durch dessen Nachhaltigkeitsdauer (n) gegeben ist.

Der Firmenwert stellt also mathematisch betrachtet den Barwert einer nachschüssigen Zeitrente dar.

Formelmäßige Darstellung:

$$g = \left(e - \frac{S \cdot p}{100}\right) \cdot T_{IV}$$

T_{IV} bzw. $a_{\overline{n}|}$ = Barwertfaktor für eine Nachhaltigkeitsdauer von n Jahren und einen Zinssatz p.

Diese Formel gilt grundsätzlich auch dann, wenn der Sachwert negativ ist. Ein negativer Wert für S führt jedoch im Ergebnis zu

$$g = \left(e + \frac{S \cdot p}{100}\right) \cdot T_{IV}$$

Die Ermittlung des Firmenwertes wird in Abschnitt VI behandelt.

7. Der Gesamtwert der Unternehmung (U) ergibt sich schließlich als Summe aus Sachwert und Firmenwert.

Formelmäßige Darstellung:

$$U = S + \left(e - \frac{S \cdot p}{100}\right) \cdot T_{IV}$$

8. In Fällen, in denen in einer Unternehmung neben betriebsnotwendigen auch nicht betriebsnotwendige Vermögenswerte enthalten sind, bedarf die vorstehend angeführte Formel einer Ergänzung.

In diesen Fällen sind bei der Ermittlung des Sachwertes die nicht betriebsnotwendigen Vermögensgegenstände und bei der Bestimmung des Zukunftserfolges die mit diesen Vermögensgegenständen verbundenen Aufwendungen und Erträge außer Ansatz zu lassen.

Der Gesamtwert setzt sich in diesen Fällen aus dem Sachwert des betriebsnotwendigen Eigenkapitals, aus dem Firmenwert und aus dem Wert (Netto-Veräußerungswert) des nicht betriebsnotwendigen Vermögens zusammen.

Die formelmäßige darstellung des Unternehmungswertes ist somit wie folgt zu erweitern:

$$U = S_{bV} + \left(e - \frac{S_{bV} \cdot p}{100}\right) \cdot T_{IV} + W_{nbV}$$

S_{bV} = Sachwert des betriebsnotwendigen Eigenkapitals (Sachwert des betriebsnotwendigen Vermögens abzüglich der Schulden)

W_{nbV} = Wert des nicht betriebsnotwendigen Vermögens (Veräußerungswert)

Ist der Sachwert des betriebsnotwendigen Eigenkapitals negativ, dann stellt sich die Formel in abgewandelter Form wie folgt dar:

$$U = -S_{bV} + \left(e + \frac{S_{bV} \cdot p}{100}\right) \cdot T_{IV} + W_{nbV}{}^{*)}$$

9. Es sei nochmals darauf hingewiesen, daß dieses Verfahren zur Ermittlung des Unternehmungswertes in der Regel nur dann anwendbar ist, wenn der erwartete nachhaltige Zukunftserfolg wenigstens die ausreichende Verzinsung des Sachwertes des betriebsnotwendigen Eigenkapitals deckt; dh nur im Bereich

$$e \geqq \frac{S_{bV} \cdot p}{100}$$

III. Die Ermittlung des Sachwerts (Substanzwerts) des Eigenkapitals

Der Sachwert ist nach der Netto-Methode (für das Eigenkapital unter Berücksichtigung der tatsächlichen Finanzierungsstruktur) zu ermitteln. Er ergibt sich als Differenz zwischen dem Wert der Vermögensgegenstände und dem Wert der Schulden.

Die Sachwertermittlung umfaßt die Bestandsaufnahme und die Bewertung.

1. Die Bestandsaufnahme (einschl Zustandsaufnahme)

Sowohl die Vermögensgegenstände (nicht nur die materiellen, sondern auch die selbständigen immateriellen Wirtschaftsgüter) als

*) Es wird auf nachstehende Veröffentlichungen von Professor Falkenberg verwiesen:
„Die Wirtschaftlichkeit“, Jahrgang 1962
„Die Industrie“, Nr 24 vom 16. 6. 1961
„Die österreichische Steuer- und Wirtschaftskartei“, Nr 1 und 2 vom 10. 1. und 25. 1. 1966.

auch die Schulden (einschließlich aller erforderlichen Rückstellungen in angemessener Höhe) sind nach dem Stand am Bewertungsstichtag aufzunehmen.

Bei dieser Bestandsaufnahme ist auch der Zustand der Wirtschaftsgüter und ihre Verwendungs- bzw Verwertungsmöglichkeit festzustellen, da diese Umstände für die Bewertung von wesentlicher Bedeutung sind.

Die betrieblich genutzten und die für den Betrieb nicht erforderlichen Vermögensgegenstände sind gesondert zu erfassen.

2. Bewertung

Für die Bewertung des betrieblich genutzten und des für den Betrieb nicht erforderlichen Vermögens gelten unterschiedliche Bewertungsgrundsätze.

Die betrieblich genutzten Vermögensgegenstände und die betrieblichen Schulden sind wie folgt zu bewerten:

A. Aktiva (Vermögensgegenstände)

a) Sachanlagevermögen

aa) Grund und Boden

Unbebaute Grundstücke sind in der Regel mit dem Verkehrswert anzusetzen. Bei bebauten Grundstücken ist in der Regel zunächst der fiktive Verkehrswert des Grundstücks in unbebautem Zustand zu ermitteln und davon ein angemessener Wertabschlag wegen der Bebauung abzusetzen; die Höhe dieses Wertabschlags richtet sich nach den durch die Bebauung ausgelösten Verfügungs- und Verwendungsbeschränkungen. Bei der Bewertung von Ausbeutegrundstücken sind die beim Substanzabbau erzielbaren Erfolge zu berücksichtigen.

bb) Gebäude

Ausgangsgrundlage für die Bewertung bilden die Wiederherstellungskosten (berechnet nach m^2 Nutzfläche oder m^3 umbauten Raum) unter normalen Baubedingungen abzüglich angemessener Abschreibungen für die Zeit seit der Errichtung des Gebäudes. Je nach der Eignung für den Betriebszweck und dem Erhaltungszustand sind entsprechende Abschläge oder Zuschläge (zB wegen durchgeführter Generalrenovierung) vorzunehmen.

cc) Sonstiges Sachanlagevermögen (Maschinen, Betriebs- und Geschäftsausstattung, Fahrzeuge usw)

Ausgangspunkt für die Bewertung bilden die Wiederbeschaffungskosten abzüglich angemessener Abschreibungen. Auf die betriebliche Verwendungsmöglichkeit und den Erhaltungszustand der Anlagen ist Rücksicht zu nehmen.

Die Wiederbeschaffungswerte sind für gleich leistungsfähige Anlagen zu ermitteln. Gibt es keine geeigneten Vergleichsanlagen, dann können die Wiederbeschaffungswerte mit Hilfe geeigneter Preisindizes von Anschaffungswerten abgeleitet werden.

Die Untergenze für die Bewertung von Sachanlagen bilden in der Regel die Einzelveräußerungswerte (Liquidationswerte) abzüglich der Veräußerungskosten.

Für die Bewertung des Sachanlagevermögens ist die Einholung von Sachverständigen-Gutachten zu empfehlen.

b) Immaterielles Anlagevermögen

Konzessionen, Patente, Lizenzen, Markenrechte und ähnliche Rechte sowie eigene Fertigungsverfahren sind dann in den Sachwert einzubeziehen, wenn ihnen nach der Verkehrsauffassung ein eigener Wert beizumessen ist. Bei befristeten Rechten ist die Restlaufzeit zu berücksichtigen.

Aufwendungen für Forschung und Entwicklung, für Organisation und für Werbung sind nicht in den Sachwert einzubeziehen; eine etwaige positive Beeinflussung des künftigen Ertrags ist aber bei der Berechnung des Zukunftserfolges entsprechend zu berücksichtigen.

c) Finanzanlagevermögen

aa) Börsengängige Wertpapiere

Diese (sowohl Aktien als auch festverzinsliche Wertpapiere) sind zum Börsenkurs am Bewertungsstichtag zu bewerten; nicht repräsentative Zufallskurse sind nicht zu berücksichtigen. Bei größeren Aktienpaketen werden gegebenenfalls Paketzuschläge oder Paketabschläge vorzunehmen sein. Für die Bewertung von Beteiligungen sind die Ausführungen unter bb) zu beachten.

bb) Nicht börsengängige Aktien und sonstige Anteile (an Gesellschaften mit beschränkter Haftung, Genossenschaften und Personengesellschaften)

Es ist zu prüfen, ob es sich um Beteiligungen im engeren Sinn handelt, die für die Fortführung der Unternehmung betriebsnotwendig sind.

Bei enger wirtschaftlicher Verflechtung kann es notwendig sein, eine zusammengefaßte Bewertung der verflochtenen Unternehmungen vorzunehmen.

Bei betriebsnotwendigen Beteiligungen, die individuell bewertet werden, sind die aus der Beteiligung resultierenden Vorteile für das Unternehmen, aber auch die Einschränkung der selbständigen Verwertbarkeit der Anteile zu berücksichtigen.

Bei nicht betriebsnotwendigen Anteilen sind außer dem Sachwert und den Ertragsaussichten auch alle übrigen für den Verkehrswert maßgebenden Umstände (Verkehrsfähigkeit der Anteile, Kapitalmarktverhältnisse, Börsenwerte von Aktien vergleichbarer Unternehmungen) zu berücksichtigen.

cc) Gemäß § 4 Abs 4 Z 5 EStG wertberichtigte Wertpapiere

Bei den Wertpapieren, die vor dem 1. Jänner 1968 angeschafft und gemäß § 4 Abs 4 Z 5 EStG abgeschrieben wurden, ist für die bei einer Veräußerung der Unternehmung zu entrichtende Gewerbesteuer eine entsprechende Rückstellung zu bilden.

d) Vorräte

aa) Roh-, Hilfs- und Betriebsstoffe, selbsthergestellte Teile und halbfertige Erzeugnisse

Ausgangsgrundlage für die Bewertung bilden der Wiederbeschaffungswert bzw die Wiederherstellungskosten. Wertmindernde Faktoren (zB lange Lagerdauer, Überbestand, verminderte betriebliche Verwendbarkeit, technische Entwertung, Qualitätsmängel) sind durch angemessene Abschläge zu berücksichtigen.

bb) Fertigerzeugnisse

Die Fertigerzeugnisse — mit Ausnahme der bereits verkauften — sind zu Wiederherstellungskosten anzusetzen, soweit diese nicht höher sind als die erzielbaren Verkaufserlöse abzüglich der voraussichtlich noch anfallenden Kosten. Nur die am Bewertungsstichtag bereits verkauften Bestände an Fertigerzeugnissen sind zu den Verkaufserlösen abzüglich der noch entstehenden Kosten zu bewerten.

cc) Handelswaren

Handelswaren sind zu Wiederbeschaffungswerten anzusetzen. Zusätzliche Leistungen (zB Sortimentsbildung) sind durch Zuschläge zu berücksichtigen. Nicht gängige Artikel sind auf die erzielbaren Verkaufserlöse abzüglich eines Abschlages für Verkaufskosten und Verkaufsrisiko abzuwerten.

e) Sonstiges Umlaufvermögen

aa) Wertpapiere

Für die Bewertung von börsengängigen Aktien und festverzinslichen Wertpapieren gelten die Ausführungen im Abschnitt c) lit aa).

bb) Forderungen und Wechsel

Forderungen aller Art sind nach den im Fachgutachten Nr 44 des Fachsenates für Steuerrecht aufgestellten Grundsätzen zu bewerten.

f) Aktive Rechnungsabgrenzungsposten

Diese sind nach den für die Aufstellung der Jahresabschlußbilanzen geltenden Grundsätzen zu bilden. Ein Anleihedisagio ist jedoch nur dann anzusetzen, wenn die Anleihebedingungen den am Bewertungsstichtag bestehenden Kapitalmarktverhältnissen entsprechen.

B. Passiva (Schulden)

a) Rückstellungen

Rückstellungen sind in Höhe des voraussichtlichen Erfordernisses anzusetzen. Verpflichtungen und Aufwendungen, die erst nach längerer Zeit fällig werden, sind auf den Barwert abzuzinsen (auf Abschnitt V wird verwiesen). Für Abfertigungs- und Pensionsverpflichtungen sind unabhängig von der Bilanzierung in der Handels- und Steuerbilanz ausreichende Rückstellungen zu bilden. Von den Abfertigungsverpflichtungen ist ein Prozentsatz anzusetzen, der nach der voraussichtlichen Geltendmachung von Abfertigungen bemessen wird. Für Pensionsverpflichtungen werden in der Regel versicherungsmathematische Gutachten über die Höhe des Deckungskapitals eingeholt werden müssen.

Falls in der Bilanz der Unternehmung unversteuerte Rücklagen enthalten sind, mit deren Nachversteuerung wegen des Fehlens der gesetzlichen Voraussetzungen gerechnet werden muß, ist für die noch anfallende Gewerbeertragsteuer eine angemessene Rückstellung zu bilden; der Zeitpunkt einer allfälligen Nachversteuerung ist dabei zu berücksichtigen. Auch für mögliche Nachforderungen von Betriebssteuern anläßlich von steuerlichen Betriebsprüfungen ist durch Rückstellungen vorzusorgen, welche den steuerlichen Risiken Rechnung tragen.

b) Verbindlichkeiten

Unverzinsliche und niedrig verzinsliche Verbindlichkeiten sind abzuzinsen (auf Abschnitt V wird verwiesen); Fremdwährungsverbindlichkeiten sind zum Warenkurs des Bewertungstichtages anzusetzen. Bei wertgesicherten Verbindlichkeiten sind die Wertsicherungsbestimmungen zu beachten.

c) Passive Rechnungsabgrenzungsposten

Diese sind nach den für die Aufstellung der Jahresabschlußbilanzen geltenden Grundsätzen zu ermitteln.

C. Sachwert (Substanzwert) des Eigenkapitals

Der Sachwert des Eigenkapitals ergibt sich als Differenz zwischen den nach den vorstehenden Erläuterungen ermittelten Werten der Aktiva (Vermögenswerte) und Passiva (Schulden). Er kann auch durch folgende Kontrollrechnung ermittelt werden:

Buchwerte der Eigenkapitalkonten
zu: Buchwerte der offenen Rücklagen
zu: Erhöhungen der Wertansätze von Aktiven und Verminderungen der Wertansätze von Passiven (gegenüber den Buchwerten) auf Grund der vorstehenden Erläuterungen
ab: Verminderungen der Wertansätze von Aktiven und Erhöhungen der Wertansätze von Passiven (gegenüber den Buchwerten) auf Grund der vorstehenden Erläuterungen

IV. Die Ermittlung des nachhaltigen Zukunftserfolgs

Wertbestimmend für die Unternehmung ist der durch den Einsatz des Vermögenskomplexes voraussichtlich erzielbare nachhaltige Zukunftserfolg.

Im allgemeinen sind die zukünftigen Erfolgserwartungen aus den Erfolgsrechnungen der letzten Jahre abzuleiten. Es empfiehlt sich, aus den Erfolgsrechnungen der letzten drei bis fünf Jahre, welche als Orientierungshilfe für die Schätzung des Zukunftserfolgs dienen, betriebswirtschaftliche Erfolgsanalysen zu entwickeln. Dabei sind folgende Punkte zu berücksichtigen:

1. Bei Einzelfirmen und Personengesellschaften ist im Fall der unentlohnten Mitarbeit des Unternehmers bzw seiner Angehörigen oder von Gesellschaftern ein Unternehmerlohn anzusetzen. Dieser ist mit den Gehaltsbezügen (ohne Nebenkosten), welche durch die Tätigkeit des Unternehmers bzw seiner Angehörigen oder der Gesellschafter eingespart werden, zu bemessen.

2. Die Abschreibungen sind periodenrichtig anzusetzen; sie sind insbesondere so zu berechnen, als ob keine vorzeitigen Abschreibungen in Anspruch genommen worden wären. Dies bedeutet, daß einerseits

die vorzeitigen Abschreibungen zum Erfolg der einzelnen Jahre hinzuzurechnen sind, andererseits aber die infolge Vorwegnahme durch vorzeitige Abschreibungen fehlenden normalen Abschreibungen zusätzlich in den Aufwand einzubeziehen sind.

3. Auswirkungen der Bildung und der Auflösung sonstiger stiller Rücklagen sind gleichfalls auszuschalten.

4. Voraussichtlich nicht wiederkehrende außerordentliche Aufwendungen und Erträge sind auszuscheiden. Periodenfremde betriebliche Aufwendungen und Erträge sind nach Möglichkeit dem Jahr zuzurechnen, dem sie wirtschaftlich zugehören. Wiederkehrende unregelmäßig anfallende Aufwendungen und Erträge sind in Anlehnung an den Vorgang beim Ansatz der kalkulatorischen Wagnisse durch Durchschnittswerte zu ersetzen.

5. Die aus den nicht betriebsnotwendigen Vermögenswerten stammenden Aufwendungen und Erträge sind auszuscheiden, um den Erfolg zu isolieren, der durch den Einsatz des Sachwerts des betriebsnotwendigen Eigenkapitals entsteht.

6. Die gewinnabhängigen Steuern (Gewerbeertragsteuer) sind von dem um die Punkte 2. bis 5. berichtigten Erfolg neu zu berechnen.

7. Die berichtigten Erfolge der Vergleichsjahre sind durch Umrechnung auf die Geldwertverhältnisse des Bewertungsstichtags auf einen einheitlichen Nenner zu bringen.

Aus den nach den vorstehend angeführten Grundsätzen berichtigten Ergebnissen der letzten drei bis fünf Jahre ist zunächst der von Zufallsschwankungen, Konjunkturschwankungen und Trendentwicklungen bereinigte Gegenwartserfolg abzuleiten.

Wenn sich die Höhe und Art der Betriebsleistung in dem untersuchten Zeitraum nicht wesentlich geändert haben, kann der Gegenwartserfolg als Mittelwert aus den Ergebnissen der letzten drei bis fünf Jahre errechnet werden; gegebenenfalls ist das Ergebnis des günstigsten und des ungünstigsten Jahres bei der Errechnung des Mittelwerts auszuscheiden.

Wenn sich die Höhe und Art der Betriebsleistung in dem untersuchten Zeitraum wesentlich geändert haben (zB Ausweitung des Betriebsumfangs, Änderung des Leistungsprogramms), dann sind der Berechnung des Gegenwartserfolgs die Ergebnisse eines kürzeren Zeitraums zugrundezulegen. Zur Berücksichtigung von Konjunktur- und Zufallsschwankungen sind in diesem Fall gegebenenfalls von dem errechneten Durchschnittswert Zu- oder Abschläge vorzunehmen.

Der bereinigte Gegenwartserfolg ist sodann um Aufwandsposten zu berichtigen, die sich auf Grund der Sachwertermittlung ergeben. Zu diesen Berichtigungen gehören insbesondere die Differenzen zwischen den buchmäßigen Abschreibungen und den Abschreibungen, die sich auf Grund der Wertansätze des Anlagevermögens bei der Sachwertermittlung errechnen.

Um vom bereinigten Gegenwartserfolg zum erwarteten nachhaltigen Zukunftserfolg zu gelangen, müssen noch die für die Zukunft erwarteten Änderungen des Erfolgs berücksichtigt werden. Dies gilt sowohl für die bereits feststehenden zukünftigen Änderungen von Aufwendungen und Erträgen (zB Auswirkungen bereits feststehender Preis- und Lohnänderungen) als auch für ausreichend konkretisierbare Zukunftserwartungen (Berücksichtigung eines aus der Entwicklung der vergangenen Jahre ableitbaren Trends, sofern die Voraussetzungen für eine Weiterentwicklung der den Trend bestimmenden Faktoren gegeben sind; Berücksichtigung des Ergebnisses von Aufwendungen für Forschung und Entwicklung, für Organisation und Werbung, von Rationalisierungsmaßnahmen sowie von Veränderungen der Wettbewerbsverhältnisse; Berücksichtigung der Auswirkungen wirtschaftspolitischer Maßnahmen des Staates).

Die vorstehenden Berechnungen ergeben den erwarteten nachhaltigen Zukunftserfolg, der durch den Einsatz der betriebsnotwendigen Vermögenswerte (des betriebsnotwendigen Sachwerts des Eigenkapitals) erzielt wird.

V. Der Ansatz des Kapitalisierungszinsfußes

Beim Ansatz des Kapitalisierungszinsfußes ist davon auszugehen, daß das in der Unternehmung gebundene Eigenkapital mindestens zu einem Satz verzinst werden muß, der dem Kapitalmarktzinssatz (Rendite festverzinslicher Wertpapiere) entspricht. Zu diesem Zinssatz ist ein Risikozuschlag hinzuzurechnen; bei dessen Bemessung ist das mit der Investition von Eigenkapital in der zu bewertenden Unternehmung verbundene Unternehmerrisiko in angemessener Weise zu berücksichtigen.

Im Hinblick darauf, daß die Höhe des Unternehmerrisikos in der Regel von der Größe der Unternehmung und nicht von der Größe des Eigenkapitals bestimmt wird, ist der Risikozuschlag im allgemeinen um so höher anzusetzen, je niedriger der Anteil des Eigenkapitals am Gesamtkapital ist.

Bei den gegenwärtigen Kapitalmarktverhältnissen (1971) liegt der Kapitalisierungszinssatz in der Regel im Bereich zwischen 8 und 12% pa.

In besonderen Fällen kann eine angemessene Reduktion des nominellen Kapitalmarktzinssatzes vorgenommen werden, wenn im nominellen Kapitalmarktzinssatz eine Geldentwertungsprämie enthalten ist und der Gegenwert des Eigenkapitals der zu bewertenden Unternehmung aus wertbeständigen Substanzwerten besteht.

VI. Die Ermittlung des Firmenwerts (goodwill)

Der Firmenwert (goodwill) ist der über den Sachwert am Bewertungsstichtag hinausgehende Mehrwert, welcher sich auf Grund des erwarteten Zukunftserfolgs ergibt.

Mathematisch kann er aufgefaßt werden als der Barwert einer auf den Bewertungsstichtag abgezinsten nachschüssigen Rente in Höhe des Übergewinnes; dieser ergibt sich als Differenz zwischen dem erwarteten nachhaltigen Zukunftserfolg und der Normalverzinsung des Sachwerts des betriebsnotwendigen Eigenkapitals.

Nach den Faktoren, die den Firmenwert begründen, kann man unterscheiden:

a) einen subjektbedingten Firmenwert

Dieser ist vorwiegend auf die persönliche Leistung des Unternehmers zurückzuführen.

b) einen objektbedingten Firmenwert

Dieser gründet sich auf die Art der auf dem Markt angebotenen Leistungen und auf die Marktstellung der Unternehmung.

Je nach der Abhängigkeit der Erfolgslage der Unternehmung von der persönlichen Leistung des Unternehmers oder von den Markt- und Konkurrenzverhältnissen können unterschieden werden:

a) Unternehmungen, in denen die fachliche Tüchtigkeit des Unternehmers von ausschlaggebender Bedeutung für das Gedeihen der Unternehmung ist (zB Handwerksbetriebe; Baugewerbe; ganz allgemein Unternehmungen, deren Erfolgslage auf Grund besonderer unternehmerischer Tüchtigkeit des Inhabers oder Geschäftsführers bzw der Geschäftsführer erheblich besser ist als der Branchendurchschnitt).

Unternehmungen dieser Gruppe haben einen überwiegend subjektbedingten Firmenwert.

b) Unternehmungen mit einer mehr oder weniger stark ausgeprägten Monopol- bzw Präferenzstellung. Diese Monopol- oder Präferenzstellung kann begründet sein:

aa) durch die örtliche Lage der Unternehmung (zB Hotels in der Umgebung von Bahnhöfen oder in bedeutsamen Fremdenverkehrsorten, örtlich günstig gelegene Gastwirtschaften und Kaffeehäuser, Einzelhandelsbetriebe mit guter Standortlage, Mühlenbetriebe und Sägewerke in landwirtschaftlichen Gebieten und Waldgegenden usw), oder

bb) durch rechtliche Voraussetzungen wie Konzessionen, Patente und Markenrechte usw (zB Apotheken), oder

cc) durch Fertigungserfahrungen (know how) und sonstige Kenntnisse und Erfahrungen, welche nicht auf eine einzige Person beschränkt sind.

Unternehmungen dieser Gruppe haben einen überwiegend objektbedingten Firmenwert.

c) Sogenannte marktorientierte Unternehmungen, die infolge der technischen Entwicklung, ihres Erzeugungsprogramms oder äußerer Umstände in ständigem direktem Konkurrenzkampf stehen (zB import- und exportabhängige Handels- und Industrieunternehmungen).

Bei den Unternehmungen dieser Gruppe ist der Übergewinn besonders gefährdet.

In der Fachliteratur wird für den objektbedingten Firmenwert im allgemeinen eine Nachhaltigkeitsdauer des Übergewinns von fünf bis acht Jahren und für den subjektbedingten Firmenwert eine Nachhaltigkeitsdauer des Übergewinns von drei bis fünf Jahren als angemessen erachtet.

Bei den in Punkt c) angeführten Unternehmungen muß die Nachhaltigkeitsdauer des Übergewinns besonders vorsichtig beurteilt werden; sie wird auch für den objektbedingten Firmenwert mit drei bis fünf Jahren anzunehmen sein.

Wenn bei den Unternehmungen mit vorwiegend subjektbedingtem Firmenwert ein Wechsel des Unternehmers eintritt und eine erfolgreiche künftige Geschäftstätigkeit erst nach Wiedergewinnung einer geeigneten Unternehmerpersönlichkeit erwartet werden kann, ist bei Berechnung des Firmenwerts ein angemessener Abschlag vorzunehmen; gegebenenfalls ist vom Ansatz eines Firmenwerts überhaupt abzusehen.

Für die Ermittlung des Firmenwerts ist der Übergewinn zu multiplizieren mit dem Barwertfaktor für eine Zeitrente von der Dauer n zum Kapitalisierungszinssatz p.

Beispiel:
S = 10,000.000
e = 1,200.000
p = 10 %
n = 5 Jahre
Übergewinn = $\left(e - \frac{S \cdot p}{100}\right) = 200.000$
T_{IV} = 3,791
Firmenwert (g) = 3,791 . 200.000 = 758.200

VII. Der Unternehmungswert

Auf Grund der vorstehenden Ausführungen errechnet sich der Unternehmungswert wie folgt:

1. bei ausreichender Verzinsung des Sachwerts des Eigenkapitals

Der Unternehmungswert ergibt sich in den Fällen, in denen der erwartete nachhaltige Zukunftserfolg zur angemessenen Verzinsung des Sachwerts des betriebsnotwendigen Eigenkapitals ausreicht, als Summe aus dem Sachwert des betriebsnotwendigen Eigenkapitals, dem Firmenwert und — falls vorhanden — dem Veräußerungswert des nicht betriebsnotwendigen Vermögens nach folgender Formel:

$$U = S_{bV} + \left(e - \frac{S_{bV} \cdot p}{100}\right) \cdot T_{IV} + W_{nbV}$$

Diese Formel gilt auch, wenn der Sachwert des betriebsnotwendigen Eigenkapitals negativ ist; sie stellt sich dann im Ergebnis wie folgt dar:

$$U = - S_{bV} + \left(e + \frac{S_{bV} \cdot p}{100}\right) \cdot T_{IV} + W_{nbV}$$

Schematisches Beispiel:
Sachwert des betriebsnotwendigen Eigenkapitals
(S_{bV}) = 10,000.000
Wert der nicht betriebsnotwendigen Vermögensbestände
(W_{nbV}) = 700.000
Erwarteter nachhaltiger Zukunftserfolg im Sinne des Abschnittes IV (e) = 1,200.000
Kapitalisierungszinssatz (p) = 10 %
Nachhaltigkeitsdauer des Übergewinnes (n) = 8 Jahre
T_{IV} = 5,3349262

Der Firmenwert und der Unternehmungswert werden auf Grund dieser Annahmen wie folgt errechnet:

a) Firmenwert (g)

Nachhaltiger Zukunftserfolg = e	1,200.000
Verzinsung des Sachwerts = $\frac{S_{bV} \cdot p}{100}$	1,000.000
Übergewinn	200.000
Firmenwert = 5,3349262 . 200.000	1,066.985

b) Unternehmungswert (U)

Sachwert des betriebsnotwendigen Eigenkapitals (S_{bV})	10,000.000
Firmenwert (g)	1,066.985
Zwischensumme	11,066.985
Wert des nicht betriebsnotwendigen Vermögens (W_{nbV})	700.000
	11,766.985

Die anschließende Berechnung zeigt, daß der im Unternehmenswert berücksichtigte Firmenwert (g) während des Zeitraums n aus den Erfolgen amortisiert wird.

U (ohne W_{nbV}) = 11,066.985

Jahr	Gewinn	Verzinsung des verbleibenden Unternehmungswerts [1])	Amortisation des Firmenwerts (a)	Verbleibender Unternehmungswert Restwert (U)
		$e - \left(\frac{p \cdot U}{100}\right)$	$e - \left(\frac{p \cdot U}{100}\right)$	
1	1,200.000	1,106.699	93.301	10,973.684
2	1,200.000	1,097.368	102.632	10,871.052
3	1,200.000	1,087.105	112.895	10,758.157
4	1,200.000	1,075.816	124.184	10,633.973
5	1,200.000	1,063.397	136.603	10,497.370
6	1,200.000	1,049.737	150.263	10,347.107
7	1,200.000	1,034.711	165.289	10,181.818
8	1,200.000	1,018.182	181.818	10,000.000
			1,066.985	

Zum Vergleich sei angeführt, daß die Mittelwertmethode von Schmalenbach zum selben Ergebnis führt wie das vorstehend dargestellte Berechnungsverfahren, wenn der Barwertfaktor T_{IV} gleich ist $\frac{100}{2p}$. Dies ist der Fall bei einem Kapitalisierungszinssatz (p) von 10% und einer Nachhaltigkeitsdauer des Übergewinnes (n) von 7,272 Jahren[2]) bzw bei einem Kapitalisierungszinssatz (p) von 8% und einer Nachhaltigkeitsdauer des Übergewinnes (n) von 9,067 Jahren[3]).

Schematische Beispiele

	Variante I (p = 10%)	Variante II (p = 8%)
Annahmen		
S	10,000.000	10,000.000
e	1,200.000	1,200.000
p	10%	8%
n	7,272 Jahre	9,067 Jahre
T_{IV}	5,000	6,250
Übergewinn $\left(e - \frac{S_{bv} \cdot p}{100}\right)$	200.000	400.000
Ertragswert $\left(\frac{e \cdot 100}{p} = E\right)$	12,000.000	15,000.000

Unternehmungswert gemäß Fachgutachten

Sachwert des betriebsnotwendigen Eigenkapitals (S)	10,000.000	10,009.888
Firmenwert (g)		
5,000 . 200.000	1,000.000	
6.250 . 400.000		2,500.000
	11,000.000	12,500.000

[1]) ohne Wert des nicht betriebsnotwendigen Vermögens, dessen Erträge im erwarteten nachhaltigen Zukunftserfolg (e) nicht enthalten sind

[2]) $\frac{100}{2p}$ = 5.00; Barwert einer 7jährigen Rente = 4,8684
einer 8jährigen Rente = 5,3349

[3]) $\frac{100}{2p}$ = 6.25; Barwert einer 9jährigen Rente = 6,2469
einer 10jährigen Rente = 6,7101

Unternehmungswert nach der Mittelwertmethode von Schmalenbach

$U = \left(\frac{S + E}{2}\right)$	5,000.000	5,000.000
Halber Sachwert $\left(\frac{S}{2}\right)$	6,000.000	7,500.000
Halber Ertragswert $\left(\frac{E}{2}\right)$	11,000.000	12,500.000

2. bei unzureichender Verzinsung des Sachwerts des Eigenkapitals

In den Fällen, in denen der erwartete nachhaltige Zukunftserfolg die ausreichende Verzinsung des Sachwerts des betriebsnotwendigen Eigenkapitals nicht deckt, ist der Unternehmungswert in der Regel allein aus dem nachhaltigen Zukunftserfolg nach folgender Formel zu errechnen:

$$U = \frac{e \cdot 100}{p} + W_{nbV}$$

Schematisches Beispiel

S_{bV} =	10,000.000
W_{nbV} =	700.000
e =	500.000
p =	10 %
$U = \frac{500.000 \cdot 100}{10} + 700.000 =$	5,700.000

Wenn bei einer Unternehmung im Zeitpunkt der Bewertung bei vorsichtiger Beurteilung für die nächsten Jahre zwar kein Erfolg erwartet werden kann, der die ausreichende Verzinsung des Sachwerts des betriebsnotwendigen Eigenkapitals deckt, wenn aber auf Grund der Struktur des Unternehmens (Standort, Erzeugungsprogramm, Anlagenausstattung) auf längere Sicht Aussichten auf eine nachhaltige Verbesserung des Erfolgs bestehen, dann sollte der Unternehmungswert nach dem folgenden Verfahren ermittelt werden:

Sachwert des betriebsnotwendigen Eigenkapitals

ab: Barwert der Mindergewinne in dem Zeitraum, in welchem noch keine ausreichende Verzinsung des Sachwerts des betriebsnotwendigen Eigenkapitals erwartet werden kann (M)

ab: Risikoabschlag wegen der Ungewißheit, ob eine nachhaltige Erfolgsverbesserung erreicht werden kann (R)

zu: Wert des nicht betriebsnotwendigen Vermögens.

Die Mindergewinne in den einzelnen Jahren (m) ergeben sich als Differenz zwischen angemessenen Zinsen für den Sachwert des betriebsnotwendigen Eigenkapitals und den erwarteten Erfolgen:

$$m = \left(\frac{S_{bV} \cdot p}{100}\right) - e$$

Die Höhe des Risikoabschlags (R, ausgedrückt in Prozenten von S_{bV} —M) ist abhängig vom Grad der Ungewißheit der künftigen Erfolgsverbesserung und von der Differenz zwischen dem Sachwert und dem Liquidationswert des Eigenkapitals; je größer diese Differenz und je ungewisser die Erfolgsverbesserung ist, um so höher ist der Risikoabschlag zu bemessen.

Der Unternehmungswert errechnet sich in diesem Fall nach folgender Formel:

$$U = S_{bV} - M - \frac{R \cdot (S_{bV} - M)}{100} + W_{nbV}$$

Schematisches Beispiel

S_{bV} =	10,000.000
W_{nbV} =	700.000
e =	500.000
p =	10%

Es wird erwartet, daß nach Ablauf von 5 Jahren ein zur Verzinsung des Sachwerts des betriebsnotwendigen Eigenkapitals ausreichender Erfolg erzielt werden kann (Begrenzung des Mindererfolges m auf einen Zeitraum von 5 Jahren).

Wegen des Risikos, daß die Erwartung einer nachhaltigen Verbesserung des Erfolgs nicht erfüllt wird, soll ein Risikoabschlag von 25% vorgenommen werden.

$$m = \frac{10{,}000.000 \cdot 10}{100} - 500.000$$

$$= 500.000$$

$$M = T_{IV} \quad 500.000$$

$$= 3{,}791 \quad 500.000$$

$$= 1{,}895.500$$

$$U = 10{,}000.000 - 1{,}895.500 - \frac{25 \cdot (10{,}000.000 - 1{,}895.500)}{100} + 700.000$$

$$= 10{,}000.000 - 1{,}895.500 - 2{,}026.125 + 700.000$$

$$= 6{,}778.375$$

In allen Fällen, in denen der erwartete nachhaltige Zukunftserfolg die ausreichende Verzinsung des Sachwerts des betriebsnotwendigen Eigenkapitals nicht deckt, bildet der voraussichtliche Liquidationswert (Liquidations-Nettoerlös) die Untergrenze des Unternehmungswerts.

Bei Abschätzung des Liquidationswertes ist zu überlegen, ob bei aufgeschobener Liquidation ein höherer Gesamt-Nettoerlös erzielt werden kann als bei sofortiger Liquidation. Dies ist dann der Fall, wenn bei einer auslaufenden Unternehmung die liquiden Überschüsse (Erfolge zuzüglich Abschreibungen abzüglich bei Aufschub der Liquidation erforderliche Investitionen) höher sind als eine allfällige Verminderung des Liquidations-Nettoerlöses bei Aufschub der Liquidation zuzüglich der Verzinsung des im Falle der sofortigen Liquidation erzielbaren Liquidations-Nettoerlöses.

Grundsätze zur Durchführung von Unternehmensbewertungen

Inhaltsübersicht

j) Grundsatz der Substanzbezogenheit des Erfolges
k) Grundsatz eindeutiger Bewertungsansätze
l) Grundsatz der Berücksichtigung von Synergie-Effekten
m) Grundsatz zur Bewertung des Management-Faktors
n) Grundsatz der Unbeachtlichkeit des Vorsichtsprinzips
o) Grundsatz der Verwendung abgesicherter Bewertungsunterlagen

2. Ertragswertberechnungen
    a) Bereinigung der Vergangenheitsergebnisse
    b) Analyse der Ertragskraft
        b 1) Umsatzprognose
        b 2) Prognose der Investitionen und des Abschreibungsbedarfes
        b 3) Finanzbedarfsrechnung und Zinsprognose
        b 4) Ergebnisprognose
        b 5) Berücksichtigung körperschaftsteuerlicher Aspekte
            b 5,1) Grundsätzliches
            b 5,2) Auswirkung der Substanzerhaltung auf die Körperschaftsteuer
            b 5,3) Anrechnungsansprüche
            b 5,4) Steuerberechnung
    c) Kapitalisierung
    d) Bewertungskomponenten des zweiten Bewertungsschrittes
3. Bedeutung der Substanz
4. Liquidationswert
5. Besonderheiten der Bewertung unrentabler Unternehmen
6. Bestimmung des Unternehmenswertes

D Dokumentation und Berichterstattung über die Durchführung von Unternehmensbewertungen

1. Arbeitspapiere
2. Bericht

A Vorbemerkungen

Die Bewertung eines Unternehmens als Ganzes kann aus rechtlichen oder unternehmerischen Gründen erforderlich werden. Allgemein verbindliche Bewertungsregeln sind vom Gesetzgeber und von der Rechtsprechung zwar noch nicht entwickelt worden, doch haben sich in Theorie und Praxis Standpunkte gefestigt, die eine Formulierung von Grundsätzen zur Durchführung von Unternehmensbewertungen zulassen.

Ohne weitere Entwicklungen hemmen zu wollen, formuliert die Stellungnahme weithin anerkanntes Wissen, um damit die Grundsätze, nach denen

Wirtschaftsprüfer Unternehmensbewertungen durchführen, darzulegen. Diese Grundsätze haben auch im europäischen Bereich Geltung erlangt (vgl. Stellungnahme der UEC-Kommission für Fachfragen und Forschung (KFF), Empfehlung zur Vorgehensweise von Wirtschaftsprüfern bei der Bewertung ganzer Unternehmen, München 1980).

Die Darlegungen sind auf wesentliche allgemeine Grundsätze abgestellt. Jeder Bewertungsfall ist anders gelagert und verlangt fachgerechte Problemlösungen. Insoweit sind die Grundsätze nur der Rahmen, in dem die eigenverantwortliche Lösung im Einzelfall liegen muß. Die Formulierungen sind bewußt knapp gehalten; weitergehende Ausführungen zur Theorie und zum Verfahren können u.a. dem Wirtschaftsprüfer-Handbuch mit weiteren Literaturhinweisen entnommen werden.

Die nachstehenden Ausführungen sind auf die Bewertung von Unternehmen als Ganzes abgestellt; sie gelten analog für Bewertungen von abteilbaren Unternehmensbereichen. Die Beziehung des Unternehmenswertes auf die gesellschaftsrechtlichen Anteile kann besondere Überlegungen erforderlich machen.

Die Stellungnahme geht nicht ein auf vereinfachte Preisfindungen, die sich *ohne* Unternehmensbewertungen bilden. So werden z. B. Marktpreise für kleinere Dienstleistungsunternehmen ohne wesentlichen Kapitaleinsatz oder für Unternehmen mit branchentypischer Ertragserwartung unter Anwendung marktüblicher Multiplikatoren, branchentypischer Kennzahlen o. ä. ermittelt, die aber mit Vorsicht zu betrachten sind, da sie nur so lange Gültigkeit haben können, wie sich die Ertragslage nicht grundsätzlich ändert.

Fälle vertraglicher oder auftragsgemäßer Wertfeststellungen, die sich nach abweichenden vorgegebenen Regelungen richten, sind nicht Gegenstand dieser Stellungnahme. So können beispielsweise durch den Bewertungsauftrag andere Bewertungsverfahren, die Berücksichtigung nicht finanzieller Ziele, Besonderheiten des Prognoseverfahrens oder andere von dieser Stellungnahme abweichende Vorgaben umschrieben sein.

B Grundprobleme der Unternehmensbewertung

Der Wert eines Unternehmens wird unter der Voraussetzung ausschließlich finanzieller Ziele grundsätzlich durch seine Eigenschaft bestimmt, Einnahmenüberschüsse zu erwirtschaften. Alle Bewertungsüberlegungen lassen sich theoretisch aus der Investitionsrechnung ableiten. Der Barwert der zukünftigen Überschüsse der Einnahmen über die Ausgaben bildet den theoretisch richtigen Wert eines Unternehmens.

Dieser so definierte Wert ist in der Bewertungspraxis nur selten ohne Schwierigkeiten zu ermitteln. Die Schwierigkeiten liegen

in technischen Grenzen,
aus dem Rechnungswesen der Unternehmen eine vollständige und dennoch praktisch durchführbare Einnahmenüberschußrechnung abzuleiten (Schwierigkeitskomplex I),

im Prognoseproblem,
bei unsicheren Erwartungen über die Einnahmen- und Ausgabenströme (Schwierigkeitskomplex II),

in der Bemessung des Kapitalisierungszinssatzes,
im Rahmen der Barwertermittlung (Schwierigkeitskomplex III),

in den unterschiedlichen Unternehmenswerten,
die sich unter den verschieden möglichen Zielsetzungen der Unternehmensfortführung ergeben (Schwierigkeitskomplex IV).

1. Ableitung einer praktisch durchführbaren Ertragswertrechnung aus den Erkenntnissen der Einnahmenüberschußrechnung (Schwierigkeitskomplex I)

a) Grundsatzfeststellungen

Die theoretisch richtige, totale Einnahmenüberschußrechnung ist in der Praxis im Normalfall nicht durchführbar.

Durch Übertragung der wesentlichen Grundgedanken der Einnahmenüberschußrechnung auf die aus dem Rechnungswesen der Unternehmen ableitbare Aufwands- und Ertragsrechnung ergibt sich als praktisch durchführbare Näherungslösung eine modifizierte Ertragsüberschußrechnung. Hierbei wird insbesondere im langfristigen Bereich dem Auseinanderfallen von Ausgaben und Aufwand sowie Einnahmen und Ertrag Rechnung getragen.

b) Erläuterungen

Die Investitionsrechnung ist vorwiegend auf die Betrachtung einzelner Investitionsobjekte abgestellt. Sie läßt sich für die Vielzahl der ineinandergreifenden Zahlungsströme eines ganzen Unternehmens grundsätzlich nicht mehr zuverlässig anwenden. Abgesehen von zeitlich begrenzten und in der Abwicklung leicht überschaubaren Unternehmen oder vom Liquidationsfall wird im Hinblick auf die Langfristigkeit des Planungszeitraumes eine vollständige Einnahmenüberschußrechnung, in der sich adäquate Einnahmen- und Ausgabenströme gegenüberstehen, undurchführbar. Die Planungszeiträume, die alle Einnahmen aus bereits vorgeleisteten Ausgaben (z. B. Investitionen) über deren Gesamtlebensdauer erfassen müßten, überschreiten i. d. R. die Grenzen des wirtschaftlichen Horizonts der Beteiligten. Darüber hinaus sind die rechnungstechnischen Voraussetzungen in dem Zahlenmaterial eines nach Aufwands- und Ertragsrechnungsgrundsätzen geführten Rechnungswesens oft nicht vorhanden.

Auch wenn die Einnahmenüberschußrechnung im Normalfall nicht durchführbar ist, empfiehlt es sich, die bei der Abwicklung von Bewertungsfällen auftretenden besonderen Probleme mit Hilfe dieses Modells zu lösen. In der praktischen Durchführung der Ertragswertrechnung wird danach unter Berücksichtigung dieser Erkenntnisse eine Zukunftserfolgsrechnung aus der Aufwands- und Ertragsrechnung entwickelt.

Dies erfordert vor allem folgende Modifikationen der Aufwands- und Ertragsrechnung: Die Aufwands- und Ertragsrechnung ordnet Aufwendungen und Erträge dem Zeitraum der Verursachung möglichst vollständig zu, unabhängig davon, ob die korrespondierenden Ausgaben und Einnahmen im gleichen Zeitraum angefallen sind.

Dem Vorteil, dadurch kürzere, in sich geschlossene Abrechnungszeiträume zu ermöglichen, steht der Nachteil gegenüber, daß die Aufwands- und Ertragsrechnung wegen des langfristigen Auseinanderfallens von Einnahmen und Ausgaben und der damit verbundenen Schwankungen im Finanzbedarf nur begrenzt für die Unternehmensbewertung verwendet werden kann.

Es sind daher ergänzend zur Aufwands- und Ertragsrechnung langfristige Finanzbedarfsrechnungen in den Sektoren notwendig, in denen Ausgaben und Aufwand bzw. Einnahmen und Ertrag zeitlich weit auseinanderfallen. Hierbei müssen unter Umständen Einzelwertansätze auch für Zukunftszeiträume festgestellt werden, in denen im übrigen mit durchschnittlichen Ergebnissen gerechnet wird. So können z. B. bei der erforderlichen dauerhaften Erhaltung der produktiven Kapazitäten je nach Altersaufbau der vorhandenen Anlagen erhebliche Verschiebungen in der Finanzierungsstruktur zu berücksichtigen sein. Sofern sich hieraus die Notwendigkeit einer Zuführung neuer Eigenmittel ergibt, ist der Unternehmenswert entsprechend zu kürzen.

Große Bedeutung ist in diesem Zusammenhang auch den Zuweisungen zu Pensionsrückstellungen einerseits und den Ausgaben für Pensionszahlungen andererseits beizumessen.

Werden die langfristigen Zinswirkungen aus dem Finanzbedarf oder -überschuß in der Aufwands- und Ertragsrechnung zutreffend erfaßt, so ergibt sich zum Ergebnis der Einnahmenüberschußrechnung theoretisch kein entscheidender Unterschied mehr.

2. Das Prognoseproblem (Schwierigkeitskomplex II)

a) Grundsatzfeststellungen

Alle zukunftsbezogenen Bewertungen basieren auf unsicheren Erwartungen. Die Schwierigkeiten liegen in der

- Unsicherheit der Prognose zukünftiger Erfolge,
- Kapitalisierung der Erfolge.

Zwar ist die Ausschaltung der Unsicherheit einer Prognose unmöglich, jedoch kann sie durch die Charakterisierung und Bewertung der Risiken und Chancen, Abgrenzung durch Veranschlagung von Bandbreiten, Gewichtung bei Festlegung von Wertansätzen und Zerlegung des Planungszeitraumes in Phasen unterschiedlicher Schätzungsgenauigkeit (vgl. Abschn. B.2. b 2,1) begrenzt werden.

Im übrigen mindert sich das Problem durch die abnehmende Bedeutung fernerer Zukunftsjahre für den Barwert der Erfolge; außerdem kann sich eine Abschwächung der Wirkung einzelner Unsicherheiten durch kompensatorische Effekte ergeben.

Die These, das Prognoseproblem durch eine Kombination des angeblich sichereren Substanzwertes mit dem Ertragswert zuverlässiger lösen zu können, ist nicht haltbar.

b) Erläuterungen

b 1) Unsicherheit der Prognose zukünftiger Erfolge

Im allgemeinen sind Unternehmen bestrebt, die bestmöglichen zukünftigen Erfolge zu erwirtschaften und müssen sich deshalb den wechselnden Gegebenheiten durch entsprechende unternehmerische Aktionen und Reaktionen anpassen. Diese im einzelnen nicht konkret vorhersehbaren Anpassungsmaßnahmen führen zu einer Fülle von Einflußgrößen für den Ertragswert. Deshalb ist es nur möglich, den Ertragswert als komplexen Wertbegriff im Rahmen einer ein- oder mehrwertigen Zukunftsschätzung zu bestimmen.

Die Unsicherheit der Prognose ist jedoch kein Grund, die mit Ertragswertrechnungen verbundenen Schätzungsunsicherheiten zum Argument gegen das Prinzip der Ertragsbewertung zu verwenden, da diesen keine grundsätzlich anderen Unsicherheiten innewohnen als anderen Bewertungsvorgängen, die zukunftsbezogen sind.

Die Unsicherheitsfaktoren in der Prognose sollten zunächst nach ihrem Charakter in eher wägbare, meist unternehmensspezifische, und in unwägbare, meist generelle, Faktoren aufgeteilt werden.

Beispiele für unternehmensspezifische Unsicherheitsfaktoren sind:

> Konkurrenzsituation, Managementqualifikation, besondere Einkaufs- oder Absatzverträge, Finanzierungsverhältnisse, strukturelle Wandlungstendenzen, stark wechselnder Unternehmensumfang, Innovation der Produkte, dynamische technische Entwicklungen, Umweltschutz usw.

Durch die Charakterisierung und Bewertung der Unsicherheitsfaktoren werden deren Einzeleinflüsse besser erkennbar. Die Bewertung der Unsicherheiten vollzieht sich entweder durch unmittelbare Abschätzung ihres

Gewichtes im Ansatz der Zukunftserfolge oder, wenn ihre Veranschlagung durch unterschiedliche Unsicherheitsgrade erschwert wird, durch Ansatz einer Bandbreite. Diese Bandbreite ergibt sich als Unterschied zwischen den pessimistischen und optimistischen Erwartungen über die Auswirkung der Unsicherheiten auf die Zukunftsertragsrechnung.

Die nur in solchen Bandbreiten abschätzbaren Unsicherheitsfaktoren müssen, sofern der Auftrag keine mehrwertige Ertragsrechnung zuläßt, nach ihrer Bedeutung gewichtet und in einem endgültigen Wertansatz veranschlagt werden.

Unwägbarkeiten genereller Art, die i.d.R. im generellen Unternehmerwagnis miterfaßt werden, stellen Ereignisse mit dem Charakter der „höheren Gewalt" für den jeweiligen Planungsfall dar, die in ihrer Auswirkung auf das betreffende Unternehmen sowohl positiv als auch negativ sein können:

> Unabsehbare konjunkturelle Entwicklungen, welt- oder landespolitische Ereignisse, Naturereignisse o.ä.

b 2) Durchführung der Prognose

b 2.1) Planung der Zukunftserfolge

Je weiter eine Planung in die Zukunft hineinreicht, um so weniger konkret sind die ihr zugrundeliegenden Planfaktoren. Eine Möglichkeit, diesem Problem zu begegnen, besteht darin, den Planungszeitraum in mehrere Phasen zu zerlegen.

Je nach Lage des Falles können die Phasen unterschiedlich lang sein:

1. Phase: nächstliegende, noch detailliert planbare Zukunft mit Einzelplanansätzen (z.B. 3 Jahre),
2. Phase: Trenderwartungen und Ableitungen aus den Plänen der 1. Phase bis zum Planungshorizont (z.B. weitere 5 Jahre),
3. Phase: fernstliegende Phase, für die i.d.R. eine Entwicklung des Erfolges auf konstantem Niveau angenommen wird (weitere Zukunft).

Da die Ergebnisse der einzelnen Jahre auf den Bewertungsstichtag abgezinst werden, wodurch die wertmäßige Bedeutung der zukünftigen Ergebnisse mit zunehmender zeitlicher Entfernung vom Bewertungsstichtag immer geringer wird, nimmt somit auch die Wirkung der mit der Länge des Planungszeitraumes wachsenden Unsicherheit von Zukunftsschätzungen in ihrer Bedeutung ab. Insoweit kann durch die Zerlegung des Planungszeitraumes in einzelne Phasen eine gröbere Erfolgsschätzung in den fernliegenderen Jahren hingenommen werden.

Daneben kann im Einzelfall die Möglichkeit bestehen, den Zukunftserfolg eines jährlich gleichbleibenden Durchschnittsbetrages zu schätzen, ausgehend von der Ertragssituation am Bewertungsstichtag.

Die Planung der Zukunftserfolge für ein ganzes Unternehmen wird häufig auch dadurch erleichtert, daß bei der Entwicklung der zukünftigen Ergebnisse kompensatorische Einflüsse wirksam werden, da erfahrungsgemäß manche unvorhergesehenen negative Einflüsse durch ebenfalls unvorhergesehen positive Einflüsse neutralisiert werden.

In diesem Zusammenhang müssen auch Planungstendenzen, die eher auf psychologische, wirtschaftlich aber nicht fundierte Einschätzungen des Planenden zurückzuführen sind, erkannt und entsprechend korrigiert werden. Für den Zweck der Unternehmensbewertung dürfen Pläne keine Wunschvorstellungen zum Ausdruck bringen; sie sollen realistische Zukunftserwartungen ausdrücken. Bei der Aufstellung von Plänen besteht mitunter auch die Neigung, positive Wendungen, die sich bei Negativeinflüssen der Gegenwart oder Vergangenheit aufgrund eingeleiteter unternehmerischer Maßnahmen ergeben sollen, in die Planung einzubeziehen, ohne neue unvorhergesehene Negativeinflüsse ausreichend zu berücksichtigen. Das „Besserwerden" in den Zukunftserwartungen läßt sich zum Teil hieraus erklären.

Wichtig ist im Rahmen der Auftragsdurchführung eine möglichst vollständige Informationsbeschaffung, damit Gewicht und Wahrscheinlichkeit zukünftig eintretender Ergebniseinflüsse abgeschätzt werden können. Auf Basis der beschafften Informationen werden zur Veranschlagung zukünftiger Erfolge auch mathematisch-statistische Methoden angewandt, ohne daß dadurch die Unsicherheiten in den Erwartungen über die einzelnen Faktoren ausgeschaltet werden können.

Allerdings gilt sowohl für die Informationsbeschaffung als auch für die anzuwendenden Prognoseverfahren das Prinzip der Wirtschaftlichkeit, gemessen am Aussagewert. Mit wachsendem Umfang der Informationsbeschaffung und zunehmender Kompliziertheit der Prognoseverfahren wird meist nicht entsprechend mehr an Zuverlässigkeit gewonnen.

b 2,2) Kapitalisierung der Erfolge

Der Ertragswert entspricht dem Barwert der zukünftigen Ergebnisse. Die Einbeziehung steigender oder fallender Erfolgsentwicklungen in den Barwert ist mathematisch ebenso lösbar wie die Berücksichtigung unterschiedlich hoher Einzelerfolge und Kapitalisierungszinssätze, die sich aus der Phasenzerlegung ergeben können.

Sofern von einer Entwicklung des Erfolges auf konstantem Niveau in der Zukunft ausgegangen werden kann, erfolgt die Kapitalisierung unmittelbar mit der Formel der ewigen Rente. Bei zeitlich begrenzten Unternehmen ergibt sich ein Barwert auf der Basis einer endlichen Rente, dem der Barwert der Liquidationsüberschüsse bei Beendigung des Unternehmens hinzuzufügen ist. (Die Probleme zur Barwertermittlung und bei der Bemessung des Kapitalisierungszinssatzes sind in Abschn. B 3. behandelt.)

b 2,3) Die Unzulänglichkeit der Kombinationsmethoden

Den Unwägbarkeiten jeder Zukunftsrechnung mit der damit verbundenen unabänderlichen Unsicherheit soll in den älteren Verfahren der Praxis (sog. Praktikermethoden) sowie in den steuerlichen Bewertungsverfahren dadurch Rechnung getragen werden, daß eine Kombination von Substanz- und Ertragswert vorgenommen wird. Diese schematischen Verfahren werden in Theorie und Praxis inzwischen weitgehend abgelehnt.

Zur knappen Darstellung der Kritik an diesen Verfahren ist darauf hinzuweisen, daß in der Theorie grundsätzlich zwischen dem Veräußerungswert und dem Gebrauchswert, als alternativen Werten, unterschieden wird. Im Rahmen des Veräußerungswertes kann nur der Überschuß aus der Liquidation Bedeutung haben, während der Gebrauchswert nur aus dem Nutzen, d.h. aus den Erfolgen, abgeleitet werden kann.

Für den an einem Unternehmen interessierten Investor stellen sich stets nur folgende Wertalternativen: Entweder kann er das Unternehmen als Ganzes weiterbetreiben oder es liquidieren, wobei die Erlöse in beiden Alternativen dem Erwerber zur freien Verfügung stehen müssen. Diese alternativen Konzepte können nicht kombiniert werden.

Die Kombinationsmethoden bieten weder eine genauere Erfassung der Unsicherheitselemente noch eine präzisere Spezifikation des Bewertungsproblems. Die These, daß der Substanzwert (zur Definition vgl. Abschn. C 3.) bei einem darüber liegenden Ertragswert als untere Risikogrenze fungiere und deshalb der Unternehmenswert aus der Mittelung oder sonstigen Gewichtung beider Werte gewonnen werden solle, ist theoretisch nicht vertretbar.

Die Kombinationsmethoden stellen somit nur eine scheinbare Lösung des Problems der Unsicherheit dar.

3. Bemessung des Kapitalisierungszinssatzes (Schwierigkeitskomplex III)

Die Erfolge des Unternehmens werden mit den Überschüssen einer entsprechenden alternativen Investition verglichen.

Abgesehen von der Berücksichtigung mehrwertiger alternativer Kapitalanlagemöglichkeiten, bei denen dem speziellen Bewertungs- und Anlagefall z.B. tabellarisch andere Alternativen gegenübergestellt werden, ist grundsätzlich das Verfahren der Gewinnkapitalisierung als einwertige Alternative gebräuchlich. Hierbei sind die Einflüsse, die auf die Ergebnisse des Unternehmens in der Zukunft wirken, mit den Einflüssen, die auf die Bildung des langfristigen Durchschnittszinssatzes wirken, in Einklang zu bringen; Kapitalisierungszinssatz und Unternehmensrendite müssen also auf der Grundlage gleicher währungspolitischer und konjunktureller Einflüsse ermittelt werden. Inzwischen darf als weitgehend anerkannte Übung gelten, daß spezielle Chancen und Risiken bei der Planung der Erfolge berücksichtigt und daß für sie keine Zu- oder Abschläge beim Kapitalisierungszinssatz vorgenommen werden.

Zur Bemessung des Kapitalisierungszinssatzes wird nach den Umständen des Einzelfalles von einer bestimmten Renditeerwartung ausgegangen oder eine bestimmte oder die günstigste der den jeweils Beteiligten erreichbaren Alternativinvestitionen abgeschätzt.

Sofern typisierenderweise eine langfristige Anlage am Kapitalmarkt unterstellt wird, muß das generelle Unternehmerwagnis, welches mit der Kapitalanlage in einer unternehmerischen Beteiligung untrennbar verbunden ist, zum Zwecke der Vergleichbarkeit mit dem risikoärmeren erwarteten Kapitalmarktzins in den Kapitalisierungszinssatz einbezogen werden. Auf diese Weise wird der Zinssatz langfristiger risikoärmerer Kapitalanlagen zum Zinssatz der Investition in Unternehmen modifiziert. Zur Abschätzung des generellen Unternehmerwagnisses kann die banküblіche Verzinsung von Großkrediten an Unternehmen Anhaltspunkte bieten, wobei zu beachten ist, daß die Beteiligung am haftenden Kapital gegenüber der Gläubigerposition noch weitere Unterschiede aufweist und jeder Zinssatz nur in bezug auf die jeweilige Anlage zu sehen ist.

Die Modifizierung des erwarteten Kapitalmarktzinssatzes unter Einbeziehung der generellen Unternehmerrisiken berücksichtigt die meist vergleichsweise höheren Unternehmerwagnisse. Chancen und Risiken können zwar im Einzelfall in gewisser Weise zu einem Ausgleich kommen, dennoch bietet die Anlage in ein Unternehmen generell weniger Sicherheit und Fungibilität als dies für die Anlage in einem festverzinslichen Wertpapier zutrifft.

Wenn auf der Preisbasis des Bewertungsstichtages bewertet wird, müssen die einer Kapitalisierung zugrunde zu legenden Ergebnisse mit einem inflationsbereinigten Kapitalisierungszinssatz kapitalisiert werden. Im vergleichbaren landesüblichen Kapitalmarktzinssatz ist theoretisch eine Geldentwertungsrate enthalten, die grundsätzlich sowohl von der Inflationslage als auch von der Inflationserwartung bestimmt wird.

Geht man davon aus, daß einerseits der Kapitalmarktzinssatz eine Entschädigung für die ständige Entwertung von Geldanlagen enthält, wogegen andererseits die zu kapitalisierenden Unternehmensergebnisse dem Geldwertstand des Bewertungsstichtages entsprechen, so muß die durch die Kapitalisierung vollzogene Vergleichsrechnung der unterschiedlichen Ausgangslage zwischen Geldanlage und unternehmerischer Investition Rechnung tragen.

Die durch den Kapitalisierungszinssatz umschriebene Alternativrendite muß grundsätzlich mit einem Unternehmensergebnis gleicher Inflationserwartung verglichen werden. Soweit also beim Kapitalisierungszinssatz ein Abschlag wegen der in ihm enthaltenen zukünftigen Geldentwertungsrate vorgenommen wird, so ist damit unterstellt, daß Unternehmensgewinne in diesem Maße die Fähigkeit besitzen, nach Maßgabe dieses Geldentwertungsabschlages zu wachsen, d.h., daß die Kapitalanlage im Unternehmen insoweit der Geldentwertung entzogen wird.

Die Übertragung dieser theoretischen Überlegungen auf die Praxis stößt jedoch auf Schwierigkeiten. Einerseits ist die im Kapitalmarktzinssatz tatsächlich enthaltene Geldentwertungsrate im Einzelfall empirisch nicht exakt nachweisbar. Andererseits kann keinesfalls generell angenommen werden, daß Unternehmen die Fähigkeit besitzen, Inflationsauswirkungen zu kompensieren. Dem ist bei der Eliminierung einer Geldentwertungsrate aus dem Kapitalisierungszinssatz Rechnung zu tragen.

Es bleibt damit Angelegenheit des pflichtgemäßen gutachterlichen Ermessens auf der Grundlage der dargelegten Zusammenhänge unter Würdigung der gegebenen Sachlage, spezielle Abschläge vom erwarteten Kapitalmarktzinssatz wegen der Geldentwertungsraten bzw. Zuschläge wegen des generellen Unternehmerrisikos vorzunehmen.

4. Das Problem subjektiv verschiedener Unternehmenswerte (Schwierigkeitskomplex IV)

a) Grundsatzfeststellungen

Abhängig vom Standpunkt des Bewertenden können sich in Verbindung mit subjektiven Zukunftserfolgseinschätzungen verschiedene Unternehmenswerte ergeben:

Der objektivierte Unternehmenswert drückt den Wert des im Rahmen des vorhandenen Unternehmenskonzeptes fortgeführten Unternehmens, bezogen auf eine Alternativinvestition am Kapitalmarkt, aus.

Der subjektive Entscheidungswert erfaßt das zu bewertende Unternehmen in einem mehr oder weniger veränderten Fortführungskonzept und in Relation zu den im Einzelfall gegebenen Investitionsalternativen.

Bei der Bewertung von Unternehmen kann ein Wirtschaftsprüfer in verschiedenen Funktionen tätig werden:

als neutraler Gutachter,

als Berater des Käufers oder Verkäufers bei subjektiven Bewertungsüberlegungen oder
als Schiedsgutachter in der Vermittlungsfunktion.

Die funktionsbedingten Unternehmenswerte reichen vom objektivierten Wert bis zum subjektiven Entscheidungswert. Deshalb muß ein Wirtschaftsprüfer stets die Funktion klarstellen, in der er tätig ist.

b) Erläuterungen

Da der Wert eines Unternehmens von dem Nutzen abhängt, den sein Eigentümer aus ihm ziehen kann, ist die jeweilige subjektive Nutzeneinschätzung für seine Bewertung maßgeblich.

Beispielsweise geht ein Verkäufer in seiner Nutzeneinschätzung i. d. R. von den Erwartungen aus, die er aufgrund seiner unternehmerischen Möglichkeiten in dem von ihm gestalteten Unternehmen hegt, während ein Käufer die von ihm vorgefundene Gestalt des Unternehmens mit seinen eigenen unternehmerischen Absichten verbindet. Diese Bewertung verschiedener alternativer Erfolgsmöglichkeiten aufgrund verschiedener, subjektiver Unternehmenskonzepte führt zu unterschiedlichen Ertragswerten.

Der Verkäufer wird als Entgelt mindestens verlangen, was aus seiner Sicht in dem Unternehmen „steckt". Dagegen kann der Käufer seine Wertvorstellungen variieren zwischen den vermuteten Mindestvorstellungen des Verkäufers und seinen - nicht offengelegten - Maximalvorstellungen, die er aus der Umgestaltung des Unternehmens nach seinem Konzept ableitet. In diesem Zusammenhang werden seitens des Käufers meist auch Synergie-Effekte einbezogen, die aus der Verbindung eines schon bei dem Käufer vorhandenen Unternehmens mit dem zu erwerbenden Unternehmen resultieren können. Sie können im einzelnen positiv und negativ sein.

Die verschiedenen Werte, die dem Unternehmen beigemessen werden, reichen somit vom unverändert belassenen, objektivierten Wert des Unternehmens „so, wie es steht und liegt" bis zu einem unter Berücksichtigung der Vorstellungen des Erwerbers gänzlich umgestalteten Unternehmen „in einem neuen Konzept".

Der Liquidationswert ist demgegenüber von subjektiven Wertvorstellungen weitgehend unabhängig. Wenn auch unterschiedliche Gestaltungen der Liquidation denkbar sind, so wird man bei einer Unternehmensbewertung diejenige annehmen, die sich bei der Liquidation unter dem zeitlich und wirtschaftlich sinnvollsten Konzept ergibt.

Der Gutachter muß bei seiner Bewertungsaufgabe klarstellen, in welcher Funktion er tätig wird, da sich danach der Wert bestimmt, den er ermittelt.

Es ergeben sich folgende Funktionen:

1. Als neutraler Gutachter, der einen „objektivierten Wert" des Unternehmens als Ausgangsgrundlage für Preisverhandlungen vorlegt. In dieser Funktion kann er auch als Sachverständiger für ein Gericht tätig werden. In der Funktion des neutralen Bewerters führt der Wirtschaftsprüfer seine Feststellungen zu allgemein vertretbaren, wertenden Schlußfolgerungen.
2. Als Berater bei der Ermittlung eines Entscheidungswertes, der angibt, was unter Berücksichtigung der vorhandenen subjektiven Möglichkeiten ein bestimmter Investor für ein Unternehmen maximal anlegen (Preisobergrenze) oder ein Verkäufer mindestens verlangen kann (Preisuntergrenze). Als Berater verbindet der Wirtschaftsprüfer seine Feststellungen mit den Vorstellungen und Ergänzungs-Argumenten seines Mandanten und ermittelt so dessen subjektiven Entscheidungswert. In dieser Funktion verläßt der Wirtschaftsprüfer den Standpunkt des neutralen Bewerters, um zum fachkundigen Berater seines Mandanten zu werden.
3. Als Schiedsgutachter, der in einer Konfliktsituation zwischen den verschiedenen subjektiven Wertvorstellungen zweier Parteien unter Gerechtigkeitserwägungen als „Schiedsspruchwert" den „fairen" Einigungspreis vorschlägt. Der Wirtschaftsprüfer hat hier eine Vermittlungsfunktion.

Die nachstehenden Grundsätze zur Durchführung von Unternehmensbewertungen beziehen sich sowohl auf objektivierte als auch auf subjektive Unternehmenswerte. Die alternativen Unternehmenswerte ergeben sich nicht aufgrund unterschiedlicher Verfahren, sondern aus dem Ansatz unterschiedlicher Parameter.

C Grundsätze und Verfahren zur Durchführung von Unternehmensbewertungen

I. Allgemeine Grundsätze

a) Grundsatz der Bewertung der wirtschaftlichen Unternehmenseinheit

Jede Zusammenfassung von Sachen, Rechten und Personen, die mit einer wirtschaftlichen Zielsetzung versehen und in ihrem sachlichen Zusammenhang im Rahmen der Wirtschaftsordnung lebensfähig ist, kann Gegenstand der Unternehmensbewertung sein.

Unmaßgeblich ist es, ob eine entsprechende rechtliche oder tatsächliche Gestaltung des Unternehmenskomplexes schon vorhanden ist. Es muß jedoch möglich sein, eine solche zu schaffen.

Dabei wird der Wert eines Unternehmens nicht durch die Summe der Einzelbeträge bestimmt, die zu seiner Errichtung erforderlich waren, sondern durch den Gebrauchswert (Nutzen), den das Unternehmen als Ganzes besitzt.

Das Unternehmen wird demnach als organisierte Kombination von materiellen und immateriellen Faktoren in seiner Funktion insgesamt bewertet. Hiervon ausgenommen ist nur eine Bewertung, bei der der Liquidationswert zum Ansatz kommt (vgl. Abschn. C 4.).

Der Grundsatz der Bewertung der wirtschaftlichen Unternehmenseinheit bezieht sich auf die im Interesse der Zielerfüllung erforderliche Kombination materieller und immaterieller Werte, die als Einheit den Erfolgsstrom hervorbringen. Daneben besitzt jedes Unternehmen in mehr oder weniger großem Umfang kaum oder gar nicht mit dem Unternehmensprozeß verbundene Vermögensgegenstände, die nicht betriebsnotwendig sind.

b) Grundsatz der Bewertung nachhaltig entziehbarer, verfügbarer Einnahmenüberschüsse

Das Ziel der Kombination materieller und immaterieller Güter im Unternehmensprozeß ist überwiegend die Erzielung nachhaltig entziehbarer Einnahmenüberschüsse. (Da unter Berücksichtigung verschiedener Standpunkte der am Unternehmen Interessierten unterschiedliche Zielsetzungen vorliegen können, sind hiervon abweichende Werteinschätzungen denkbar.) Die Zukunftserfolge, die der Ermittlung des Ertragswertes zugrunde gelegt werden, sind der Gegenstand des Unternehmenserwerbs und müssen demgemäß dem Erwerber zur freien Verfügung stehen.

Bei Unterstellung von Gewinnthesaurierungen sind - wenn dieser Vorgehensweise in der Ertragswertrechnung gefolgt wird - Korrekturrechnungen erforderlich, da Thesaurierungen zukünftige Substanzmehrungen darstellen, die ihrerseits wieder zu zusätzlichen Erfolgen führen können.

Übersteigt die Summe der möglichen Veräußerungserlöse (Liquidationswerte abzüglich Liquidationskosten) der in einem Unternehmen eingesetzten materiellen und immateriellen Güter den Ertragswert, so verliert normalerweise die weitere Erzielung nachhaltig entziehbarer Einnahmenüberschüsse ihren wirtschaftlichen Sinn. Der Liquidations-Nettowert ist dann der größtmögliche, entziehbare Einnahmenüberschuß und damit unter der Voraussetzung ausschließlich finanzieller Ziele die Wertuntergrenze für das Unternehmen, wobei die tatsächlich mögliche Liquidation Voraussetzung ist.

c) Grundsatz der Bewertung der vorhandenen Ertragskraft

Die Bewertung eines Unternehmens erstreckt sich normalerweise auf den vorhandenen Unternehmensumfang und das, was daraus (ohne Zuführung neuen Eigenkapitals) erwachsen kann. Daneben stehen die subjektiven Annahmen über die Abwandlung der gegebenen oder eingeleiteten geschäftspolitischen Zukunft, die dann den gegebenen oder geplanten Unternehmensumfang entsprechend verändern.

Grundsätzlich wird ein reales und nicht ein fiktives Unternehmen bewertet. Zum Bewertungsstichtag kann nur das bewertet werden, was vorhanden ist; das ist die „Ertragskraft", über die das Unternehmen verfügt. Die Ertragskraft ist der Ausfluß der Zusammenfassung aller materiellen und immateriellen Güter, die das Unternehmen darstellen. Die daraus abzuleitenden zukünftigen Erfolge, unter Berücksichtigung ihrer Unsicherheiten, definieren den Wert.

Die Bewertung künftiger Maßnahmen findet im Rahmen des objektivierten Wertes ihre Grenze dort, wo Planungen aus dem Rahmen des Vorhandenen heraustreten. Maßnahmen, die bereits eingeleitet sind, z. B. bei Investitionen, sind in die Zukunftsplanungen einzubeziehen. Hängt aber die Verwirklichung der für die Zukunft geplanten Maßnahmen erst von Ereignissen ab, deren Eintritt weder sicher noch genügend wahrscheinlich ist, so fehlt es an einer ausreichenden Konkretisierung. Eine Zurechnung dieser Planungen zum Unternehmenswert ist daher grundsätzlich noch nicht möglich.

Im Einzelfall ist hierüber nach der gegebenen Sachlage zu entscheiden. Dem Empfänger der gutachtlichen Berechnung muß dargelegt werden, ob und inwieweit über die vorhandene Ertragskraft hinaus weitere Ertragseinflüsse in die Bewertung einbezogen worden sind.

d) Grundsatz der Bewertung des Eigenkapitals

Im Normalfall wird ein Unternehmen in seiner vorhandenen Rechtsform als Ganzes bewertet. Der Wert des Unternehmens wird dabei auf die Summe der gesellschaftsrechtlichen Anteile bezogen. Entscheidend ist, daß das bewertete Gesellschafterkapital als Bezugsgrundlage des Unternehmenswertes im Rahmen einer Transaktion unverändert bleibt, da Kapitalveränderungen durch Zinswirkungen unmittelbar auf den Ertragswert durchschlagen.

Noch nicht erfüllte Kapitaleinzahlungs- oder Kapitalrückzahlungsverpflichtungen bei Gesellschaftsformen mit festem Kapitalbetrag bedürfen besonderer Beachtung.

Der Wert des Unternehmens als Ganzes entspricht dem Wert aller Anteile an diesem Unternehmen. Bei der Bewertung einzelner Anteile oder bestimmter quotaler Zusammenfassungen bestehen je nach den damit verbundenen Einflußmöglichkeiten oder steuerlichen Folgen subjektive, zum Teil auch nicht finanzielle Werteinschätzungen, die von Einfluß auf die jeweilige Wertbildung sind. Nach der Rechtsprechung zur Abfindung im Rahmen des Aktiengesetzes bildet allerdings der quotale Anteil am Gesamtwert des ganzen Unternehmens die Bewertungsgrundlage.

Die Bezugsgrundlage des anteiligen Unternehmenswertes bei Personengesellschaften kann aufgrund gesellschaftsvertraglicher Vereinbarungen – die rechtlich umstritten sein können - von der anteiligen Quote des einzelnen am Gesamtwert abweichen. Wegen Einlage- oder Entnahmevorgängen ebenso wie wegen graduell verschiedener Rechte können individuelle Bewertungsüberlegungen erforderlich werden.

e) Grundsatz der gesonderten Bewertung des nicht betriebsnotwendigen Vermögens

Bei der Bewertung des gesamten Unternehmens zum Ertragswert müssen die nicht betriebsnotwendigen Vermögensgegenstände (einschließlich der Schulden) einer gesonderten Bewertung unterworfen und der resultierende Wert dem Ertragswert hinzugefügt werden. Dies ist notwendig,

- da nicht betriebsnotwendige Vermögensgegenstände i.d.R. einen von ihrem Ertragswert abweichenden Wert haben,
- da nicht betriebsnotwendige Vermögensgegenstände nicht in einem zwangsläufigen Zusammenhang zum Unternehmensertragswert stehen, demgemäß aus der Substanz herauszulösen sind, um unter Berücksichtigung ihrer bestmöglichen Verwertung bewertet zu werden.

Der Begriffsinhalt des nicht betriebsnotwendigen Vermögens sollte nicht zu eng gefaßt werden. Es gehören dazu grundsätzlich auch Vermögenswerte, die möglicherweise aus dem Unternehmen herausgelöst werden könnten, wenn sich bei unmittelbarer Bewertung für sie ein höherer Wert als bei mittelbarer Berücksichtigung im Rahmen des Unternehmensertragswertes ergibt.

Im Rahmen des subjektiven Unternehmenswertes können für die Abgrenzung zwischen betriebsnotwendigem und nicht betriebsnotwendigem Vermögen andere Kriterien maßgeblich sein.

f) Grundsatz des Stichtagsprinzips

Der Unternehmenswert wird zu einem festgelegten Stichtag ermittelt. Dabei sind die Verhältnisse am Bewertungsstichtag maßgeblich. Das gilt für die in diesem Zeitpunkt erkennbare Entwicklung der Erfolge, der Vermögens- und Kapitalverhältnisse sowie des Unternehmensumfanges.

Soweit aufgrund erkennbarer Entwicklung die künftigen Erfolge bereits unter Berücksichtigung hierfür vorgesehener Eigenkapitalzuführungen geplant wurden, muß der danach ermittelte Ertragswert um den Barwert der künftigen Eigenkapitalzuführungen gekürzt werden (vgl. Abschn. C 2.b 3).

g) Grundsatz der Vergangenheitsanalyse

Ohne Kenntnis der Lage in der Vergangenheit und Gegenwart ist eine Planung der Zukunftserfolge grundsätzlich nicht durchzuführen. Da über den Zeitvergleich und die Analyse der einzelnen Erfolgsfaktoren Einblicke und

Erkenntnisse zu den einzelnen Erfolgskomponenten gewonnen werden, gehören Analyse und Bereinigung der Vergangenheitsergebnisse zu den Ausgangsgrundlagen der Unternehmensbewertung. Der Umfang der Vergangenheitsanalyse richtet sich nach der Lage des Einzelfalles.

h) Grundsatz der Zukunftsbezogenheit der Bewertung

Der Unternehmenswert ist zukunftsbezogen. Auch ein Liquidationswert wird durch das Prinzip der bestmöglichen Verwertung des Gesellschaftsvermögens in der Zukunft bestimmt. Dabei ist grundsätzlich der Kenntnisstand im Zeitpunkt der Bewertung zugrunde zu legen.

i) Grundsatz der erfolgsorientierten Substanzerhaltung

Die Planung der Zukunftserfolge muß alle zur Erhaltung der Substanz erforderlichen Aufwendungen bzw. Ausgaben berücksichtigen, die die geplanten Erfolge auf Dauer sicherstellen. Nachhaltig entnahmefähig ist nur der Erfolg bzw. Einnahmenüberschuß, soweit er nicht zur Erhaltung dieser erfolgsbildenden Substanz notwendig ist. Das Ziel, die notwendige Leistungskapazität zu erhalten und ständig zu regenerieren, läßt sich im Rahmen der Ertragswertrechnung nur annäherungsweise berücksichtigen, da insbesondere Geldwertänderungen und Wandel der Technik schwer zu quantifizieren sind. Im Rahmen subjektiver Unternehmenswerte kann ein gewollter Auf- oder Abbau der Substanz mit in die Berechnungen einbezogen werden.

j) Grundsatz der Substanzbezogenheit des Erfolges

Die Analyse der Substanz ist notwendiger Teil der Unternehmensbewertung. Die Kenntnis der Wiederbeschaffungs- und der Zeitwerte der Vermögensteile ist eine Voraussetzung für die Schätzung künftiger Reinvestitionsausgaben, falls nicht andere, für die Unternehmensbewertung aussagefähigere Parameter zur Verfügung stehen. Die vorhandene Substanz erlaubt Schlüsse bezüglich der künftigen Reinvestitionen, Abschreibungen und Zinsen.

k) Grundsatz eindeutiger Bewertungsansätze

Die im Rahmen einer Unternehmensbewertung gewählten Bewertungsansätze und Prognosen müssen klar und eindeutig sein, um den Ermessensspielraum und die Einschätzung des Bewerters erkennen und werten zu können.

l) Grundsatz der Berücksichtigung von Synergie-Effekten

Durch die Verbindung von Unternehmen kann auch eine Veränderung der Ertragskraft der Unternehmen eintreten. Dies ist der Fall, wenn sich aus der

Addition des erworbenen mit dem bereits bestehenden Unternehmen ein höherer Gesamtertragswert ergibt, als dies der Summe der beiden einzelnen Ertragswerte entspricht. Dieser Verbund- oder Synergie-Effekt kommt aus der Vereinigung von Unternehmen oder Anteilsbesitz zustande.

Positive und negative Synergie-Effekte gehören zu den subjektiven Bestandteilen des Entscheidungswertes.

m) Grundsatz zur Bewertung des Management-Faktors

Die oft nicht unerhebliche Abhängigkeit der Ertragskraft von der persönlichen Qualifikation des Managements muß bei der Bewertung von Unternehmen beachtet werden. Es kommt bei dem Erwerb eines Unternehmens grundsätzlich auf die übertragbare Ertragskraft an, so daß personenbezogene Wertfaktoren, soweit nicht das Management auch nach dem Eigentümerwechsel in dem Unternehmen verbleibt, eliminiert werden müssen. Es ist deshalb eine Trennung der objektiviert vorhandenen Ertragskraft von dem Managementseinfluß im Sinne einer verselbständigten Erfolgsgröße geboten; praktisch ist dieses Anliegen jedoch nur schätzungsweise erfüllbar.

Im weiteren Sinne gehören zu diesen Management-Faktoren Einflüsse aus Unternehmensverbund oder aus sonstigen Beziehungen personeller oder familiärer Art zwischen dem Management des zu bewertenden Unternehmens und dritten Unternehmen, die im Rahmen des Eigentümerwechsels nicht mit übergehen.

n) Grundsatz der Unbeachtlichkeit des Vorsichtsprinzips

Das Prinzip der Vorsicht, das in der Handelsbilanz seinen Niederschlag findet, darf bei der Unternehmensbewertung deshalb nicht angewandt werden, weil bei der Unternehmensbewertung grundsätzlich die Wahrung zweiseitiger Interessen zu erfolgen hat. Der Grundsatz der Vorsicht wirkt sich stets einseitig für eine der Parteien, die an der Unternehmensbewertung interessiert sind, aus.

Dieser Grundsatz gilt auch für die Einschätzung der Unsicherheit künftiger Erwartungen. Eine vorsichtige Berücksichtigung der Unsicherheit kann zur Benachteiligung beteiligter Interessen führen.

o) Grundsatz der Verwendung abgesicherter Bewertungsunterlagen

Neben der sachverständigen Würdigung der aus der Analyse der Zahlengrundlagen erwachsenen Erkenntnisse ist zu beurteilen, ob die Bewertungsgrundlagen verläßlich sind. Grundsätzlich sind demgemäß die bereinigten Ergebnisse der Vergangenheit ebenso wie die Ermittlungen zur Substanz aus geprüften Jahresabschlüssen abzuleiten.

Sofern die Jahresabschlüsse nicht geprüft sind, muß sich der Wirtschaftsprüfer von der Glaubwürdigkeit der wesentlichen Basisdaten überzeugen und hierzu seine getroffenen Feststellungen im Bericht darlegen.

Alle von dem zu bewertenden Unternehmen sonst vorgelegten Unterlagen, z. B. Planungsrechnungen, Marktanalysen etc. sind einer kritischen Prüfung zu unterwerfen. Dies geschieht nach den Grundsätzen einer Plausibilitätskontrolle, wobei die abschließende Würdigung darauf abzielt, die „Glaubwürdigkeit" der Unterlagen festzustellen.

Im Hinblick auf Grenzen der Beurteilungsfähigkeit empfiehlt es sich grundsätzlich, von der Geschäftsleitung bezüglich der von dem zu bewertenden Unternehmen übernommenen Daten eine Vollständigkeitserklärung abgeben zu lassen. Diese soll die Aussage enthalten, daß in den der Bewertung zugrunde gelegten Zahlen alle wirtschaftlichen, technischen und vertraglichen Gegebenheiten des Unternehmens nach bestem Wissen und Gewissen der Geschäftsleitung zutreffend zum Ausdruck gelangt sind. Die Vollständigkeitserklärung entbindet den Gutachter jedoch nicht von der Verpflichtung zur eigenen Beurteilung. Vorhandene Planungsrechnungen werden geprüft und beurteilt und mit dem daraus gewonnenen Erkenntnisinhalt in die Berechnung einbezogen. Eine einfache Übernahme vorhandener Prognoseergebnisse „lt. Auskunft" kann nicht erfolgen. Der Grad der eigenen Beurteilungsmöglichkeit des Gutachters ist in jedem Bewertungsfall offenzulegen.

2. *Ertragswertberechnungen*

Ausgehend von den dargestellten Grundsätzen empfiehlt sich für die Ertragswertberechnung die nachstehende Reihenfolge:

a) Bereinigung der Vergangenheitsergebnisse

Bei der Ermittlung der Ertragskraft des zu bewertenden Unternehmens sind auch die bereinigten Vergangenheitsergebnisse, die aus den Jahresabschlüssen der nächstzurückliegenden Perioden abgeleitet werden, heranzuziehen.

Üblicherweise wird dabei auf bis zu fünf zurückliegende Jahre zurückgegriffen.

Zunächst wird das wirtschaftliche Ergebnis jedes Vergangenheitsjahres nach Eliminierung des nicht betriebsnotwendigen Ergebnisses ermittelt.

Danach müssen die Vergangenheitsergebnisse zum Zwecke der Berücksichtigung inzwischen eingetretener Veränderungen der Ergebnisfaktoren modifiziert werden.

Zur Bereinigung der Vergangenheitsergebnisse auf der Grundlage der tatsächlichen Verhältnisse in den Referenzperioden gehören:

- Bereinigung handelsrechtlich bedingter Abweichungen vom Entstehungsprinzip der Erfolge (periodengerechte Ergebniszuordnung bei den Vorräten, Eliminierung der Auswirkungen des Imparitätsprinzips etc.),
- Bereinigung der aufwands- und ertragsmäßigen Auswirkungen langfristiger Investitionsprozesse (Abschreibungen auf Wiederbeschaffungswerte bzw. Ansatz von Reinvestitionen, Forschungskosten, Umstrukturierungsaufwand, Anlaufkosten etc.),
- Bereinigung aufgrund der Ausübung von Bilanzierungs- und Bewertungswahlrechten (Rücklagen- und Reservenbildung und -auflösung etc.),
- Bereinigung der nicht in den Erfolgsrechnungen erfaßten bzw. nicht dem Unternehmen innewohnenden Ertragsfaktoren (Unternehmerlohn bei Personengesellschaften, Kosten der privaten Sphäre, personenbezogene Ergebniseinflüsse etc.),
- Bereinigung aufgrund der Technik der Unternehmensbewertung (Aufwendungen und Erträge nicht betriebsnotwendiger Vermögensgegenstände),
- Folgeänderungen vorgenommener Bereinigungsvorgänge (Steuern, Zinsen, Ergebnisverlagerungen etc.).

Die Modifizierung zur Anpassung der Vergangenheitsergebnisse an die Zukunft umfaßt:

- Berücksichtigung von Änderungen in den Folgejahren aufgrund der Bereinigungen in den Vergangenheitsperioden,
- Berücksichtigung von Veränderungen der gegebenen Ergebnisstruktur (Produktionsmethoden, Rationalisierung, Kosten- und Preisveränderungen, Ausschaltung einmaliger, außergewöhnlicher Ergebniseinflüsse etc.).

Das Ergebnis dieser Berechnungen sind die bereinigten Vergangenheitserfolge, die im allgemeinen vor den gesondert zu planenden Posten (z.B. Abschreibungen, Zinsen, Zuführung zu langfristigen Rückstellungen, außerordentliche Kosten und Leistungen sowie ertragsabhängige Steuern) ermittelt werden.

b) Analyse der Ertragskraft

Ausgangsgrundlage jeder Prognose ist der Istzustand. Die bereinigten Vergangenheits- und Gegenwartsergebnisse dienen zur Orientierung über die vorhandene Ertragskraft zum Bewertungsstichtag.

Ausgehend von den bereinigten Vergangenheitsergebnissen werden deshalb die abgegrenzten Periodenergebnisse der Aufwands- und Ertragsrechnung für verschiedene Planungsphasen der Zukunft geschätzt. Dies kann auch in der Form von Plan-Gewinn- und Verlustrechnungen erfolgen. Hierbei ist dem Umstand Rechnung zu tragen, daß die Bestimmbarkeit der Zukunftsentwicklungen von Fall zu Fall unterschiedlich ist, so daß auch die Wahl der Methode für die Abschätzung der zukünftig zu erwartenden Ergebnisse variiert werden muß.

Die Ertragskraft zum Bewertungsstichtag ist im allgemeinen aus den Ergebnissen der letzten repräsentativen Abrechnungszeiträume abzuleiten.

Soweit möglich, werden Erfolgsanalysen der einzelnen Produkte, Produktbereiche sowie Analysen der Entwicklungstendenzen der Aufwendungen und Erträge im einzelnen vorgenommen, um daraus die Prognosen und Planungsrechnungen zu entwickeln.

Hierfür kann es sinnvoll sein, eine Zuordnung der Aufwands- und Ertragsrechnung nach Erfolgsbereichen vorzunehmen, wobei entsprechend dem Schema der Ergebnisrechnung (z. B. Kostenträgerzeitrechnung, Deckungsbeitragsrechnung, Umsatzkostenverfahren) in der horizontalen Gliederung der Rechnung die Geschäftsbereiche, die Produktgruppen etc. und in der vertikalen Gliederung die Produktmengen, deren Werte je Mengeneinheit und Umsätze sowie deren variable und fixe Kosten dargestellt werden.

Aufgrund der bereinigten Vergangenheitsergebnisse wird somit im allgemeinen das Mengengerüst für die Zukunftsertragsrechnung entwickelt. Die Bewertung des Mengengerüstes wird aus der Kostenrechnung abgeleitet, wobei - vom Istzustand ausgehend - denkbare und nachweisbare Änderungen der Kosten zu berücksichtigen sind und neben den Kostenveränderungen auch die Erlösveränderungen abgeschätzt werden müssen. Zukünftige Änderungen der Kosten aufgrund von Geldwertänderungen bleiben üblicherweise außer Ansatz (vgl. Abschn. B 3.). Dagegen sind strukturelle Preisänderungen (Nachfrageverschiebungen, technischer Fortschritt, Verknappung einzelner Güter etc.), die sich einseitig auf der Kosten- oder Erlösseite niederschlagen, soweit wie möglich mit in die Berechnung einzubeziehen.

Es kann zweckmäßig sein, den Prognosezeitraum nach dem Grad der Sicherheit einer möglichen Aussage in verschiedene Phasen zu zerlegen (vgl. Abschn. B 2. b 2,1). Bei Anwendung dieser Methode sind nachstehende Überlegungen für die ersten beiden Phasen anzustellen.

b 1) Umsatzprognose

Die Umsatzprognose zeigt aufgrund der Marktanalysen und der sonstigen Prognoseunterlagen die Umsatzerwartung nach Mengen und Werten in den einzelnen Geschäftsbereichen.

b 2) Prognose der Investitionen und des Abschreibungsbedarfes

Die Investitionsplanung sollte eine Aufgliederung nach Investitionsarten vorsehen:

- Ersatzinvestitionen (gleiche neue Anlage),
- Rationalisierungs-Investitionen (technisch neue Anlage),
- Erweiterungsinvestitionen (zusätzlich gleiche oder technisch neue Anlage),
- sonstige Investitionen (Umweltschutz, Sozialbereich, Verwaltung etc.).

Durch diese Aufgliederung können die Finanzierungsbedürfnisse und die Auswirkungen auf die zukünftigen Umsätze und Kosten beurteilt werden, wobei bezüglich der Einbeziehung der Erweiterungsinvestitionen in die Bewertungsüberlegungen der Grundsatz der Bewertung der vorhandenen Ertragskraft (vgl. Abschn. C 1. c) zu beachten ist.

Für den Planungszeitraum werden die Abschreibungen für die bisher getätigten Investitionen sowie für die Reinvestitionen ermittelt, und zwar auf Basis der Wiederbeschaffungsneuwerte derjenigen Produktionskapazität, die unter dem Gesichtspunkt der Substanzerhaltung zur Sicherstellung der Ertragskraft erforderlich ist. Für Zwecke der Ertragssteuerermittlung werden daneben die steuerlichen Abschreibungen zu errechnen sein. Die Abschreibungen für nicht betriebsnotwendige Sachanlagen sind außer Ansatz zu lassen.

b 3) Finanzbedarfsrechnung und Zinsprognose

Sofern bei bestimmten Kostenarten in wesentlichem Umfang Ausgaben und Aufwendungen zeitlich auseinanderfallen oder in längeren Zeiträumen erhebliche Schwankungen vorkommen, sind für die Ermittlungen des nachhaltigen Erfolges besondere Überlegungen anzustellen.

Die Bindung von Mitteln in der Substanz unterliegt mehr oder weniger großen Schwankungen. Da der Altersaufbau des Anlagevermögens und der Kapazitätsumfang auf den zukünftigen Einnahmen-/Ausgabenstrom von erheblichem Einfluß ist, können häufig Investitionsausgaben einerseits und die über die Erlöse hereinkommenden Anlagennutzungsentschädigungen (Abschreibungen) andererseits auseinanderfallen. Die Aufwandsrechnung enthält Aufwendungen ohne Ausgabe, ebenso sind Ausgaben vorhanden, denen kein Aufwand unmittelbar gegenübersteht; analog gibt es auf der Ertragsseite Erträge ohne Einnahme und Einnahmen, die nicht in der Ertragsrechnung ausgewiesen sind.

Aus diesem Grunde muß im Rahmen der Aufwands- und Ertragsrechnung eine korrekte Berechnung der Zinsaufwendungen unter Anwendung einer Finanzbedarfsrechnung erfolgen (vgl. Abschn. B 1.). Die Finanzbedarfsrechnung korrigiert insbesondere den Zinsaufwand für das Fremdkapital, um sicherzustellen, daß den künftigen Umsätzen stets soviel an Aufwand gegenübersteht, wie zur kapazitativen und kapitalmäßigen Substanzerhaltung nötig ist. Wird z. B. ein vorhandener alter Maschinenpark durch neue Anlagen in der Zukunft ersetzt, so stellt sich die Aufwands- und Ertragsrechnung in der Gegenwart völlig anders dar als in der Zukunft: Sie ist gegenwärtig gekennzeichnet durch niedrige Buchwertabschreibungen und niedrige Zinsen wegen der weitgehenden Tilgung anläßlich früherer Anschaffungen aufgenommener Kredite; in Zukunft sind dagegen höhere Abschreibungen und Fremdzinsaufwendungen zu planen, gleichzeitig müssen aber möglicherweise auch günstigere Betriebskosten bei den modernen Anlagen berücksichtigt werden. Insbesondere bei Großanlagen mit längerer Lebensdauer (z. B. Kraftwerke, Stahlwerke etc.) ergeben sich langfristige Investitionsintervalle, die zu einer schwankenden Bindung der Finanzmittel in der Vermögenssubstanz führen.

Große Bedeutung ist in diesem Zusammenhang auch den Zuweisungen zu Pensionsrückstellungen einerseits und den Ausgaben für Pensionszahlungen andererseits beizumessen.

Das Finanzierungsvolumen eines Unternehmens ist auf diese Weise ständig in Bewegung, so daß für eine langfristige Vorschaurechnung umfassende Planungen der Mittelherkunft und -verwendung aufgestellt werden müssen. Das vorhandene Eigenkapital wird dabei i. d. R. als unveränderliche Bezugsgröße der Unternehmensbewertung angenommen, so daß alle Ertragsüberschüsse ausschüttbar sind.

Demgemäß wird jeder zusätzliche Finanzbedarf oder -überschuß unmittelbar auf die Aufnahme oder Rückzahlung von Fremdmitteln wirken. Es kann aber auch notwendig sein, für die Zukunft eine andere Eigenkapitalausstattung anzunehmen als die am Bewertungsstichtag gegebene; insoweit vermindern bzw. erhöhen „fehlende“ oder „überflüssige“ Eigenkapitalbeträge den Ertragswert.

Die Finanzbedarfsrechnung kann auch aus einer Kapitalflußrechnung abgeleitet werden.

Da die Zinsen selbst ein Aufwandsfaktor sind, der dem Fremdkapitalgeber als festes Entgelt für die zeitweilige Kapitalüberlassung gewährt wird, ist der Ertragswert eines Unternehmens gleichermaßen wie seine Substanz wesentlich von der Finanzierung beeinflußt: Mit zunehmendem Anteil des Eigenkapitals sinken die Zinslasten und Finanzierungsrisiken.

b 4) Ergebnisprognose

Unter Berücksichtigung der dargestellten Überlegungen werden die zukünftigen Ergebnisse unter der Annahme der Vollausschüttung der erzielbaren Erfolge bei voller Substanzerhaltung geschätzt.

Im Rahmen der Ergebnisprognose sind die erkennbaren Unsicherheiten der künftigen Entwicklung mit Ausnahme des allgemeinen Unternehmerwagnisses in ihrer wertmäßigen Auswirkung auf die Zukunftserfolge zu berücksichtigen.

b 5) Berücksichtigung körperschaftsteuerlicher Aspekte

b 5.1) Grundsätzliches

Durch das Anrechnungsverfahren kann vereinfacht die Körperschaftsteuer als eine Vorauszahlung auf die Einkommensteuer des anrechnungsberechtigten Anteilseigners angesehen werden. Da die Unternehmenswertermittlung vor Berücksichtigung der Einkommensteuerbelastung des Anteilseigners vorgenommen wird, ist auch die anrechenbare Körperschaftsteuer grundsätzlich Einkommensbestandteil des Anteilseigners und erhöht mithin die Unternehmenserträge. Die Ermittlung von Unternehmenswerten nach Berücksichtigung der persönlichen Einkommensteuer ist unüblich. Sie würde insbesondere voraussetzen, daß ein Kapitalisierungszinssatz verwendet würde, der ebenfalls nach Abzug von Einkommensteuern (gleiche Belastung vorausgesetzt) ermittelt werden müßte, wodurch sich der Unternehmenswert vor und nach Einkommensteuer kaum ändern würde.

Soweit demgemäß die Körperschaftsteuer anrechenbar ist, stellt sie keinen Abzugsposten bei dem Ertragswert im Rahmen des Unternehmenswertes dar. Sie bleibt jedoch eine zu berücksichtigende Belastung bei

- den nicht abzugsfähigen Aufwendungen (Vermögensteuer, 50% der Aufsichtsratsvergütung etc.),
- der notwendigen Rücklagenbildung (u. a. zum Zwecke der Substanzerhaltung),
- den freiwilligen Gewinnansammlungen im Unternehmen (falls diese in Ausnahmefällen bei der Bewertung berücksichtigt werden).

Eine Körperschaftsteuerbelastung ist durch das Anrechnungsverfahren also grundsätzlich nur dann gegeben, wenn das betriebswirtschaftlich veranschlagte Ergebnis unter dem steuerlichen Einkommen des Anteilseigners liegt. Die Berücksichtigung der subjektiven Steuerpflicht ist Gegenstand von weiterführenden Überlegungen zum jeweiligen Anteilswert, der nur im Rahmen gesonderter Auftragserteilung ermittelt wird.

Die Körperschaftsteuerbelastung der nicht abzugsfähigen Aufwendungen ist - wie jede andere Steuerbelastung - systembedingt und stellt insoweit eine unvermeidliche Gewinnschmälerung dar, wie sie auch bei anderen Steuerarten, z. B. der Gewerbeertragsteuer oder der Umsatzsteuer auf Eigenverbrauch, gegeben ist. Es kann im Rahmen der Bedeutung der Vermögensteuer wichtig sein, die Entwicklung des steuerpflichtigen Vermögens in die Planung einzubeziehen.

Freiwillige Gewinnansammlungen werden bei der Ertragsbewertung grundsätzlich nicht berücksichtigt, da es zu den generellen Prinzipien gehört, die nachhaltig ausschüttbaren Erfolge der Bewertung zugrunde zu legen (vgl. Abschn. C 1. i).

b 5,2) Auswirkung der Substanzerhaltung auf die Körperschaftsteuer

Bedeutsam können die zur Substanzerhaltung notwendigen Reservenbildungen sein, da diese zu versteuernden Rücklagen mit dem vollen Körperschaftsteuersatz für Thesaurierungen belastet werden. Damit stellt sich hinsichtlich der Körperschaftsteuerbelastung die Frage, in welchem Umfang bei Beibehaltung des Nominalwertprinzips der Bilanzierung die zur Substanzerhaltung erforderliche Bildung von Eigenkapital aus selbsterwirtschafteten Mitteln finanziert werden muß.

In die Ertragsrechnung einbezogene Abschreibungen auf Wiederbeschaffungswerte enthalten, soweit sie die steuerlich möglichen Abschreibungen auf die Nominalwerte übersteigen, aus körperschaftsteuerlicher Sicht Gewinnbestandteile (Reservenbildung).

Der Grundsatz der Substanzerhaltung erfordert die Einbeziehung von Abschreibungen auf Wiederbeschaffungswerte, da nur das Erfolg ist, was nachhaltig bei vollständiger Sicherung der Substanzerhaltung abgeschöpft werden kann (vgl. Abschn. C 1. i). Bei fortschreitender Geldentwertung sind Unterschiede zwischen Nominalwertabschreibungen und Wiederbeschaffungswertabschreibungen unvermeidbar. Das Auftreten dieser Unterschiede hängt vom Einzelfall und von der Investitions- und Abschreibungspolitik der Gesellschaften ab.

Für den erhöhten Finanzierungsbedarf aufgrund der gestiegenen Wiederbeschaffungswerte ist es erforderlich, im Einzelfall die typischen Finanzierungsverhältnisse von Eigenkapital zu Fremdkapital festzulegen, um entsprechend die Körperschaftsteuer und Zinsbelastung im Ertragswert veranschlagen zu können.

Soweit die Eigenfinanzierung aus selbsterwirtschafteten Mitteln erfolgt, beträgt die Körperschaftsteuerbelastung zum Regelsatz derzeit 127% des notwendigen Thesaurierungsbetrages. Soweit Fremdfinanzierung vorgenommen wird, entfallen körperschaftsteuerliche Mehrbelastungen. Allerdings ergeben sich künftige Mehrbelastungen des Ertragswertes aus Zinsen, die überproportional steigen können, wenn sich das Finanzierungsverhältnis von Fremdkapital zu Eigenkapital zu Ungunsten des Eigenkapitals verschiebt.

b 5,3) Anrechnungsansprüche

Weitere Überlegungen sind anzustellen, wenn in einem Bewertungsfall ein hoher Anteil an verwendbarem Eigenkapital (EK 56) angetroffen wird. Der damit verbundene latente Körperschaftsteuererstattungsanspruch hat nur dann einen Wert, wenn er realisiert werden kann. Dies kann z. B. durch Ausschüttung nicht betriebsnotwendigen Vermögens geschehen. Bewertungsmethodisch sind solche Ausschüttungsmöglichkeiten mit ihrem Barwert als nicht betriebsnotwendiges Vermögen dem Ertragswert hinzuzusetzen. Die Ertragswertrechnung für das betriebsnotwendige Vermögen wird von latenten Steuererstattungsansprüchen nicht berührt.

b 5,4) Steuerberechnung

Aufgrund der vorangegangenen Überlegungen kann neben der betriebswirtschaftlichen Abschätzung der Zukunftserfolge auch eine Vorschaurechnung künftiger steuerlicher Gewinne notwendig werden. Liegen die steuerlichen Gewinne über den betriebswirtschaftlich ermittelten Zukunftserfolgen, so unterliegen die Unterschiedsbeträge neben der Gewerbeertragsteuer dem Thesaurierungssatz der Körperschaftsteuer. Diese Körperschaftsteuerbelastung ist unter Berücksichtigung ihrer steuerlichen Nichtabzugsfähigkeit in die betriebswirtschaftliche Ertragswertberechnung einzubeziehen. Liegt der steuerliche Gewinn unter dem betriebswirtschaftlichen Zukunftserfolg, so tritt für den Unterschiedsbetrag zwar gegebenenfalls eine Ausschüttungsbelastung ein, die aber dann beim Anteilseigner grundsätzlich anrechnungsfähig ist; eine Auswirkung auf die Ertragswertrechnung ist damit - unbeschadet gewerbesteuerlicher Belastungen - nicht gegeben.

Im Rahmen der Bewertung des gesamten Unternehmens ist jedoch noch nicht die individuelle Steuersituation des Anteilseigners zu berücksichtigen (vgl. aber Abschn. C 2. d).

c) Kapitalisierung

Im Gegensatz zur Berücksichtigung eines einheitlichen nachhaltig erzielbaren Ertrages sind bei der Phasenmethode in den ersten beiden Phasen der Kapitalisierung differenziert veranschlagte Einzelerfolge zugrunde zu legen. Erst für spätere Zeiträume wird mit durchschnittlichen nachhaltigen Ergebnissen gerechnet. Diese Stufenrechnung erfordert eine spezielle Kapitalisierungsrechnung, da die einzelveranschlagten Jahreserfolge grundsätzlich in den Wert der Rente, die für die Kapitalisierung von Unternehmensergebnissen gebildet werden muß, einzubeziehen sind. Alle einzeln ermittelten Zukunftserfolge werden unter Berücksichtigung der für den Kapitalisierungszinssatz (vgl. Abschn. B 3.) gültigen Abzinsungsfaktoren der nachschüssigen Rente auf den Barwert des Bewertungsstichtages abgezinst. Für das letzte

Rechnungsglied, welches den nachhaltigen Erfolg für die weitere Zukunftsphase angibt, wird der Barwert der ewigen Rente unter Anwendung des Kapitalisierungszinssatzes bestimmt. Auch dieses Ergebnis wird auf den Bewertungsstichtag abgezinst. Die Summe aller Abzinsungsfaktoren muß der Reziproken aus dem Kapitalisierungszinssatz im Rahmen der ewigen Rente entsprechen (Kapitalisierungsfaktor). Die Summe aller Barwerte ergibt den Ertragswert.

Wird z. B. die unbegrenzte Erfolgsdauer eines Unternehmens in drei Phasen zerlegt und ein über alle Phasen konstanter Kapitalisierungszinssatz unterstellt, so ergibt sich die Berechnungsformel für den Ertragswert unter Verwendung der Symbole

i = Kapitalisierungszinssatz
m = Dauer der ersten Phase
n = Dauer der zweiten Phase
t = Periodenindex
E = Ertragswert
R_t = Periodenerfolg der ersten bzw. zweiten Phase
R = Nachhaltiger Erfolg der dritten Phase

zu

$$E = \underbrace{\sum_{t=1}^{m} \frac{R_t}{(1+i)^t}}_{\text{1. Phase}} + \underbrace{\sum_{t=m+1}^{m+n} \frac{R_t}{(1+i)^t}}_{\text{2. Phase}} + \underbrace{\frac{R}{i \cdot (1+i)^{m+n}}}_{\text{3. Phase}}$$

d) Bewertungskomponenten des zweiten Bewertungsschrittes

Die vorstehenden Berechnungen zum Ertragswert berücksichtigen noch nicht außerhalb der Unternehmenssphäre liegende Gesichtspunkte. In einem zweiten Bewertungsschritt können deshalb im Rahmen eines gesonderten Auftrages ergänzende Wertfaktoren zu berücksichtigen sein, die aus der persönlichen Sphäre dessen stammen, für den die Bewertung durchgeführt wird.

Die individuellen steuerrechtlichen Verhältnisse der Anteilseigner, die z. B. in einer fehlenden Anrechnungsberechtigung liegen können, sind nur berücksichtigungsfähig, wenn individuelle subjektive Steuermerkmale in die Bewertungsüberlegungen einkalkuliert werden.

Da Anteile an Kapitalgesellschaften in Abhängigkeit von der Anrechnungsberechtigung zu bewerten sind, ergeben sich zwangsläufig aus der subjektiven Sicht der persönlichen Steuerpflicht eines Anlegers unterschiedliche Unternehmenswerte, bedingt durch die unterschiedlichen persönlichen Anrechnungsmöglichkeiten der Anteilseigner.

Das Anrechnungsverfahren kann z. B. von *beschränkt* Steuerpflichtigen nicht ausgenutzt werden, weil eine Einkommensteuer auf diese Gewinne im Inland nicht erhoben wird, so daß sich die Körperschaftsteuer als endgültige Pauschalbesteuerung für den persönlichen Steuerbereich des Ausländers auswirkt. Die weiterführenden Rechnungen hängen von den steuerlichen Gegebenheiten des einzelnen Bewertungsfalles ab und können Gegenstand von subjektiven Bewertungsüberlegungen sein. Es ist jedoch dann zu beachten, daß bei der Kapitalisierung nach Abzug von persönlichen Einkommensteuern oder Einkommensteuerteilen entsprechende Abzüge vom Bruttokapitalmarktzinssatz vorgenommen werden müssen, da der Kapitalmarktzins das Zinseinkommen vor Abzug von Einkommensteuer widerspiegelt.

Bei subjektiven Wertermittlungen aus der Sicht bestimmter Interessen kann ferner der Zinssatz der Alternative auf speziellen Erwägungen des Investors beruhen. Die Unternehmensbewertung wird in diesem Fall im Rahmen einer bestimmten unternehmerischen Zielsetzung durchgeführt.

Im Rahmen des zweiten Bewertungsschrittes sind gegebenenfalls auch die positiven und negativen Synergie-Effekte zu berücksichtigen.

3. Bedeutung der Substanz

Unter Substanzwert wird ein Teilrekonstruktionszeitwert verstanden, der als Zwischenwert der Umwandlungsprozesse in einem Unternehmen keine eigene Funktion als Wert hat. Die in Sachwerten gebundenen Kapitalbeträge sind zwar notwendige Voraussetzungen für die zukünftigen Überschüsse, ihr wirklicher Wert läßt sich aber immer erst dann zutreffend feststellen, wenn über den Umwandlungsprozeß die materielle Kapitalbindung zu ihrem geldlichen Ende gebracht wurde.

Die immateriellen Vermögensgegenstände können i. d. R. nur unvollständig erfaßt werden, so daß nur ein Teilrekonstruktionszeitwert festgestellt werden kann. Die Auffassung, daß der Substanzwert gegenüber dem Ertragswert eine mit größerer Sicherheit feststellbare Bewertungsgröße sei, wird nicht geteilt. Der Substanzwert kann nicht Bestandteil des Unternehmenswertes sein.

Die Funktion der Substanz liegt darin, die Grundlage für die Finanzbedarfsrechnung und für alle Ertragswertpositionen, die mit der Substanz verbunden sind, zu liefern. Sowohl für die Kapitalflußrechnung als auch für die darauf aufbauende Finanzbedarfsrechnung sind Ermittlungen zur Substanz erforderlich. Die Substanz bietet weiter eine der Beurteilungsgrundlagen für die Kreditfähigkeit eines Unternehmens und ist Indiz für dessen Durchstehvermögen in Krisenzeiten. Insoweit beeinflußt die Substanz die gesamte Finanzierung des Unternehmens in der Zukunft.

Die Darstellung der (wesentlichen) Vermögenswerte und Schulden des zu bewertenden Unternehmens in einem Teilrekonstruktionswert dient im übrigen seiner Beschreibung. Sie schließt allerdings nicht die selbstgeschaffenen immateriellen Werte ein.

4. Liquidationswert

Bei schlechter Ergebnislage können die abgezinsten Nettoeinnahmenüberschüsse aus der Liquidation des Unternehmens höher sein als der Ertragswert bei Annahme der Fortführung.

Unabhängig von der Absicht des Erwerbers, das Unternehmen fortzuführen oder zu liquidieren, wird der Veräußerer im Normalfall geltend machen, daß nach Vergleich von Ertragswert und Liquidationswert der höhere dieser beiden konkurrierenden Werte der Ermittlung des Unternehmensgesamtwertes zugrunde gelegt wird.

In jedem Falle ist aber zu beachten, ob die Möglichkeit, ein Unternehmen zu zerschlagen, überhaupt besteht. Bei der Entscheidung, ob der Liquidationswert herangezogen werden kann, müssen nämlich auch nicht finanzielle Ziele (z. B. Erhaltung von Arbeitsplätzen oder sonstige soziale Motive) berücksichtigt werden.

Für die Ermittlung des Liquidationswertes selbst lassen sich im Hinblick auf die vielfältigen Möglichkeiten der Abwicklung keine generellen Richtlinien und Bewertungsgrundsätze aufstellen. Ermittelt werden die abgezinsten Nettoeinnahmenüberschüsse, die sich aus der Veräußerung der Vermögensgegenstände, Abwicklung der Verbindlichkeiten und Auflösung aller vertraglichen Bindungen (z.B. Sozialplan und sonstige mit der Aufgabe des Unternehmens verbundene Kosten einschließlich Steuern) ergeben. Hierbei ist unter Berücksichtigung der zur Verfügung stehenden Zeit die bestmögliche Verwertung des Gesellschaftsvermögens zu planen und danach eine Abwicklungsfiktion zu entwickeln.

5. Besonderheiten der Bewertung unrentabler Unternehmen

Die Bewertung unrentabler Unternehmen ist kein Gegenstand einer besonderen Bewertungstheorie. Praktisch sind diese Bewertungen durch die vielfältigen Einzelüberlegungen, die insbesondere in den Grenzfällen anzustellen sind, und die Berechnung des Liquidationswertes erschwert. Hochspezialisierte, einseitig verwendbare Anlagen bringen meist bei planvollem Weiterbetrieb auf Zeit über den Verkauf der Erzeugnisse höhere Erlöse als sie sich aus der Zerschlagung des Unternehmens ergeben.

Bei hingenommener chronischer Unrentabilität (z. B. bei Verkehrsunternehmen etc.) versagt die Ertragswertmethode, da die Nutzeneinschätzungen der jeweiligen Interessentenkreise an anderen Maßstäben ausgerichtet werden.

6. Bestimmung des Unternehmenswertes

Bei Ertragsüberschußrechnung wird der Wert des Unternehmens als Ganzes wie folgt ermittelt:

a) Unbegrenzte Lebensdauer

Barwert der zukünftigen Erfolge des betriebsnotwendigen Vermögens (Ertragswert)

\+ Barwert der Nettoveräußerungserlöse des nicht betriebsnotwendigen Vermögens (nach Abzug von Steuerauswirkungen)

= Unternehmenswert

b) Begrenzte Lebensdauer

Barwert der zukünftigen Erfolge des betriebsnotwendigen Vermögens in den Betriebsjahren

\+ Barwert der Nettoveräußerungserlöse des nicht betriebsnotwendigen Vermögens (nach Abzug von Steuerauswirkungen)

\+ Barwert des Liquidationsüberschusses nach Betriebsbeendigung (nach Abzug von Steuerauswirkungen)

= Unternehmenswert

Soweit eine Einnahmenüberschußrechnung wirtschaftlich durchführbar ist, ergibt sich folgende Rechnung:

Barwert der zukünftigen Einnahmenüberschüsse aus laufendem Betrieb

\+ Barwert der Nettoveräußerungserlöse des nicht betriebsnotwendigen Vermögens

\+ Barwert der Liquidationserlöse

./. Barwert der Liquidationsausgaben

= Unternehmenswert

D Dokumentation und Berichterstattung über die Durchführung von Unternehmensbewertungen

1. Arbeitspapiere

Auch bei der Ermittlung von Unternehmenswerten sind die berufsüblichen Grundsätze in bezug auf die Anlage von Arbeitspapieren zu beachten. Die

Arbeitspapiere stellen den wichtigsten Nachweis für das angewandte Maß an Sorgfalt dar; sie müssen den Umfang der Erhebungen ersichtlich machen und den Nachvollzug aller wesentlichen Bewertungsüberlegungen ermöglichen. Hierzu gehört auch die Absicherung durch eine Vollständigkeitserklärung (vgl. Abschn. C 1. o).

2. Bericht

Aus dem Bericht muß ersichtlich sein, in welcher Funktion der Wirtschaftsprüfer die Bewertung vorgenommen hat.

Weiterhin ist eine angemessene Beschreibung der Vorgehensweise bei der Unternehmensbewertung erforderlich. Dabei ist auch auf die Methoden einzugehen, die zur Berücksichtigung des Unsicherheitsproblems herangezogen wurden. Der Umfang und die Qualität der zugrunde gelegten Daten muß ebenso ersichtlich sein, wie der Umfang von Schätzungen und Annahmen mit den dahinterstehenden Überlegungen. Soweit Vereinfachungen für zulässig erachtet wurden, sind auch diese zu erörtern.

Entsprechend dem Grundsatz der Bildung klarer und eindeutiger Bewertungsmaßstäbe muß ein Bewertungsgutachten die bewertungswesentlichen Annahmen aufzeigen.

Die Berichterstattung im Rahmen der Unternehmensbewertung muß demgemäß, soweit dem nicht eine Verpflichtung zur Geheimhaltung in besonderen Fällen entgegensteht, so umfassend sein, daß der Empfänger des Gutachtens in der Lage ist, die getroffenen Annahmen und Grundsatzüberlegungen aus seiner Sicht zu würdigen. Schlußfolgerungen sind so abzuwägen, daß das Gutachten die Grundlage einer sachlichen Beurteilung der Probleme bilden kann.

Grundsätzlich werden Stellungnahmen zum Wert eines Unternehmens in schriftlicher Form abgegeben. In diesem Gutachten muß der Wirtschaftsprüfer einen eindeutigen Unternehmenswert bzw. eine -wertspanne nennen und begründen. Weiterhin sind die Einzelheiten und Überlegungen zur Unternehmensbewertung so ausführlich darzulegen, wie es den Grundsätzen ordnungsmäßiger Berichterstattung entspricht. Der Inhalt des Gutachtens sollte im wesentlichen folgendes umfassen:

Darstellung der Bewertungsaufgabe
- Auftraggeber
- Auftrag (Bewertungsanlaß; Funktion, in welcher die Wertermittlung durchgeführt wird)

Beschreibung des Bewertungsobjektes
- rechtliche Grundlagen
- wirtschaftliche Grundlagen
- steuerliche Gegebenheiten

Einschätzung der der Bewertung zugrundeliegenden Informationen
- Verfügbarkeit und Qualität der Ausgangsdaten (einschließlich Gutachten Dritter)
- Abgrenzung der Verantwortung für übernommene Auskünfte
- Annahmen und Schätzungen
- Vereinfachungen
- Grenzen der Wertgrundlagen

Vorbereitende Wertermittlungen
- Darstellung der Vermögenslage
- Wert des nicht betriebsnotwendigen Vermögens
- Liquidationswert (soweit erforderlich)

Darstellung der Ertragswertermittlung
Abschließende Feststellungen

Ein besonderes Erschwernis ergibt sich für die Berichterstattung im Rahmen von Unternehmensbewertungen durch die häufig gebotene Geheimhaltung der zugrundeliegenden Daten. Sowohl in Beteiligungs- oder Verkaufsverhandlungen als auch aus Gründen des Schutzes vertraulicher Unternehmensinterna gegen den Einblick der Öffentlichkeit kann es geboten sein, die Zahlengrundlagen geheimzuhalten.

Da jedoch eine Unternehmensbewertung auf solchen Informationen aufbaut, muß die Forderung nach einer umfassenden Berichterstattung im Einzelfall unter den vorgenannten Gesichtspunkten geprüft werden. Es hat sich mitunter als zweckmäßig erwiesen, die Berichterstattung dergestalt zu teilen, daß in einem allgemein gehaltenen Gutachten verbal die wesentlichen Bewertungsgrundsätze und -grundlagen, die Vorgehensweise sowie das Bewertungsergebnis dargestellt werden, während in einem zweiten getrennten Anhang das geheimhaltungsbedürftige Material zusammengefaßt wird. Im Gutachten ist darauf hinzuweisen, wenn weitere schriftliche Informationen und Bewertungsgrundlagen gegeben worden sind.

FSC
www.fsc.org
MIX
Papier | Fördert gute Waldnutzung
FSC® C083411

Kolibri 360 GmbH
Ferdinand-Jühlke-Straße 7
99095 Erfurt, Deutschland
produktsicherheit@kolibri360.de

Druck:
CPI Druckdienstleistungen GmbH
im Auftrag der
Kolibri 360 GmbH
Ferdinand-Jühlke-Str. 7
99095 Erfurt